모든 인생은 불안하다

모든 인생은 불안하다

루아나 마르케스 박세연 옮김

BOLD MOVE

불안을 용기로 바꾸는 하버드 심리학 수업

한국경제신문

루아나 박사는 개인의 성장에 관한 유쾌한 이야기를 들려주면서 용감한 삶의 여정을 함께 걸어간다. 그녀의 말은 용기를 건네고, 그녀의 인간적인 면모는 영감을 전해주며, 그녀가 소개하는 최신 기법들은 많은 도움을 준다. 반드시 읽어야 할 책이다!

_제니 쉐퍼, 《굿바이 섭식장애》 저자

루아나 박사는 객관적인 방식으로 불안 해소에 접근한다. 그 방식들 모두 현실적이고, 구체적이고, 설득력이 있다. … 불안으로 어려움을 겪거나 해야 할 일을 회피하는 이들에게 강력히 추천한다.

_스티븐 A. 사프렌, 미국 전문심리학협회 회원이자 마이애미대학교 심리학 교수

루아나 박사는 기발한 비유와 실제 사례, 도표, 분명한 메시지를 통해 새로운 습관을 형성하는 일을 현실적인(그리고 즐거운!) 과제로 만들어준다. 불안으로 어려움을 겪었고 정신건강과 밀접한 분야에서 일하는 사람으로서 나는 자신의 감정을 더 깊이 이해하려는 이들에게, 그리고 모든 정신건강 전문가에게 이 책을 추천한다. … 통찰력과 위트가 넘치고 마음을 사로잡는 책이다!

_델라니 피셔, 팟캐스트 '셀프헬플리스'의 공동 진행자이자
정신건강 전문가를 위한 비즈니스 컨설턴트

모든 인생은 불안하다

루아나 박사는 우리가 용기를 내고, 내면을 들여다보고, 새로운 기술을 익히고, 이 모두를 신중하고 적극적으로 핵심 가치와 정렬하게 함으로써 최고의 자아로 나아가게 한다. 그녀의 이야기는 친절하고, 매력적이고, 편안하다. 그건 과학과 임상 경험을 절묘하게 조합했기 때문이다. … 주목할 만한 책이다.

_데라 슈타셀, 하버드 의과대학 부교수

이 책을 읽으면서 지혜롭고 공감 능력이 뛰어난, 게다가 아이비리그 출신 임상심리학자이기까지 한 친구와 이야기를 나누는 느낌을 받았다. 루아나 박사는 실천 가능하고 공감할 수 있는, 그리고 과학적으로 검증된 기술을 우리에게 소개한다. 우리가 그토록 원했던 삶으로 안내해줄 것이다.

_토리 A. 크리드, 펜실베이니아 의과대학 심리학 부교수

고속 성장하는 IT 스타트업을 운영하는 과정에서는 스트레스와 불안을 겪을 수밖에 없다. 특히 그전에도 정신건강과 관련된 문제를 겪었다면 상황은 더 심각하다. 루아나 박사는 내가 불안을 헤쳐나가도록 많은 도움을 줬다. 그리고 이 책은 그 여정에서 최고의 동반자가 되었다.

_폴 잉글리시, 카약닷컴과 바이폴라 소셜클럽 설립자

인생의 거친 파도에서도 나를 붙잡아준
사랑하는 데이비드와 디에고에게

BOLD MOVE

차례

나는 충분한가?

내가 용감한 삶을 주제로 책을 쓰는 데는 중대한 아이러니가 있다. 아마도 나만이 알 수 있는 아이러니일 것이다. 내가 용감하게 살아가기 위한 책을 쓰겠다고 선언했을 때, 친구들은 상기된 얼굴로 이렇게 말했다. "그래 꼭 써야 해. 그게 널 '정의'해주니까." 그런데 아이러니는 친구와 동료 대부분이 나를 대문자 B를 써서 '용감한Bold' 사람이라고 말하지만, 나는 중요한 도전 과제에 직면해서 두려움과 걱정과 불안을 종종 경험했다는(그리고 지금도 그렇다는) 사실이다.

이제 성인이 된 나는 그런 감정이 부분적으로 브라질에서 보낸 어린 시절에서 비롯됐다는 사실을 이해한다. 그 시절에 나는 우리 부모님이 이혼하지 않고 덜 다투고 화해할 것이라는 기대를, 그리고 세상('나를 둘러싼 세상')은 안전한 곳이라는 환상을 포기하지 않으려고 감정적 에너지를 엄청나게 허비했다. 그러나 언제나 실패했다는 느낌을 지울 수 없었다. 결국 아버지는 내가 열 살 되던 해에 우리를 떠났고, 나는 더 이상 안전과 확신을 느낄 수 없었다. 돌이켜보건대, 아버지가 떠난 것은 사실 우리 가족에겐 숨겨진 축복이었다. 그래도 그 시절 나는 "그래, 우리 부모님은 이혼했어. 엄마는 우릴 먹여 살리기 위해 열심히 일하지만 때로 감자 한 알을 나눠 먹으면서 끼니를 때우곤 해"라며 밝은 표정으로 혼잣말을 하는 열 살 또래를 만나보지는 못했다.

어린 시절에 나는 항상 자신에게 "나는 충분하지 않아"라고 말했다. 정확하게 그 표현은 아니었지만, 이제 성인으로서 그리고 의사로서 당시를 떠올려볼 때 그 말이 당시 나의 심리 상태를 그대로 드러낸 것이 아니었을까 생각해본다. 나는 내가 충분하다는 사실을 증명하기 위해 최선을 다했다. '설거지를 할까? 더 열심히 공부할까? 동생을 돌볼까? 엄마를 도와줄까?' 그렇게 걱정은 끊이지 않았다. 아무리 애를 써도 그런 감정에서 벗어날 수 없을 때면 커다란 봉지에 든 쿠키를 꺼내 먹으면서 마음을 달래곤 했다. 그러나 그런 행동은 실패의 느낌만 더할 뿐이었다.

게다가 어머니는 내가 쿠키를 꺼내 먹을 때마다 다이어트를 하라고 했다. 나는 정말로 충분히 착한 아이가 아니었던 것이다. 그리고 그건 일종의 악순환이었다. 지금 생각해보면 어머니는 내 건강을 걱정해서 그렇게 말한 것이었다. 내가 지금 아들의 건강을 염려하듯이 말이다. 그래도 아이에게서 쿠키를 빼앗는 방식으로 사랑을 표현한다면, 그건 상처가 될 수 있다! 실제로 나는 그때 마음이 상했고 좌절감을 느꼈다. 왜 엄마는 그 시절 내 기분을 유일하게 달래주던 쿠키를 빼앗아야만 했을까? 항상 그렇듯 그 시절에 엄마와 나는 각자의 상황에서 주어진 도구를 최대한 활용했지만, 안타깝게도 우리가 공유한 도구함에는 그리 다양한 도구가 들어 있지 않았다. 다행스러운 소식은 내가 여기서 공유하고자 하는 도구들은 훨씬 더 정교하며, 내가 수십 년간 연구를 통해 배운 수많은 과학적 성과를 기반으로 한다는 사실이다.

친구들은 나를 용감한 사람이라고 생각한다. 그건 아마도 내가 가난과 고난, 트라우마를 이겨내고 지금의 나, 즉 하버드 의과대학 심리학 부교수이자 보스턴에 있는 매사추세츠 종합병원의 연구소인 프라이드Community Psychiatry Program for Research in Implementation and Dissemination of Evidence-Based Treatments, PRIDE(증거 기반 치료법의 시행과 확산을 위한 지역사회 정신건강의학 프로그램)의 소장이 됐기 때문일 것이다. 실제로 내 삶의 '여정'은 용감했다. 하지만 지금까지도 내가 스스로 충분하지 못하다고 생각한다는 사실을 친구들은 알지 못한다. 그렇다면 나는 어떻게 가난한 아이에서 하버드 교수로, 그리고 저자로 용감한 삶의 여정을 헤쳐 올 수 있었던 걸까?

기적처럼 보이는 내 삶의 이야기에는 세 가지 핵심 요소가 들어 있다. 바로, 어머니와 할머니 그리고 과학이다. 어머니는 그야말로 전사였다. 지금까지 어머니는 어떤 고난이 닥쳐도 최선을 다해 이겨냈다. 싱글 맘인 어머니는 가족을 먹여 살리기 위해, 우리에게 더 나은 미래를 열어주기 위해 닥치는 대로 일했다. 그리고 내가 어떤 감정을 느끼

　　　　　　　　　　　　　모든 인생은 불안하다

든 간에 앞으로 나아가는 유일한 방법은 그 감정을 '경험'하는 것이라는 사실을 가르쳐줬다. 어머니는 그런 감정과 상관없이 얼마든지 힘든 일에 도전할 수 있다는 사실을 보여줬다. 나는 대학원에 들어가고 나서야 그런 접근 방식(감정을 '우회하는' 방식이 아니라 감정을 '경험하는' 방식)이 정서조절emotion regulation(자신의 감정을 이해하여 사회적으로 바람직한 형태로 유연하게 반응하고 대처하는 능력-옮긴이)[1]의 핵심이라는 사실을 깨달았다. 정서조절이라는 개념은 감정을 경험하는 것이 그것을 회피하는 것보다 더 낫다는 사실을 우리에게 말해준다.

그리고 열두 살이 됐을 때 할머니라는 존재가 내 삶에 들어왔다. 당시 어머니는 지금의 새아버지와 연애 중이었다. 할머니는 어린 내가 안락 지대에서 벗어나 꿈을 향해 용감하게 나아가도록 용기를 북돋아 줬다. 할머니가 내게 준 가르침은 크게 두 가지 개념으로 요약할 수 있다. 첫째, 접근하기, 즉 회피하지 않기(3부 참조). 둘째, 바위가 아닌 물이 되기(결론 참조).

어린 시절에 얻은 교훈으로 무장한 나는 미국으로 날아가서 처음에는 교환학생으로, 나중에는 고급 교육과정의 연구원으로 아메리칸 드림을 좇았다. 그리고 박사 학위를 따고 나서는 인지행동치료cognitive behavioral therapy, CBT에 몰두했다. 인지행동치료는 정신건강에 관한 문제를 해결하는 데 최고의 방법이다.[2] 나는 인지행동치료 분야에서 출간된 모든 자료를 살펴봤고 개인과 집단을 대상으로 한 다양한 치료법을 연구했다. 그리고 여러 가지 장애 및 다양한 집단을 위한 치료법을 조사했고, 세계적인 정신건강 전문가 밑에서 연구했다. 하버드 의과대학과 매사추세츠 종합병원에서 일한 초창기 시절은 내게 더없이 소중한 시간이었다. 그동안 나는 이 책에서 소개하려는 과학적 성과를 일궈낼 수 있었다. 그래도 그 시절의 나는 여전히 충분하지 않았다.

내가 용감한 삶의 핵심 요소를 발견한 것은 세상 속으로 뛰어들어 다양한 지역 단체와 함께 연구를 시작한 후였다. 상아탑(즉, 하버드) 안에서 인지행동치료를 주제로 논의하는 것과 추방이나 수감, 빈곤, 한부모 가정 등 다양한 현실에 직면한 사람들에게 도움을 주는 것은 완전히 다른 일이었다. 게다가 인지행동치료 기술을 기업의 경영자들에게 적용하는 것은 또 다른 일이었다. 그런 경영자 중 많은 이들은 중대한 변화를 통해 팀을 이끌어가는 과정에서 결혼 생활이 파탄에 이르는 경험을 했다. 내 연구는 이런 문제를 해결하는 방향으로 이어졌고, 나는 어머니와 할머니의 지혜를 증거 기반의 과학과 통합함으로써 특정한 상황에 처한 특정한 인물을 위한 방법이 아니라 모두에게 언제나 도움을 줄 수 있는 방법을 개발해냈다.

나는 이 책을 통해 과학을 중심으로 내 삶의 교훈을 결합함으로써 장애물을 극복하고 최고의 삶을 살아가도록 도움을 주는 다양한 기술을 제시하고자 한다. 여기서 소개하는 세 가지 기술, 즉 '전환shift', '접근approach', '정렬align'은 가장 중요한 순간에 용감하게 대처하도록 당신에게 힘을 실어줄 것이다. 어쨌든 우리 모두는 용감한 삶의 여정을 떠나면서 어려운 상황에 처하게 될 것이다. 여기서 '용감한 삶의 여정'이란 두려움을 느끼지 않거나 무모하게 살아간다는 의미가 아니다. 우리가 직면하는 실질적인 적이라고 할 수 있는 심리적 회피

모든 인생은 불안하다

psychological avoidance에서 벗어나 삶의 도전 과제를 향해 그대로 나아간다는 뜻이다. 나는 당신이 나와 함께 용감하게 움직이면서 '불편함을 편안하게' 받아들이길 바란다. 지금 내가 이런 말을 할 수 있음에 감사하며, 이 책을 읽으면서 당신도 용감하게 살아가기 위한 자신만의 비법을 발견하기를 진심으로 응원한다.

1부

우리는 왜 불안을 회피하는가?

1장

심리적 회피가 문제의 핵심이다

인간으로 살아간다는 건 정말 힘든 일이다. 때로는 숨 돌릴 틈도 없이 계속해서 새로운 난관에 직면한다. 불가능해 보이는 업무 목표, 예상하지 못한 요금 고지서, 학교에서 말썽을 일으키는 자녀, 가족의 건강 문제, 끊임없이 반복되는 부부 싸움 등. 그처럼 힘든 하루를 보낸 우리는 그저 무감각해지고 싶어진다. 그리고 저마다 다양한 방법을 통해 그렇게 한다. 그런데 당신은 그런 삶에 만족하는가? 지금 최고의 삶을 살아가고 있는가? 꿈이 무엇이었던지 기어나는가? 용감하고 충만한 삶은 현실적으로 불가능하다고 생각되는가? 벅차고, 불안하고, 짓눌려 있다는 느낌을 떨쳐버릴 수 없는가?

불안감이 엄습할 때, 우리는 꼼짝달싹할 수 없는 상황에 빠졌다는 느낌을 받는다. 일테면 위태로운 관계에서 또는 피를 말리는 직장에서 벗어날 수 없다는 생각이 든다. 아침마다 침대에서 빠져나와야 할 이유를 찾기 위해 애쓴다. 저녁에 일과를 마치고 집으로 돌아오면 소파에 파묻혀 TV를 보거나 휴대전화만 만지작거린다. 그럴 때 우리는 갇혀 있다는 느낌을 받는다. 또는 얇은 빙판에서 스케이트를 타는 듯한 느낌이다. 발을 조금만 잘못 내디뎌도 깊고 차가운 물 속으로 빠져버릴 것 같다.

이런 순간에 용감하게 움직인다는 것, 즉 최고의 삶을 살아간다는 것은 결코 이룰 수 없는 꿈처럼 보인다. 나에게 시간이나 에너지가 남아 있을까? 용감한 삶이란 젊은이들(과중한 스트레스나 책임에 얽매이지 않는) 또는 삶의 여유가 있고, 별 고민 없고, 경제적으로 넉넉한 이들만이 누릴 수 있는 개인적인 특권쯤으로 여겨진다. 내 삶은 그렇지 않다. '용감한' 삶이라는 말을 들을 때마다 마틴 루서 킹Martin Luther King 이나 유명 CEO 또는 프로 운동선수가 떠오른다. 그들은 나에게 없는 힘과 용기, 확신을 갖고 있다. 그런데 용감함이 유리한 상황이나 재능 또는 특별한 자질을 갖춘 몇몇 운 좋은 이들의 전유물이 아니라면? 모든 사람이 용감한 삶을 살아갈 수 있다면?

당신이 지금의 난관에서 벗어나 불편한 감정이나 장애물을 이겨내고 소망하는 목표(용감한 삶)를 향해 달려갈 수 있도록 이 책이 도움을 줄 것이다. 스트레스와 불안을 느낄 때 이 책에서 소개하는 세 가지 기술을 발휘하면 진정으로 원하는 것을 얻을 수 있다. 한마디로, 용감한 삶을 가로막는 벽을 뛰어넘을 수 있다. 용감한 삶이란 자신의 존재를 온전하게 드러내는 삶을 말한다.

용감한 삶이 궁금하면서도 끊이지 않는 삶의 문제에 지친 마음으로 이 책을 선택했다면, 당신은 혼자가 아니다. 나 역시 여기서 소개하는 기술을 익히기 전에는 그런 삶을 살아왔다.

나는 브라질의 고베르나도르발라다리스라는 지역에서 어린 시절을 보냈다. 우리 집은 언제나 문제로 가득했고, 그런 상황에서 벗어날 가능성은 없어 보였다. 부모님은 좋은 분들이었지만 어린 나와 내 동생을 잘 보살피기에는 경제력이 부족했다. 그리고 정서적인 차원에서 자녀를 돌봐줄 능력이 없었다. 이런 상황에서 마약과 술까지 더해지면서 부모님은 자주 다퉜고, 때로 폭력적인 싸움으로 이어졌다. 나는 맏이로서 동생을 보호하기 위해 애썼지만, 그럴 때마다 두려움을 느꼈다. 나는 위험을 인식할 때마다, 아니 위험이 실제로 존재하지 않을 때도 불안을 견디지 못해 뭔가를 해야만 했다. 아이였던 나는 삶이 너무 힘들다고 생각될 때마다 쿠키를 먹어 치웠다. 말 그대로 내 감정을 먹어 치운 것이다. 그러나 쿠키로도 불안이 가라앉지 않을 때면 신체적으로 증상이 나타났다. 일테면 심각한 '천식 발작'을 일으켜 몇 번이나 병원에 실려 가기도 했다.

이제 성인이자 심리학자가 된 나는 그게 천식 발작이 아니라 공황 발작이었다는 사실을 알고 있다. 그러나 당시만 해도 나의 그런 심리 상태를 표현할 만한 정확한 용어가 없었다. 그때 나는 숨을 쉴 수 없다는 느낌을 받았다. 누군가가 열 살의 내게 언젠가 내가 다른 사람들이 용감한 삶을 살아가도록 도와주는 일을 하게 되리라고 말했다면 그냥 코웃음을 쳤을 것이다!

모든 인생은 불안하다

결국 아버지는 집을 나갔고 우리 가족의 삶은 더 궁핍해졌다. 돈은 바닥났고 의지할 데는 없었다. 그렇다고 해서 극빈층의 삶을 살았다는 말은 아니다. 어머니는 계속 모습을 바꿔가면서 가족을 먹여 살렸다. 한번 생각해보자. 이미 위태로운 삶을 살고 있던 젊은 싱글 맘이 어느 날 갑자기 두 딸을 오직 자신의 힘으로 먹이고, 입히고, 가르쳐야 하는 상황에 처하고 말았다. 어떻게 해야 할까? 처음에 어머니는 옷걸이나 빗자루를 팔다가 나중에는 공장 근로자들의 작업복을 만드는 일을 했다. 우리를 먹여 살리기 위해 어떤 일도 마다하지 않았다. 어머니는 어쩌면 스트레스와 불안으로 그 자리에 얼어붙어 꼼짝 못할 수도 있었을 것이다. 하지만 그건 자신의 선택지가 아니라는 사실을 알았다. 그리고 한 걸음 또 한 걸음 나아갔다. 어머니와 달리, 그 시절에 내가 좋아했던 것은 TV를 멍하게 바라보는 일이었다. 삶이 너무 고달팠기 때문이다.

하지만 어머니가 모든 어려움을 이겨내는 모습을 지켜보면서 나는 고난에 얼어붙는 것이 아니라 고난을 향해 뛰어들고, 그것을 친구로 만들기 위해 무엇이 필요한지 이해하기 시작했다. 하룻밤 새 이룬 일은 하나도 없지만, 남미 지역의 가난한 가정에서 자라난 수줍음 많은 아이였던 나는 다행스럽게도 어릴 적 깨달은 지혜 덕분에 커서 임상심리학 박사 학위를 받고, 하버드 의과대학과 매사추세츠 종합병원에 들어올 수 있었다.

이 이야기가 얼핏 현실적인 영웅 스토리처럼 보인다고 해도, 그 과정에는 많은 굴곡이 있었다. 그리고 난관에 봉착할 때면 나는 매번 이런 의심을 품었다. '계속 나아갈 수 있을까? 두려움을 떨쳐버리고 용감한 선택을 할 수 있을까?' 당신도 그런 상황에 처해 있을지 모른다. 그렇다면 당신의 두뇌는 이렇게 말할 것이다. "저기 밑으로 숨어." 그러나 우리는 어쨌든 앞으로 나아가야 한다. 나는 당신이 어떤 상황에 처해 있든 간에 앞으로 나아가도록, 그리고 자신이 원하는 삶을 향해 달려가도록 힘을 주고자 이 책을 썼다. 어떤 이는 요금 납부로 어려움을 겪고 있을 것이다. 어떤 이는 가족의 건강 문제 또는 학교에 적응하지 못하는 자녀 문제로 고민하고 있을 것이다. 또 어떤 이는 경력 전환이나 은퇴를 앞두고 고민이 많을 것이다. 또는 소중한 관계가 파탄 나면서 자신의 모습을 어떻게 바꿔나가야 할지 고민할 것이다. 아니면 더 나은 삶을 찾아 새로운 나라에 막 도착했거나, 언젠가 그런 도전을 하겠다는 꿈을 꾸고 있을 것이다. 문제가 크건 작건 간에, 그리고 상황이 분명하든 모호하든 간에 그럴 때 우리는 지치고, 두렵고, 외롭고, 슬프고, 불안하고, 부담스럽고, 갇혀버렸다는 느낌을 받는다. 그리고 내 고객들에게 종종 듣는 이런 질문을 떠올릴 것이다.

어떻게 불안에서 벗어날 수 있을까?
왜 나는 여기에 갇히고 말았을까?
이 수렁에서 어떻게 벗어날 수 있을까?
왜 우울감이 사라지지 않을까?
정말로 용감한 삶을 살아갈 수 있을까?

모든 인생은 불안하다

"선생님, 제발 불안을 좀 없애주세요"

포천 500대 기업의 CEO인 제이크가 첫 만남에서 내게 한 말이다. 길거리에서 그를 만난다면 완벽한 매너와 유창한 언변, 빳빳한 아르마니 정장 그리고 멀리서도 자신감을 발산하는 날카롭고 잘생긴 전문직 남성이라는 인상이어서 그가 어려운 환경에서 자라났다는 느낌은 전혀 들지 않을 것이다. 그러나 간단하게 설명하자면, 제이크는 자신의 감정을 세상에 숨기며 살아왔다. 그러다 결국 내 사무실로 찾아와 자신의 불편한 감정을 털어놨다.

그는 줄곧 어느 정도 불안을 느끼며 살아왔지만, 최근 견딜 수 없는 지경에 이르고 말았다고 한다. 나와 마주 앉았을 때, 제이크는 몸을 앞으로 기울이고는 마치 직원을 대하듯 이렇게 말했다. "루아나 박사님이 최고라는 말씀을 들었습니다. 제발 이 불안이 사라지게 해주세요. 요즘엔 분명하게 생각하기도 힘듭니다. 내년 전략을 수립하는 데 집중하려면 이 문제를 해결해야만 해요."

그렇게 면담이 시작됐다. 내가 물었다. "그 불안은 어떤 느낌인가요?"

"당장 폭발할 것 같습니다!"

"폭발이요? 정말로요?"

"네! 폭발이요!" 그의 외침은 반듯한 이미지와는 사뭇 달랐다. 그러고는 이렇게 덧붙였다. "아직 타버리지 않은 게 신기할 뿐입니다. 심장이 늘 두근거립니다. 현기증이 느껴져요. 도무지 집중할 수 없고 세상이 저를 점점 옥죄는 것 같습니다. … 항상 그래왔듯이 말이죠. 심장마비가 올 것 같아요. 하지만 아무리 검사해도 심장에는 아무런 문제가 없었습니다."

내가 물었다. "그렇게 불타는 듯한 느낌이 들 때 어떻게 대처하시나요?"

"불안을 가라앉힐 수 있다면 뭐든 합니다. 회의를 취소해버리거나 COO에게 떠넘기기도 하죠. 투자자와 중요한 약속이 생겼다고 둘러대면서요."

제이크는 수치심과 위축감을 느끼고 있었다. 오랫동안 힘들게 얻어낸 자신감도 찾아볼 수 없었다. 그는 기어들어 가는 목소리로 이렇게 말했다. "그렇게 거짓말을 합니다. 하지만 그럴 때면 다른 방법이 없습니다. 퇴근할 무렵이면 불안감에 완전히 지쳐서 운동할 힘도 남아 있지 않습니다. 와인을 마시지 않기로 다짐해보지만, 솔직히 말씀드려서 저녁 8시를 넘기기 힘듭니다. 두 번째 잔을 비우고 나면 조금 안정이 되곤 합니다. 그러면 컴퓨터 앞에 앉아 몇 시간 동안 일을 합니다."

그러고는 잠시 뜸을 들였다. "일을 한다고는 하지만, 정확하게 말하자면 컴퓨터 화면을 멍하니 바라보면서 술로 불안을 달래는 겁니다. 그렇게 결국 잠이 들고 다음 날 눈을 뜨면 불안감이 어제보다 더 커져 있다는 사실을 발견하게 됩니다. 너무 심각한 상황입니다! 제발 불안을 좀 없애주세요. 더는 못 견디겠어요!"

제이크는 자신이 한계에 도달했다는 사실을 (정확히) 파악했다. 하지만 그 이유는 제대로 이해하지 못했다. 그는 내가 불안을 마법처럼 없애주기만 한다면, 자신은 좋아질 것이며 업무에 집중할 수 있으리라고 확신했다. 이런 생각이 완전히 틀린 것은 아니다. 사람들은 온갖 불편한 감정(불안과 공포, 우울) 때문에 갇혀 있다는 느낌을 받는다. 그런데 불안이 사라지면 제이크는 정말로 좋아질까? 물론 업무에 집중할 수는 있을 것이다. 그러나 안전을 위해 자동차 브레이크를 점검해주는 등 가족에게 충분히 관심을 기울이게 될까? 또는 중요한 비즈니스 프레젠테이션에 시간을 추가로 투자하게 될까? 아마도 아닐 것이다. 불편한 감정은 우리 몸의 통각 수용체와 같다. 통각 수용체는 뜨거운 난로에 손을 가져다 대는 것처럼 우리에게 피해를 주거나 위험에 처하게 하는 대상과 관련해서 경고 신호를 보내는 기능을 한다. 그런 통각 수용체가 없을 때, 우리는 화상을 입는다. 마찬가지로 불안은 불편한 느낌을 주지만, 주변 상황에 반응하면서 중요한 신호를 보낸다.

증상에 현혹되지 말고 원인에 주목하자

제이크의 상황은 혼자만의 문제가 아니다. 내가 만난 많은 고객이 저마다 힘든 상황에서 벗어나 더 충만하고 건강하고 용감한 삶을 살고 싶어 했다. 그러나 나는 그들이 지금의 상황에서 벗어나고 싶어 하면서도 종종 잘못된 곳을 바라보고 있다는 사실을 확인했다(이 책에서 소개하는 기술을 익히기 전에 나 역시 그랬듯이). 고객들은 그저 내가 불안과 스트레스, 탈진, 우울, 공포, 무력감을 말끔히 없애주길 바란다. 그러나 이런 감정은 비록 고통스럽기는 하지만, 문제의 원인이 아니라 증상에 불과하다.

이렇게 생각해보자. 열이 나서 타이레놀을 먹는다. 그러면 열이 가라앉을까? 아마도 그럴 것이다. 그런데 그 상태가 얼마나 유지될까? 그것은 우리 몸이 맞서 싸우는 대상에 달렸다. 예를 들어 가벼운 감기라면 타이레놀이 도움이 될 것이고 며칠만 지나면 나을 것이다. 그런데 박테리아에 감염됐다면 어떨까? 타이레놀이 열은 낮춰주겠지만 감염을 치료해주지는 못할 것이다. 그런 상황이라면 항생제와 같은 다른 약을 먹어야 한다. 타이레놀은 그저 증상(고열)만 완화해줄 뿐 근본적인 문제(감염)를 해결해주지는 못한다.

제이크가 내게 "루아나 선생님이 최고라는 말씀을 들었습니다. 제발 이 불안이 사라지게 해주세요"라고 했을 때, 나는 그가 불안이라는 고열을 앓고 있다고 생각했다. 동시에 수년간의 연구와 임상 경험에 비춰볼 때, 그의 불안은 원인이 아닌 증상이라는 사실도 파악했다.

불안은 고객들이 호소하는 다양한 증상 중 하나일 뿐이다. 실제로 나는 고객들에게 이런 말을 종종 듣는다.

- 스트레스만 사라진다면 성공할 겁니다.
- 탈진해서 죽을 것 같아요. 일정을 조율할 수 있다면 기분이 한결 나아질 거예요.
- 문제는 제 상사입니다. 그가 제 말에 귀를 기울여준다면 상황이

모든 인생은 불안하다

훨씬 더 나아질 겁니다.

- 집에 오면 아무 일도 하고 싶지 않아요. TV를 보거나 스마트폰을 만지작거릴 뿐이죠.
- 남편이 일밖에 모르는 사람이 아니었다면 결혼 생활이 파탄에 이르지 않았을 거예요.
- 온라인 쇼핑을 멈출 수가 없습니다. 신용카드 명세서를 보기가 두려워요.

스트레스, 탈진, 집중력 장애, 가족 간 불화, 경제적인 걱정 등은 모두 실질적이고 고통스러운 문제다. 그런데 그들은 어떻게 그런 상황에 처하고 말았을까?

여기서 중요한 질문은 이것이다. 감염에 해당하는 근본 원인은 무엇인가? 나는 삶과 임상 경험, 연구를 통해 이런 상황에는 한 가지 공통 요소가 있다는 사실을 깨달았다. 우리는 바로 그것 때문에 문제 상황에서 벗어나지 못하는데, 나는 그 요소를 '심리적 회피'라고 부른다.

삶을 훼손하는 심리적 회피

'심리적 회피'는 우리가 위협을 인식했을 때 보이는 반응으로, 즉각적인 안도감을 주지만 장기적으로는 부정적인 결과로 이어진다. 좀 더 편하게 논의하기 위해 앞으로는 이 개념을 그냥 '회피'라고 부르자(앞으로 계속해서 만나게 될 것이다). 간단히 말해서, 우리는 불편함이라는 감정을 회피함으로써 빠르고 일시적으로 안도감을 느낀다. 그러나 장기적으로는 문제에서 벗어나지 못한다. 우리 몸 안에 불편한 감정을 실시간으로 측정해주는 온도계가 있다고 상상해보자. 그 온도계는 0도(차분하고 신중한 상태)에서 100도(불안과 공포, 스트레스로 폭발 직전인 상태)에 이르는 다양한 온도를 가리킨다. 온도가 높아지면 우리는 즉각 온도를 낮추려고 한다. 다시 말해 '회피'를 시도한다. 어쨌든 불편한 감정을 좋아할 사람이 어디 있겠는가.

나는 일을 하는 동안 고객들이 회피가 문제의 원인이라는 사실을 잘 이해하지 못한다는 사실을 확인했다. 그 이유는 불편한 감정(불안과 스트레스, 우울, 탈진)이 그 자체로 핵심 문제라고 여기기 때문이다. 그들은 불편한 감정만 사라지면 삶이 즉각 더 좋아질 것으로 생각한다. 거의 확신에 가깝다. 하지만 진정한 문제는 불편한 감정 자체가 아니라, 우리가 그런 감정에 대응하는 '방식'이다.

심리적 회피에는 장기적인 대가가 따른다. 우리는 용감하게 살아갈 기회를 빼앗기고 목표를 이루지 못한다. 일단 회피를 시작하면, 불편한 감정을 밀어내기 위해 계속해서 회피를 이어나가게 된다. 회피는 마치 공포 영화 속 악당처럼 끈질기게 우리를 찾아온다. 우리가 회피를 선택할 때, 힘든 상황에 대처하는 유일한 방법은 맞서 싸우는 게 아니라 도망치는 것이라고 두뇌에 가르치게 된다. 그러면 회피하려는 욕구는 더 강해진다. 우리 모두는 예전에 불편한 감정을 경험했고 앞으로도 그럴 것이다. 회피할 때마다 기분은 좀 나아지지만, 더 나은

모든 인생은 불안하다

'기분'과 더 나은 '상태'는 결코 같은 것이 아니다!

제이크의 예에서 그를 곤경에 빠뜨린 것은 불안 자체가 아니라 불안이 느껴질 때 그가 보인 반응이었다. 그는 가슴이 두근거릴 때마다 회피(회의를 취소하거나 와인을 마시거나)를 통해 불편한 감정을 없애고자 했다. 그리고 그럴 때마다 약간의 안도감을 느꼈으며, 심장 박동수가 정상으로 돌아왔다. 그러나 그 상태는 온종일 유지되지 못했다.

제이크의 행동은 이상한 게 아니다. 심장마비가 올 것 같은 느낌을 어떻게 계속해서 참고 버틴단 말인가? 그러나 그는 결국 회피라는 끝없는 순환에 갇히고 말았다. 회피는 강력하다. 왜냐면 즉각적인 효과가 있기 때문이다! 회피는 정말로 빠르게 기분을 좋게 해준다. 이런 점에서 회피는 약물과 같다. 일단 효과를 맛보고 나면 쉽게 중독된다.

내가 제이크를 만났을 때, 그는 갈림길에 서 있었다. 그는 삶의 많은 부분에서 어려움을 겪고 있었다. COO는 제이크가 회의에 나타나지 않거나 약속을 대수롭지 않게 여길 때 적잖이 당황했다. 게다가 제이크의 업무까지 도맡아 처리해야 했다. 제이크의 아내는 지나친 음주와 운동 부족, 아이들과의 소원한 관계에 대해 걱정했다. 아내는 제이크에게 전문가의 도움을 받아보라고 권유했다. 그러지 않으면 결혼생활이 정상적으로 이어질 수 없는 상태였다. 제이크의 어머니 역시 혼란스러웠다. 그의 회피를 이해하지 못한 어머니는 아들이 일에만 빠져서 가족과의 저녁 약속을 소홀히 여긴다며 화를 냈다. 이처럼 회피는 우리 삶의 모든 영역을 감염시킨다.

창조적인 회피 방법: 불편한 데이트

데이트는 그리 마음 편한 시간은 아니다(솔직히 말해서 사람들은 때로는 데이트를 두려워한다). 실제로 데이트는 회피가 종종 모습을 드러내는 삶의 영역이다. 내게도 데이트는 힘들었다. 데이트를 할 때면 '나는 충분하지 않다'는 두려움이 들었기 때문이다. 그래서 어떻게 했을까? 그렇다. 나도 회피했다. 한동안 데이트를 하지 않았다. 결국 친구들이 나서서 유명 온라인 데이트 사이트에 내 프로필을 올려버렸다. 물론 친구들은 선의에서 그렇게 했지만, 나의 회피는 그보다 더 똑똑했다. 즉, 나는 그 앱을 한 번도 열어보지 않았다. 왜 내가 언제나 알고 있던 사실, 즉 누구도 나와 데이트하길 원치 않는다는 사실을 굳이 확인해야 한단 말인가. 물론 앱을 외면함으로써 단기적으로 좋은 기분을 유지할 수 있었다. 그렇게 회피가 몇 달 동안 이어졌는데, 결국 나는 결혼을 원한다면(사실 간절히 원했다) 회피는 절대 도움이 되는 행동 방식이 아니라는 사실을 깨닫게 됐다. 다행스럽게도 내게는 똑똑한 심리학자 동료들이 많았다. 그들은 내가 회피를 극복하도록 용기를 줬다(이 책에서 소개하는 기술을 활용해서). 그 덕에 마침내 나는 지금의 남편인 데이비드를 만났다.

  내가 데이트를 하지 않기로 한 방식도 대단히 좋은 회피 사례다. 그런데 데이트에 따른 불편한 감정을 완화하기 위해 더 미묘한 방법을 선택한 이들도 많았다. 예를 들어 고객 중 한 명인 후안 역시 누구도 자신을 사랑하지 않을 거라는 두려움을 갖고 있었는데, 이런 불편한 감정을 덜기 위해 나오는 정반대 방법을 선택했다. 데이트를 하지 않는 것이 아니라 오히려 수많은 데이트를 한 것이다. 그런데 잠깐, 그게 왜 회피란 말인가? 좋은 질문이다! 나를 처음 찾아왔을 때 후안도 그렇게 물었다. 그가 택한 방법이 회피인지 아닌지 판단하기 위해 그의 데이트 패턴을 들여다보자.

후안은 새로운 사람을 만나는 일을 좋아했다. 그래서 관심이 있는 여성들과 적극적으로 데이트했다. 데이트 자체가 즐거웠기에 많은 데이트 약속을 잇달아 잡았다. 심지어 하루에 두 번의 약속을 잡기도 했다. 하지만 그러다 보니 처음 만난 여성과 두 번째 약속을 잡기까지 몇 주일이 걸렸고, 그때쯤이면 대부분 상대가 연락을 받지 않았다. 결국 후안은 줄곧 첫 번째 데이트만 하다가 끝났다. 그렇다. 후안은 열심히 데이트를 했지만, 거절당할지 모른다는 두려움 때문에 첫 번째 데이트만 했다. 데이트를 하고 나면 기분이 잠깐 좋아졌는데, 아무도 자신을 사랑하지 않을 거라는 두려움이 재빨리 고개를 들었다. 그리고 그 두려움을 잊기 위해 또다시 데이트 약속을 잡았다. 이런 회피 전술이 20대 때는 효과가 있었다. 하지만 30대 초반이 되어 나를 찾아온 후안은 여전히 관계를 장기적으로 이어나가지 못하고 있었다. 그가 무엇보다 원한 것이 그런 관계였음에도 말이다. 그는 자신이 회피의 늪에 빠졌다고 생각했다.

다음으로 비비안은 얼마 전 커밍아웃을 했다. 그녀는 내게 많은 여성과 데이트를 했지만 아무런 성과가 없어서 실망했다고 말했다. 그동안의 데이트가 어땠느냐고 물었더니, 그녀는 부끄러워하면서 사실은 별로 매력적으로 보이지 않는 여성들하고만 데이트를 했다고 털어놨다. 처음에는 잘 이해가 가지 않았다. 어쨌든 매력을 느껴야 사랑으로 발전하지 않겠는가. 그렇다. 비비안은 상대가 자신에게 매력을 느끼지 못할까 봐 두려워했다. 그래서 그런 두려움을 시험하기 위해 데이트를 하는 것이 아니라, 장기적인 관계로 발전할 가능성을 애초에 제거해버리고 있었다. 그녀는 매력이 느껴지지 않는 상대와 계속 데이트를 함으로써 상처로부터 자신을 지키려 했다. 이런 방법으로 데이트에 대한 불편한 감정을 외면했지만(일시적으로), 이런 회피 전략은 결국 만족스럽지 않은 관계로 이어지거나 아무런 결과로도 이어지지 못했다.

후안과 비비안은 나처럼 회피에 빠져 있었다. 우리 모두는 데이트에 따른 불편한 감정에 각자 다른 방식으로 대응했다. 그러나 '방식'은 달랐지만, 그렇게 행동한 '이유'는 같았다. 우리 모두 불안에서 벗어나고자 했고, 결국 대가를 치렀다. 누구도 자신이 원하는 안정적이고 사랑이 가득한 관계에 이르지 못했다.

당신의 회피가 모두에게 회피인 것은 아니다

자신의 삶에서 무엇이 회피인지 확인하고자 한다면, 데이팅 앱 프로필을 삭제하거나 달력을 데이트 약속으로 가득 채우는 행동이 과연 회피에 해당하는지 궁금할 것이다. 그건 회피일 수도 있고 아닐 수도

모든 인생은 불안하다

있다. 예를 들어 내 친구 미라는 아직 나이가 어리고 무엇보다 경력을 중요시한다. 그녀는 데이트를 좋아하고 종종 꽤 멋진 상대를 만난다. 얼마 전에는 만난 지 몇 주일밖에 되지 않은 남자와 멕시코 여행을 떠나기도 했다. 그런데 미라가 데이트 상대에게 분명히 밝히는 게 한 가지 있다. 자신에게는 경력이 우선이며, 거기에 집중하고 싶다는 것이다. 미라는 데이트를 회피하지 않으며 관계에 집착하지도 않는다. 다만 그녀에게는 경력이 더 중요할 뿐이다. 그녀는 내게 서른 살이 넘으면 좀 달라질 거라고 말한다. 그게 사실일지 아닐지는 지켜봐야 알겠지만, 적어도 지금으로서는 그녀가 약혼이나 결혼을 할 가능성은 없어 보인다.

특정한 행동이 어떤 이에게는 회피가 될 수 있지만 또 어떤 이에게는 아닐 수도 있다는 사실을 이해하기 위해, 내 집안의 상황을 사례로 들어볼까 한다. 앞서 언급했듯이 나는 어릴 적부터 스트레스와 불안, 공포를 다스리기 위해(특히 그 정도가 아주 심할 때) 쿠키를 먹었다. 그러면 기분이 좀 나아졌다. 그렇다면 스트레스를 받을 때마다 쿠키를 먹었을까? 그랬다. 감정적인 이유로 음식을 먹는 습관이 있다면, 아마도 내 말을 쉽게 이해할 것이다. 불안이 커지면 불편한 감정이 들고, 그럴 때 특정한 음식을 먹는 행동은 불편을 완화해준다.

그런데 유의할 점이 있다. 지금 이 책을 읽으면서 쿠키를 먹고 있다고 해도 걱정하지는 마시라. 쿠키를 먹는 행동이 언제나 심리적 회피에 해당하는 것은 아니기 때문이다. 내 남편 데이비드의 경우가 그렇다. 데이비드는 할 수만 있다면 쿠키를 입에 달고 살 사람이다. 그만큼 단것을 좋아한다. 그는 디저트를 다 먹고도 아들의 일주일 치 쿠키까지 거뜬히 먹어 치울 수 있다. 하지만 남편은 불안이나 두려움 때문에 주방을 뒤지는 게 아니다. 쿠키를 먹는 일은 데이비드에게 불편한 감정을 해소하는 방법이 아니며, 다만 쿠키는 그가 사랑하는 음식일 뿐이다.

나는 기분을 빨리 전환하기 위해 쿠키를 먹지만, 데이비드는 그저 좋아하기 때문에 쿠키를 먹는다. 그렇더라도 감정적인 편안함을 위해 쿠키를 먹는 내 행동을 회피라고 단정 짓기에는 아직 충분하지 않다. 이 방정식에는 두 번째로 중요한 요소가 있다. 바로, 다음과 같은 질문이다. '행동에 따른 대가(또는 장기적인 결과)는 무엇인가?' 회피라고 규정하기 위해서는 그런 행동에 따른 장기적인 비용이 '반드시' 존재해야 한다. 즉, 계속해서 발목을 잡는 뭔가가 있어야 한다. 나의 예를 들자면, 어릴 적에 그리고 성인이 된 지금도 불안을 해소하기 위해 쿠키를 먹으면서 평생 비만과 싸워야 했다. 사실 이 글을 쓰는 지금도 20킬로그램이나 과체중인 상태다. 그러나 데이비드는 그렇지 않다. 오히려 살을 찌우려고 애쓴다.

모든 회피 전략은 저마다 고유하며, 아무리 창조적이거나 흥미롭거나 도움이 될 것처럼 보여도 언제나 우리를 옭아맨다. 그래서 회피를 극복하려면 먼저 그것이 어떤 방식으로 모습을 드러내는지 알아야 한다. 지난 몇 달 동안 불편한 감정을 느꼈던 적을 떠올려보자. 그때 기분을 빨리 전환하기 위해 특정한 행동을 했는가? 예를 들어 다음과 같은 일들 말이다.

- 술을 마셨는가?

- 머리에 뭔가를 뒤집어썼는가?

- 약물을 복용했는가?

- 데이트 약속을 취소하려고 궁색한 변명을 지어냈는가?

- 수업 시간에 발표를 거부했는가?

- 프레젠테이션을 하지 않으려고 승진 기회까지 포기했는가?

- 골치 아픈 대화를 피하기 위해 상대와 거리를 뒀는가?

- 친구의 문자에 답변을 하지 않고 그냥 삭제해버렸는가?

- 심한 압박감에 이메일을 그냥 쌓아두었는가?

- 아무 생각 없이 스마트폰을 만지작거렸는가?

- 온라인 쇼핑을 했는가?

우리는 이런 회피 전략에 쉽게 의존한다. 그러나 거기에는 대가가 따르기 마련이다.

우리가 치러야 할 대가

회피 탓에 치르는 대가 역시 회피만큼이나 저마다 고유하다. 회피할 때 관계가 허물어지거나, 꿈을 포기하게 되거나, 건강이 나빠지거나, 업무 성과가 떨어진다. 그리고 안타깝게도 내가 고객들에게서 쉽게 발견하듯이, 그 대가는 대개 상당히 크다. 미나는 비행공포증 때문에 승진을 포기했다. 승진을 하면 정기적으로 출장을 떠나야 했기 때문이다. 그리고 소여는 우울감을 떨치기 위해 평생에 걸쳐 건강에 관한 최신 유행을 따랐다(얼음 목욕이나 울트라마라톤, 간헐적 단식 등 닥치는 대로). 하지만 그러는 가운데 안정적인 직장과 간절히 바라던 깊은 관계를 모두 잃어버리고 말았다. 기업 임원인 호제리우는 '신경 분열' 직전에 있었다. 그는 업무가 빨리 진척되지 않을 때마다 "나는 너무 느려", "성공하지 못할 거야", "나는 충분하지 않아"라고 자신에게 말했다. 그리고 이런 생각에서 벗어나기 위해 자신을 혹사했다.

모든 사례에서 사람들은 저마다 불편한 감정과 불안을 해소하기 위해 애를 썼다. 그러나 이런 방식에는 대가가 따른다. 즉, 회피는 우리의 적이 되어서 우리가 그토록 원하는 삶을 가로막는다.

심리적 회피는 무조건 나쁜 걸까?

이제 당신은 아마도 내가 모든 회피는 본질적으로 나쁜 것이며, 당신을 회피에서 완전히 벗어나게 해줄 기술을 전수해주리라고 기대할 것이다. 하지만 아니다. 우리 삶에는 굶주린 상어나 고막을 찢을 듯한 소음, 무서운 독사와 같은 위험을 피하게 하는(그리고 건강한) 많은 것이 존재한다. 회피 역시 진화하는 놀라운 두뇌가 우리를 보호하기 위해 노력한 결과물이다.

두뇌는 다양한 작은 중추로 이뤄진 복잡한 기계다. 이들 중추는 네

모든 인생은 불안하다

트워크 시스템을 통해 서로 의사소통한다.[1] 그 네트워크는 다양한 신호를 통해 우리가 하는 모든 일(먹고, 숨 쉬고, 자고, 기억하고, 꿈꾸고, 생각하고, 몸을 움직이는)을 관장한다. 그러나 무엇보다 우리의 두뇌 네트워크는 위험을 차단하고, 가능한(특히 부정적인) 결과를 예측하고, 다양한 상황에서 무엇이 효과가 있고 무엇이 효과가 없는지 학습함으로써 우리를 보호하도록 설계됐다.[2] 대단히 과중한 업무 목록처럼 보이지 않는가? 사실 그렇다.

불편한 느낌이 들 때는 적(심리적 회피)의 출현에 주목해야 한다. 그렇다면 우리가 감정을 어떻게 처리하는지 살펴보자. 감정 처리는 여러 두뇌 중추가 다양한 단계를 통해 관여하는 복잡한 정신 활동이다.[3] 가장 먼저 두뇌는 우리가 처한 환경에서 자극(잠재적으로 위험한)을 인지한다. 예를 들어 두 눈이 포착한 주변 이미지는 후두엽occipital lobe이라고 하는 두뇌의 뒷부분으로 전송되고, 귀가 포착한 소리는 측두엽temporal lobe으로 전송된다. 그러면 이 감각 중추가 그 신호를 해석해서 이에 대응하는 역할을 맡은 두뇌 중추로 다시 신호를 전송한다.

주변 환경에 대처하는 기능을 담당하는 주요 중추 중 하나로 편도체amygdala가 있다('그림 1-1' 참조). 두뇌 중심 깊숙이 자리 잡은 편도체는 감정을 처리하는 과정에서 중요한 기능을 한다.[4] 독사와 같은 위협에 직면할 때, 편도체는 즉각 행동을 개시해서 어떻게든 우리의 몸을 보호하라고 몸 전체에 신호를 보낸다. 편도체는 다양한 생물학적 변화를 촉발하는 신호를 1,000분의 몇 초 만에, 심지어 의식적인 사고 과정 없이 전송하는데 그 과정에서 불편한 감정이 떠오르기도 한다.

〈그림 1-1〉 회피를 관장하는 두뇌 중추

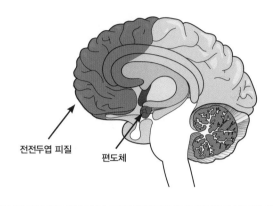

전전두엽 피질   편도체

　행동 개시를 위해 몸 전반에 혈액을 충분히 공급하기 위해서 심장이 빨리 뛰기 시작한다. 동시에 땀이 난다. 땀은 체온을 낮추면서 피부를 미끄럽게 해준다. 이는 우리를 붙잡으려는 성난 야만인과 맞서 싸울 때 도움이 된다. 혈액은 지금 당장 생존을 위해서 필요하지 않은 모든 장기에서 빠져나간다. 예컨대 두뇌에서 흘러나온 혈액이 팔다리로 집중되면서 우리는 종종 어지러움이나 긴장을 느낀다. 위도 기능을 멈춘다. 동굴에 사는 포악한 야만인과 싸우는 동안 뭔가를 먹지는 않을 것이기 때문이다. 불행히도 직전에 뭔가를 먹었다면 복통이 일어날 수도 있고, 때로는 설사를 하기도 한다. 누가 스트레스를 즐기라고 했던가. 이런 상황에서는 시야가 좁아지면서 자신을 향해 달려오는 공격자만 보인다. 때로는 시야가 극도로 좁아져 빛이 하나의 점으로 보일 때도 있다.

모든 인생은 불안하다

이 모든 생물학적 변화의 목적은 '투쟁fight, 도주flee, 경직freeze'의 방식으로 위협에 대처하도록 우리 몸을 준비시킴으로써 생존 가능성을 높이는 것이다. 그러나 이를 위해서는 엄청난 에너지가 필요하다. 그래서 두뇌는 생존에 필요한 에너지를 확보하기 위해 위기의 순간에 필요하지 않은 여러 기능을 중단시킨다. 그리고 그렇게 작동이 중단되는(또는 오프라인 상태가 되는) 두뇌 영역에는 전전두엽 피질prefrontal cortex도 포함된다. 전전두엽 피질은 고도의 사고 활동을 담당하는 두뇌 중추로, 심리학자들은 그 역할을 종종 통제 기능executive functioning이라고 부른다. 전전두엽 피질이 의사결정, 계획 수립, 문제 해결을 담당하기 때문이다.[5] 실제로 전전두엽 피질은 두뇌에서 대단히 중요한 부분이다. 그런데 그렇게 중요한 부분이 왜 (위기의 순간에) 기능을 멈추는지 궁금할 것이다. 그 이유는 단순하다. 생명이 위태로운 상황에서는 신중하고 이성적인 사고보다 도망치는 게 더 효과적이기 때문이다.

이런 원초적인 두뇌 중추는 주변 상황에 민첩하게 반응한다. 예를 들어 찻길을 건너면서 친구에게 저녁 식사에 늦어서 미안하다는 문자 메시지를 보낸다고 해보자. 그런데 갑자기 구급차가 당신을 향해 빠르게 달려온다. 어떻게 대처할 것인가?

a. 멈춰 서서 생각에 잠긴다. '저런, 구급차가 달려오고 있군. 가만 보자…. 서쪽으로 가는 길인가, 아니면 동쪽인가? 음. 지금 해가 저기 있으니 아마도 북북동 방향이겠군. 환자가 무사한지 궁금하네. 부디 그래야 할 텐데. 혹시 심장마비가 아닐까? 요즘 같은 날

씨엔 종종 발생하지. 나도 당장 심장 전문의에게 진료 예약을 해야겠어.'

b. "오, 이런!"이라고 외치면서 길가의 쓰레기통에 머리가 처박히든 말든 몸을 날린다.

지금까지 책을 건성으로 읽었거나 두 가지 보기를 주의 깊게 살펴보지 않은 사람이 아니라면, 틀림없이 b를 선택했을 것이다. 생사를 가르는 상황에서 인간이라는 동물은 이성적인 추론을 하지 않는다. 전전두엽 피질이 비활성화 상태로 바뀌었기 때문이다. 그 대신 우리는 도망친다. 그것도 본능적으로, 아주 빠르게 말이다. 비록 야만인은 구급차가 달려올 때 어떻게 해야 할지 잘 모르겠지만, 우리가 문자 메시지를 보내면서 길을 건너는 상황과 기원전 1만 년경 선사 시대 선조가 날카로운 송곳니를 드러낸 호랑이를 맞닥뜨린 상황 사이에는 직접적인 연결고리가 있다. 그 대상이 달려오는 구급차든 위협적인 포식자든 간에, 한 가지 분명한 사실이 있다. 우리의 편도체가 즉각 활동을 개시한다는 것이다. 편도체가 생존을 위해 충분히 민첩하게 반응하지 않는 야만인은 자신의 유전자를 퍼뜨릴 만큼 오래 살지 못했을 것이다. 다시 말해 우리 모두는 민첩한 편도체를 지닌 야만인의 후손인 셈이다. 앞으로 편도체가 작동하면서 불안감이 몰려올 때, 이 것을 기억하자. 지금 내 두뇌는 어떻게든 나를 보호하기 위해 애쓰고 있다.

거짓 경고에 대한 두뇌의 반응

앞서 우리가 위험에 처했을 때 투쟁이나 도주 또는 경직의 반응을 보인다는 이야기를 했다. 그런데 저녁 10시에 상사의 이메일이 도착했을 때 편도체가 감정의 운전대를 쥐게 되는 이유는 뭘까? 우리 두뇌는 언제나 귀를 열어놓고 있다. 그래서 위협을 감지할 때마다 자신을 보호하기 위해 즉각 행동에 돌입한다. 그 위협이 실질적인 위협이 아니라 '인지된 위협perceived threat'이라고 해도 마찬가지다.

과학자들은 예컨대 '두려움을 느끼는 사람의 사진을 보는 것'과 같이 지극히 사소한 자극(주변에 위험이 있을지도 모른다는 신호)에도 편도체가 활성화되면서 이성적인 사고를 하는 데 어려움을 겪게 된다는 사실을 밝혀냈다.[6] 우리는 어쩌면 직장 동료가 말하는 방식이나 무대에 섰을 때 마주한 청중의 표정을 좋아하지 않을 수도 있다. 하지만 그럴 때 느끼는 위협이 시속 130킬로미터로 달려오는 구급차와 같은 실질적인 위협과 똑같지 않다는 말에는 대부분 동의할 것이다. 후자가 생명에 대한 직접적인 위협이라면, 전자는 가상의 위협이다. 하지만 우리는 가상의 위협 역시 실질적인 위협과 똑같이 느낀다. 그렇지 않은가? 특히 편도체는 그렇다. 매의 눈을 가진 편도체도 실제 위협과 인지된 위협을 구분하는 과제에서는 좀 멍청한 편이다.

이런 사실을 실제 상황에서 확인하기 위해 우리의 말쑥한 CEO 사례로 다시 돌아가 보자. 제이크가 '불안이 절대 사라지지 않을 거야!'라고 생각하면서 퇴근할 때 그리고 부정적인 사고의 소용돌이로 빠져들 때, 이런 생각이 그의 생명을 직접적으로 위협하지는 않지만 실질적으로 불편한 감정을 느끼게 한다. 그리고 제이크의 두뇌는 그 불편한 감정을 다가오는 위협으로 인식한다. 그래서 심장이 빨라지고 자신을 지키기 위한 모든 행동(투쟁! 또는 도주!)을 준비한다. 그때 그의 두뇌는 이렇게 말한다. "상황이 심각하다. 심장마비가 일어날지도 모른다!" 그의 몸에서 일어나는 불쾌한 감정은 머릿속에서 더 많은 부정적인 생각을 불러일으키고, 부정적인 생각은 그의 몸에서 불편한 감정을 더 많이 촉발한다. 그렇게 제이크의 증상(가슴 두근거림, 현기증, 불안)은 그가 실제 위협에 직면했는지 아니면 인지된 위협에 직면했는지와 상관없이 동일하게 나타난다. 제이크가 인지된 위협에 직면했을 때, 그의 두뇌는 자신의 신체적 증상을 위험으로 인식하고 심장마비가 올지도 모른다는 결론에 이르렀다. 그리고 그의 감정 온도계가 급격하게 치솟았다. 그래서 제이크는 생물학적으로 프로그래밍되어 있는 행동을 시작했다. 즉, 불편한 감정에서 벗어날 방법을 모색했다. 그 결과 불안을 가라앉히기 위해 와인 잔을 들었다.

여기서 잠깐, 한 사람이 위협으로 인지하는 대상이 다른 이에게는 위협이 아닐 수도 있다는 사실에 주목할 필요가 있다. 제이크는 가슴 두근거림을 심장마비의 전조로 인식했다. 반면 나는 가슴이 두근대면 내가 흥분했다고 생각한다. 저녁 10시에 도착한 이메일에 대해서도 반응은 제각각이다. 상사를 두려워하는 직원이라면 틀림없이 위협을 느끼겠지만 상사와 관계가 좋은 직원은 위협으로 인식하지 않을 것이다. 이제 나의 사례를 통해서 두뇌가 상대방의 말에 투쟁-도주-경직 반응을 보인다는 사실을 확인해보자.

약 15년 전, 새내기 학자였던 내가 사무실로 들어서면서 동료와 마주쳤다. 그는 큰 웃음을 지으며 내게 이렇게 말했다 "오늘은 완전히 라티나Latina(미국에 사는 라틴계 여성-옮긴이)처럼 보이는군요!"

이런 생각이 들었다. '대체 무슨 말이야?'

원초적인 투쟁-도주-경직 반응이 시작되면서 귀가 화끈거렸다.

'라티나라니 무슨 뜻이지?'

심장 박동 소리가 커졌다.

'뚱뚱하다는 소린가? 엉덩이가 크다는 말인가? 몸매가 육감적이라는 뜻인가?'

혼란스러웠다.

'그렇다면 나는 아직 온전한 미국인이 아닌 걸까? 하버드에 어울리지 않는 사람인 건가…?'

그때만 해도 나는 학교에서 잔뜩 웅크린 상태였다. 다시 말해 아직 학자로서 정체성을 찾지 못했다. 나는 여전히 내가 학계의 일원이라는 확신이 없었고, 그런 느낌이 불안을 일으켰다. 지금도 그때를 떠올리면, 내게 익숙했던 불편한 감정이 똑같이 피어나는 것을 느낀다.

그렇게 복도를 걸어가는데 시간이 아주 느리게 흘러가는 것 같았다. 심장이 튀어나올 것 같았고 호흡이 가빠졌다. 모든 증상이 너무도 분명하게 느껴졌다. 그렇게 혼란을 느끼는 가운데 한 가지가 필요하다는 사실을 깨달았다. 지금 당장 불안에서 벗어나야 한다!

'왜 내가 라티나처럼 보인 걸까? 어떻게 이 세상에 적응할 수 있을

까? 어떻게 해야 기분이 좀 나아질까?'

나는 시한폭탄을 해체하는 제임스 본드의 절박한 심정으로 그게 내가 입은 꽃무늬 치마 때문이라고 재빨리 결론을 내려버렸다. 그 옷 때문에 '완전히 라티나'처럼 보인 것이다. 옷이 문제였다! 그래서 나는 어떻게 했을까? 곧바로 집으로 돌아가 옷을 갈아입었다. 그렇다. 잘못 읽은 게 아니다. 세상에서 가장 권위 있는 교육기관에 연구원으로 들어간 내가 틀림없이 선의에서 했을 동료의 말을 듣고서 업무 중에 옷을 갈아입으러 사무실을 떠난 것이다.

그때 내가 실제 위협에 직면했을까? 아니다. 그러나 내 두뇌는 동료의 말을 위협으로 인식했다. 그리고 당장 집으로 달려가 옷을 갈아입는 것이야말로 불안을 잠재울 유일한 해결책이라고 생각했다. 당신은 아마도 그처럼 확신에 가득 차서 지루해 보이는 회색 블라우스 단추를 채우는 사람을 본 적이 없을 것이다! 그렇게 다림질한 회색 정장으로 갈아입고 사무실로 돌아가면서, 나는 적어도 잠시나마 이상하게 기운이 나는 느낌을 받았다. 말도 안 되는 소리처럼 들리겠지만, 나는 분명히 문제의 원인을 해결했다고 확신했다!

'이제 그들과 더 비슷해졌어! 이 사회에 적응할 수 있을 거야…'

비록 잠시 기분은 나아졌지만, 그날 회피하기로 했던 내 선택에는 오랫동안 부정적인 결과가 따랐다. 그로부터 10년 동안 나는 사무실에 갈 때 '라티나'처럼 보일 수 있는 어떤 옷도 입지 않았다! 브라질 고향 마을을 방문할 때마다 가족과 친구들은 내게 왜 옷이 죄다 검정이나 흰색 아니면 회색(점잖은 미국 사회에서 공인된 무해한 색상)뿐이냐고 물었다. 나는 그 말을 그냥 흘려들었다. 하지만 그들의 지적은 옳았다. 게다가 나는 화려한 옷을 좋아하고 스스로 라티나임을 자랑스럽게 여긴다! 그러나 그날, 나는 이 세상에 적응하지 못할 것이라는 두려움 때문에 회피의 손을 들어주고 말았다.

적절한 훈련을 받지 않은 이상 우리는 회피의 강력한 힘을 통제할 수 없다. 앞서 언급했듯이, 감정이 우리를 지배할 때 이성적인 두뇌는 힘을 잃는다. 그 순간에도 우리는 자신의 생각이 신중하고 논리적이라고 확신하겠지만, 절대 그렇지 않다. 다음에 누군가와 논쟁을 벌이게 된다면 이 사실을 떠올리자. 귀가 화끈거리거나 가슴이 두근댈 때, 우리의 전전두엽 피질은 아마도 기능을 멈췄을 것이다. 만약 내가 '덜 라티나처럼' 보이기 위해 업무 중에 집으로 달려가 옷을 갈아입기 전에 전전두엽 피질이 온라인 상태로 돌아오게 했더라면, 이후 겪은 많은 고통을 얼마나 줄일 수 있었을지 궁금하다. 잠시 멈춰 서서 사고하는 나의 두뇌가 온라인 상태로 돌아갈 충분한 여유를 줬다면, 나는 옷을 갈아입는 방식으로 불편한 감정에 대응하기보다 동료의 말에서 느낀 내 감정에 똑바로 접근할 수 있었을 것이다. 즉, 안전을 위협한다고 인식하지 않았을 것이다!

지금까지 우리는 위협과 거짓 신호에 대한 두뇌의 자연스러운 반응을 조금이나마 살펴봤다. 이제 회피를 구성하는 마지막 요소인 인지된 위협으로 넘어가 보자. 실질적인 위협이 존재하고 그 위협을 피하기 위해서 특정한 행동을 한다면, 그것은 절대 심리적 회피가 아니다. 심리적 회피는 '인지된 위협'에 대한 모든 반응으로, 즉각적인 감정적 위안을 주지만 장기적으로 부정적인 결과를 가져온다. 우리 두뇌가 인지된 위협을 감지할 때는 실제 위협에 직면했을 때와 똑같은 방식으로 생리적 변화를 촉발한다(가슴이 두근대고, 땀을 흘리고, 현기증을 느끼는 등). 그리고 이 불편한 변화는 우리가 그 위협이 실제인지 가상인지 판단하기도 전에 시작된다.

회피는 각자 고유한 방식으로 나타난다. 이런 점에서 자신의 회피 전략을 정확하게 파악하려는 노력이 중요한데, '생각해보기 1' 과제가 도움이 될 것이다.

우리 몸은 항상 불편한 감정을 유발하며, 그런 감정을 완전히 막을 수는 없다. 게다가 두뇌는 위험을 인식할 때 경고를 울린다. 그러므로 우리가 맞서 싸워야 할 대상은 불편한 감정(나 역시 불안을 싫어한다고 인정할 수밖에 없지만!)이 아니라 심리적 회피다. 회피에 맞서 싸우는 방법을 설명하기에 앞서, 다음 장에서 한 가지 비밀을 들려주고자 한다. 당신은 용감한 삶을 살아가는 데 필요한 놀라운 에너지가 이미 자신에게 있다는 사실을 알고 있는가? 2장에서는 그 이야기를 해보겠다.

나의 회피 전략을 파악하자

가장 최근에 불편한 감정을 느꼈던 때를 잠시 떠올려보자. 그때 상황을 그려볼 수 있는가? 주변에 누가 있었는가? 몸에서 어떤 증상이 나타났는가? 당신의 두뇌는 뭔가 나쁜 일이 벌어지고 있다고 예상했는가?

당시 상황을 적어보자.

_____

_____

그때 어떻게 했는가?

_____

_____

당시 상황과 자신의 반응을 구체적으로 떠올렸다면, 다음 질문에 답해보자.

1. 당신의 두뇌는 그 상황에서 위험을 인지했는가?

☐ 예　☐ 아니요

2. 반응하기 전에 불편한 감정이 들었는가?

☐ 예　☐ 아니요

3. 반응했을 때, 불편한 감정이 바로 가라앉았는가?

☐ 예　☐ 아니요

4. 이런 행동 패턴에 상당한 대가가 따르는가?

☐ 예   ☐ 아니요

질문에 대부분 '예'라고 답했다면, 당신은 지금 심리적 회피가 문제의 원인이라는 사실을 확인한 것이다. 용감한 삶을 위한 첫 번째 단계에 들어선 당신을 환영한다!

2장

부정적인 감정을 물리치는
두뇌의 슈퍼파워

재미있는 이야기에는 항상 악당과 영웅이 등장한다. 이 책에서도 마찬가지다. 이미 우리는 악당을 만나봤다. 바로, 심리적 회피다. 그렇다면 영웅은 누굴까? 미리 귀띔해주자면, 바로 당신이다! 당신은 아마적을 물리칠 어떤 힘도 자신에게는 없다고 생각할 것이다. 틀린 생각은 아니다. 적어도 지금은 말이다. 그래서 이제 나는 요다의 캐릭터를 맡아 당신이 반드시 알아야 할 기술을 전수하려 한다. 당신은 아직 영웅의 능력을 갖추지 못했지만 엄청난 힘을 지닌 중요한 무기 하나를 가지고 있다. 바로 당신의 두뇌. 회피가 적이라면, 당신의 두뇌는 (제대로만 활용한다면) 적을 막아주는 무기다. 우리 두뇌는 회피를 극복하고 불편한 감정에 용감하게 대처하는 데 완벽한 능력을 갖췄다. 하지만 그 힘을 발휘하기 위해서는 훈련이 좀 필요하다. 이 책에서 소개하는 모든 기술이 그런 훈련이 되어줄 것이다.

이 책의 모든 이야기는 인지행동치료CBT에 기반을 두고 있다. 일반적으로 인지행동치료는 심리치료의 근간으로 인정받는다.[1] 실제로 이는 대단히 엄격하게 검증된 치료법이다. 독일 심리학자인 스테판 호프만Stefan Hofmann과 그 동료들의 설명에 따르면, 인지행동치료와 관련해서 전 세계적으로 수백 건의 연구가 이뤄졌다.[2] 그리고 인지행동치료가 불안과 우울, 섭식장애, 불면증, 분노, 공격성, 스트레스, 약물 복용의 문제를 효과적으로 치료할 수 있음이 입증되고 있다. 전 세계의 수많은 아이와 성인, 노인이 인지행동치료로 도움을 받고 있다. 그러나 우리가 인지행동치료로 도움을 얻기 위해 꼭 심리적인 어려움을 겪어야만 하는 것은 아니다. 인지행동치료는 또한 회복탄력성esilience을 높여주는 방법으로도 인정받고 있기 때문이다.[3]

인지행동치료에는 다양한 분야가 있다. 예를 들어 변증법적 행동치료dialectical behavior therapy, DBT,[4] 수용전념치료acceptance and commitment therapy, ACT,[5] 인지치료cognitive therapy, CT,[6] 인지처리치료cognitive processing therapy, CPT[7]에 대해 들어본 적이 있을 것이다. 이런 접근 방식들은 서로 다른 요소에 주목하고 조금씩 다른 기술을 활용하지만, 그래도 인지행동치료라는 큰 범주에 속한다. 이 책에서 소개하는 모든 기술 역시 그 범주에서 가져왔다.

이들 접근 방식이 공통으로 활용하는 한 가지 개념 중에 '인지삼제cognitive triad'라는 것이 있다. 인제삼제란 특정한 상황에서 생각과 감정, 행동 사이의 관계를 개념화하는 방법을 말한다.[8] 나는 연구를 통해 이 개념을 내가 'TEB thoughts, emotions, behaviors 주기'라고 명명한 것에 적용했다('그림 2-1' 참조).[9] TEB 주기는 우리가 자신에게 하는 말(생각)이 우리가 느끼는 방식(감정)과 대응하는 방식(행동)에 영향을 미친다는 것을 말해준다. TEB 주기는 어느 방향으로든 흘러갈 수 있다. 그리고 일반적으로 대단히 빨리 움직인다. TEB 주기는 회피가 우리를 구속하는 방식을 이해하는 유용한 도구이자 거기서 벗어나게 해주는 도구이기도 하다.

두뇌가 TEB 주기를 따라 순환한다고 해서 우리가 회피에 갇혀 있다는 의미는 아니다. 순환은 우리 삶의 일부이며, 특히 두뇌가 위험을

〈그림 2-1〉 TEB 주기

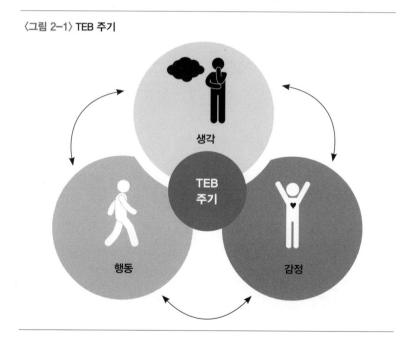

인지할 때 뚜렷한 모습을 드러낸다. 그러나 장기적인 회피 주기를 제외하고 순환은 자동으로 이뤄진다. 한 사례로 나는 오늘 아침 아들 디에고가 학교 운동장에서 넘어졌다는 전화를 받았다. 그때 나의 내면에서는 이런 일이 일어났다('그림 2-2' 참조).

생각: 아이가 다쳤나? 무슨 일이 일어났나? 나쁜 일일까?

감정: 가슴이 두근대고 불안감이 밀려오면서 호흡이 가빠진다.

행동: 전화를 받고서 곧바로 이렇게 묻는다. "무슨 일이죠?" 교사는
　　　디에고가 운동장에서 넘어져 머리를 다쳤다고 친절하게 설

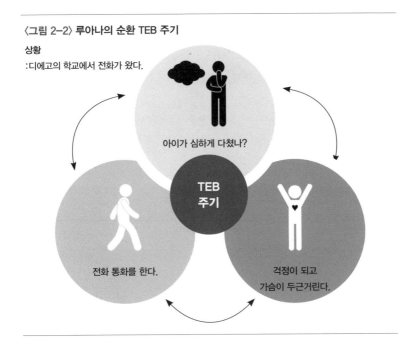

〈그림 2-2〉 **루아나의 순환 TEB 주기**

상황
:디에고의 학교에서 전화가 왔다.

아이가 심하게 다쳤나?

TEB
주기

전화 통화를 한다.

걱정이 되고
가슴이 두근거린다.

　　　　　　　　　　　　　　　　　　　　모든 인생은 불안하다

명해준다.

감정: 심장이 튀어나올 것 같다. 공포와 불안이 엄습한다.

생각: 얼마나 심각한 상황일까? 얼마나 다친 걸까?

행동: 무슨 일이 일어났는지 자세히 설명해달라고 부탁한다. 교사
는 경미한 부상이기는 하지만 아이가 크게 놀랐으니 엄마가
데려가는 게 좋겠다고 말한다.

생각: 뭐라고? 아이를 데려가라고? 경미한 부상인데 그렇게까지 해
야 할까? 교사는 내게 솔직하게 말하고 있는가? 정말로 경미
한 게 맞나?

감정: 불안이 치솟는다.

행동: 경미한 부상임에도 학교에 와서 아이를 데려가라는 교사의
설명이 잘 이해가 되지 않는다. 좀 더 이야기를 나눈 끝에 교
사는 아이를 지속적으로 관찰하면서 시간이 지나도 안정되
지 않으면 다시 알려주겠다고 한다.

감정: 조금 안심이 된다.

생각: 올바른 판단이었다.

행동: 다시 업무로 돌아간다.

이와 달리 회피를 통해 순환한다면, 우리는 주기에 갇혀버리고 만
다. 내 고객인 파티마에게 그런 일이 벌어졌다. 성공한 인테리어 디자
이너인 파티마는 마지막 디자인 버전을 앞두고 종종 순환 주기에 갇
히곤 했다. 일테면 자신에게 "고객들은 이 버전을 싫어할 거야"라고

말한다(생각). 그러면 걱정이 들면서 불안과 무력감이 커진다(감정). 그러다 보면 자신에게 "이전 버전이 더 좋았어. 이건 너무 평범해"라고 말하게 된다(생각). 그 생각은 다시 무력감으로 이어진다(감정). 이렇게 생각과 감정 사이를 계속해서 왔다 갔다 하는 동안 파티마는 점점 더 불편한 감정을 느끼게 되고, 결국 작업을 완전히 중단하고 만다(행동). 작업에서 손을 떼고 나면 잠시 안도감이 들지만, 그녀의 두뇌는 재빨리 "넌 더 이상 훌륭한 디자이너가 아냐"라고 말한다(생각). 이 생각은 다시 짙은 두려움을 부른다(감정).

1장에서 만나본 제이크의 사례와 마찬가지로, 파티마의 두뇌가 '고객들은 이 버전을 싫어할 거야'라는 생각을 잠재적인 위협으로 인식하면서 즉각적인 불안감을 유발했다. 그리고 그녀의 감정 온도계가 치솟으면서 불안감이 커졌고, 결국 일을 계속할 수 없게 됐다. 안도감은 도움이 됐지만 파티마는 장기적인 대가를 치러야 했다. 미루는 버릇이 생기면서 마감 시한을 자주 놓치게 된 것이다. 이런 문제는 고객들을 화나게 했다. 이런 상황은 파티마에게 불안과 회피에 관한 닭과 달걀의 게임이 되어버렸고, 그녀는 계속해서 더 많이 미루게 됐다('그림 2-3' 참조).

파티마처럼 부정적인 생각이 들면서 감정의 온도가 높아지거나 행동이 회피로 향할 때, 우리는 순환 주기에 갇히게 된다. 불편한 감정을 더 많이 느낄수록 편도체가 더 강력하게 주도권을 쥐기 때문에 우리는 더 이상 문제를 이성적으로 생각할 수 없게 된다. 나는 이런 상황을 종종 '편도체 납치amygdala hijack'라는 용어로 설명한다. 말 그대로

모든 인생은 불안하다

〈그림 2-3〉 파티마의 순환 TEB 주기

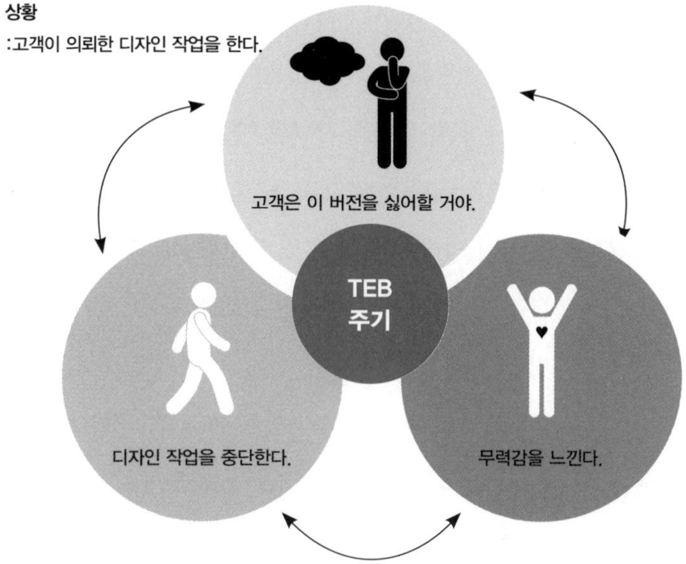

상황

:고객이 의뢰한 디자인 작업을 한다.

고객은 이 버전을 싫어할 거야.

TEB
주기

디자인 작업을 중단한다.

무력감을 느낀다.

편도체가 우리 삶을 조종하기 때문이다. 우리는 두뇌가 자신을 보호하기 위해 불편한 감정을 회피한다는 사실을 명심할 필요가 있다. 이런 순환 TEB 주기와 완전히 무관한 사람은 세상에 없다. 그 이유는 당신도 이제 알듯이 우리의 적인 회피가 너무 강하기 때문이다.

회피 패턴을 깨트리는 방법

순환 주기에 빠지는 것은 테마파크에서 놀이기구를 타는 것과 비슷하다. 예측하기 어렵고, 불안하고, 때로는 속이 메스껍다. 그러나 우리에겐 그 순환을 멈출 힘이 있다. 사고하는 두뇌, 즉 전전두엽 피질을 활성화함으로써 편도체 반응을 '통제'하면 된다.[10]

편도체가 투쟁-도주-경직 반응을 지휘할 때, 전전두엽 피질은 대부분 기능을 멈춘다. 좀 단순한 설명이 될 수도 있지만, 나는 전전두엽 피질과 편도체를 우리 머릿속에 들어 있는 작은 시소나 철길 스위치라고 종종 생각한다. 즉, 편도체가 켜지면 전전두엽 피질은 꺼진다. 그리고 그 반대도 마찬가지다.

전전두엽 피질이 활성화되면, 편도체가 통제력을 잃으면서 우리는 차분해진다. 그러면 멈출 수 있다. 비록 영웅을 흥분시킬 놀라운 힘은 아니라고 해도 멈춤은 진정한 '슈퍼파워'다. 우리는 멈춤으로써 프로그래밍된 투쟁-도주-경직 반응을 제어하고, 상황을 파악하고, 용감한 선택을 할 수 있다. 그리고 회피에서 벗어날 여유를 만들어낼 수 있다.

다행스럽게도 과학은 전전두엽 피질을 다양한 방법으로 활성화할 수 있다고 이야기한다. 그중 하나가 글쓰기다. 자신의 TEB 주기를 작성해보는 것도 이런 글쓰기에 해당한다.[11] 글쓰기는 어떻게 전전두엽 피질을 활성화하는 것일까? 글을 쓰기 위해서는 사고하는 두뇌를 활용해야 한다. 수학이나 과학 또는 방향을 이해하는 데 사고하는 두뇌가 필요한 것과 마찬가지다. 그렇게 우리 두뇌가 감정에서 사고로 넘어갈 때, 두뇌 속 스위치가 전환된다.

자신의 TEB 주기를 작성해봄으로써 우리는 멈출 수 있으며, 이런

모든 인생은 불안하다

멈춤은 불안을 에너지로 전환하는 첫 번째 단계다. 그러나 멈추기 위해서는 지속적인 훈련이 필요하다. 사실 우리는 이미 그 첫 번째 훈련을 시작했다. 바로, 이 책을 읽는 것이다('생각해보기 2' 참조). 지금까지 당신은 50쪽 넘게 읽었다. 당신의 두뇌는 아마도 이 책에 대해 할 말이 많을 것이다. 예를 들어 이런 말을 할 것이다. "흥미롭긴 하지만 나는 회피한 적이 없어. 대체 무슨 이야기를 하는 거야?" 아니면 이렇게 말할 수도 있다. "내 두뇌가 사자에 대해, 그리고 임금 인상을 요구해야 하는 두려움에 대해 똑같이 반응한다는 사실은 미처 알지 못했어." 두뇌가 하는 이런 말, 즉 생각은 우리의 감정을 바꾼다. 예컨대 당신의 두뇌가 이 책이 흥미롭다고 생각한다면 긍정적인 느낌이 들 것이고, "말도 안 돼. 나는 회피해본 적이 없어"라고 말한다면 혼란스러울 것이다. 그리고 이런 생각과 느낌은 당신의 행동을 바꾼다. 어떤 이는 책을 계속 집중해서 읽을 것이고, 어떤 이는 집중력을 잃어버릴 것이며, 또 어떤 이는 책을 아예 덮어버릴 수도 있다. 이제 다음 페이지의 '생각해보기 2'를 통해 TEB 주기 속에서 자신의 반응을 글로 쓰는 훈련을 해보자. 그리고 그 과정에서 생각, 감정, 행동을 최대한 구분해보자.

나의 TEB 주기 확인하기 ❶

이 책을 읽는 상황을 기반으로 자신의 TEB 주기를 작성해보자. 자신의 구체적인 생각·감정·행동을 아래에 적고, 자신의 생각을 특정한 감정 및 행동과 연결해보자.

상황: 《모든 인생은 불안하다》를 읽고 있다

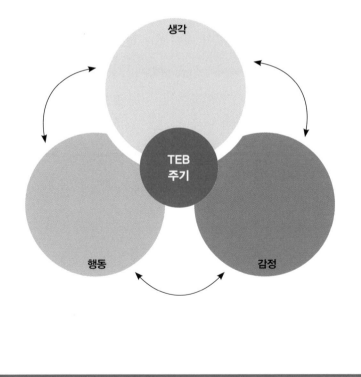

자신의 TEB 주기를 작성하는 과정에서 어떤 느낌이 들었는지 주목해보자.
글을 쓰는 동안 두뇌가 느려졌는가? 집중력이 높아지는 느낌이 들었는가?

감정에는 어떤 변화가 생겼는가?

과제를 마쳤다면 축하한다! 이제 첫 번째 '전전두엽 피질 훈련'을 마친 것이다. 나는 이 책에서 기술을 활용하는 방법을 설명할 텐데, 그 기술을 효과적으로 활용하기 위해서는 훈련이 필요하다. 나는 내 사무실을 찾은 고객에게 종종 이렇게 말한다. "뿌린 대로 거두는 법이죠." 우리는 훈련 없이 두뇌가 용감한 선택을 하도록, 다시 말해 잠시 걸음을 멈추고 회피와 맞서 싸우도록 만들 수 없다. 이는 운동을 하지 않고서 근육을 키울 수 없는 것과 같다. 그러니 TEB 주기를 꼭 작성해보길 권한다. 매일은 아니라고 해도 TEB 주기의 개념을 익히는 동안에는 자주 작성해보자.

나는 많은 고객이 이 훈련 하나만으로도 불편한 감정에서 바로 벗어나 자신의 회피 패턴을 이해하는 모습을 지켜봤다. 지속적인 훈련을 통해 멈춤 버튼을 활성화한다면, 당신도 두뇌의 관성적인 흐름을 멈추고 자신의 반응을 선택할 여유가 생긴다는 사실을 깨닫게 될 것이다. 우리는 감정을 통제할 수 없다. 특히 두뇌가 투쟁-도주-경직 모드에 있을 때는 더 그렇다. 하지만 TEB 주기 훈련을 통해서 자신의 반응을 통제하는 법은 익힐 수 있다. 훈련은 필수이며, 똑같은 훈련을 계속해서 반복해보길 권한다.

이번에는 지난주에 불편한 감정을 느꼈던 개인적인 상황을 떠올려보자. '생각해보기 3'에서 자신의 TEB 주기를 확인해보자. 다만 지금은 새로운 기술을 익히는 단계이므로 너무 조급해지지는 말자. 두뇌의 속도를 늦추는 데는 시간이 필요하다. 다음의 지침을 참조하자.

모든 인생은 불안하다

- 약간의 불편한 감정을 유발하는 상황에 대해 TEB 주기를 작성해보자. 가벼운 감정으로 시작하는 편이 도움이 된다. 그런 상황에서는 편도체의 통제력이 비교적 약하고, 그래서 자신의 전전두엽 피질을 활성화해 두뇌의 흐름을 멈추기가 더 쉽기 때문이다.
- 그런 다음에는 더 강하게 불편한 감정을 유발하는 상황으로 조금씩 넘어가 보자. 아마도 내면의 감정 온도계가 높아지면서 두뇌를 느려지게 하는 일이 좀 더 힘들다는 사실을 깨닫게 될 것이다. 그러나 훈련을 통해 얼마든지 해낼 수 있다. 기분이 아주 좋지 않을 때도 마찬가지다. 다만 감정적인 두뇌를 느리게 만드는데는 시간이 좀 더 필요하다(어느 정도의 훈련과 더불어).
- 다양한 유형의 감정(슬픔, 행복, 중립적인 상태를 포함하는 모든 스펙트럼)을 유발하는 모든 상황에서 훈련을 해보자. 모든 감정적인 상황은 자신의 생각과 행동에 영향을 미친다. 그러므로 다양한 감정 상황에서 자신의 두뇌가 어떻게 움직이는지 관찰할 필요가 있다.
- 특정한 생각을 특정한 감정 및 행동과 연결해보자. 그 과정에서 우리는 두뇌를 느리게 만들 뿐 아니라 무엇이 강력한 감정을 유발했는지 이해할 수 있다.
- 운동과 마찬가지로, 계속해서 훈련하다 보면 조금씩 발전할 것이다.

나의 TEB 주기 확인하기 ❷

자신의 TEB 주기를 확인하기 위해서 불편한 감정을 유발하는 상황에 주목하자. 자신의 구체적인 생각·감정·행동을 적고, 이들을 서로 연결해보자.

자신의 TEB 주기 작성하기

상황:

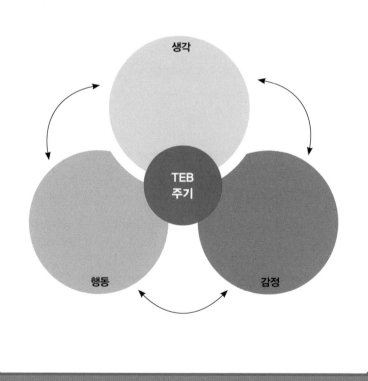

작성하는 과정에서 어떤 느낌이 들었는지 주목해보자. 글을 쓰는 동안 두뇌가 느려졌는가? 집중력이 높아지는 느낌이 들었는가? 감정에는 어떤 변화가 생겼는가?

불안을 에너지로 전환하기 : 전환, 접근, 정렬

지금까지 TEB 주기를 통해 두뇌의 흐름을 멈추고 슈퍼파워, 즉 우리 두뇌를 활성화하는 방법을 살펴봤다. 지금부터는 불안을 에너지로 전환하는 방법을 이해하기 위해 퍼즐 조각을 맞춰보자. 〈그림 2-4〉는 두뇌가 위험을 인지했을 때 반응하는 세 가지 방식을 보여준다. 우리 두뇌가 위험을 인지하면 편도체가 활성화되면서 불편한 감정이 고개를 든다. 이 흐름은 사고 과정 없이 자동으로 이뤄진다. 즉, 우리가 개입할 여지가 없다(그림에서 회색으로 표시된 상단 부분).

독사와 같은 실질적인 위험에 직면했을 때('그림 2-4'에서 왼쪽) 우리 두뇌는 전면적인 투쟁-도주-경직 모드로 진입한다. 그리고 위험에서 벗어나면 불편한 감정은 서서히 사라진다. 예를 들어 당신의 자녀가 차들이 쌩쌩 달리는 도로를 건넌다고 해보자. 다행스럽게도 무사히 건넜다. 하지만 당신의 심장이 정상으로 돌아오기까지는 시간이 좀 걸린다. 이처럼 실질적인 위험이 사라졌을 때도 불편한 감정은 서서히 가라앉는다.

우리 두뇌는 인지된 위협에 대해서도 똑같은 방식으로 반응한다(빨간색으로 표시된 중간 과정). 이 경로에서도 우리 몸이 통제권을 쥐기 때문에 동일한 투쟁-도주-경직 반응이 나타난다. 다만 여기서는 인지된 위협에 주목하기 때문에 별도로 '회피의 3R(대응 react, 후퇴 retreat, 머무르기 remain)'이라는 이름을 붙였다. 이 경로 역시 똑같은 생물학적 과정을 반복하지만 회피로 이어진다(회피의 3R에 대해서는 앞으로 자세히 살펴볼 것이

〈그림 2-4〉 실제 위험인가, 거짓 경고인가?

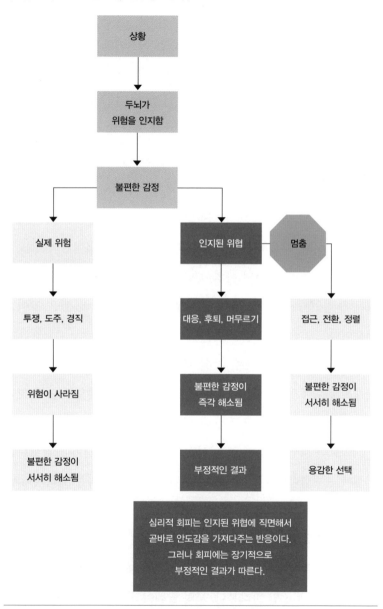

다). 우선 인지된 위협에 대한 각각의 반응이 어떻게 회피로 이어지는지 한 가지 사례를 통해 살펴보자.

어느 늦은 저녁에 종종 갈등이 있었던 사람에게서 이메일이 왔다고 상상해보자. 일테면 상사나 연인, 부모님, 친구, 자녀가 당신에게 이메일을 보냈다. 제목란에 '논의가 필요함. 긴급 상황'이라고 적혀 있다. 불안이 즉각 고개를 들면서 당신은 세 가지 방식 중 하나를 선택할 것이다. 때로는 불편한 감정에 '대응'(즉, 투쟁)하는 쪽을 선택할 것이다. 그럴 때 우리는 불편한 감정을 제거하기 위해 애를 쓴다. 즉, 반사적 회피reactive avoidance를 선택한다. 별 고민 없이 답장을 써서 즉각 보내는 것이다. 전송 버튼을 누르고 나면 기분이 좀 나아진다(적어도 나는 그렇다!). 하지만 다음 날 아침이 되면 후회가 밀려온다. 의도했든 아니든 틀림없이 공격적이거나 부적절한 어조로 답장을 썼을 것이기 때문이다.

다음으로 '후퇴'(즉, 도주)를 통해 회피하기도 한다. 이를 통해 우리는 잠재적 위협에서 벗어날 수 있다. 여기서 후퇴란 이메일을 아예 열어보지 않는 것이다. 스마트폰을 내려놓고 TV로 시선을 돌린다. 멍하게 TV를 보다 보면 기분이 좀 나아진다. 하지만 이메일이 도착했다는 사실에는 변함이 없다. 그리고 다음 날 아침에도 상황은 달라지지 않을 것이다. 이런 생각은 불안감을 높인다.

마지막으로, 잠재적 위협에 직면해서 '머무르기'(즉, 경직)를 선택할 수도 있다. 그럴 때 우리는 잠재적 위협이 존재하는 상황에 갇히게 된다. 그저 스마트폰만 바라본다. 무엇을 해야 할지 몰라서 아무런 행동도 취하지 않는다. 우리는 갇혀 있다는 느낌을 받는다. 이런 경직 반응은 투쟁 및 도주 반응과 생물학적으로 좀 다르지만, 그래도 회피로 기능함으로써 일시적인 도움을 준다.

우리가 어떤 방식을 선택했든 간에, 세 가지 반응(대응, 후퇴, 머무르기)은 모두 심리적 회피로 기능한다. 인지된 위협에 직면해서 이런 반응을 취함으로써 잠깐 기분이 나아지지만, 장기적으로 부정적인 결과가 따른다.

회피 방식은 고정된 것이 아니며, 인지된 위협에 대한 반응은 상황에 따라 다양하게 나타난다. 예를 들어 나는 직장에서는 주로 대응으로 회피하지만, 개인적인 관계에서 갈등을 겪을 때면 후퇴로 회피하는 경향이 있다. 전업주부인 루시아는 남편에게 화가 났을 때 종종 후퇴를 선택하지만, 자녀 문제에서는 대응을 선택하는 편이다. 그러나 어떤 회피를 선택하느냐는 사실 그리 중요하지 않다. 중요한 것은 이런 선택 모두가 우리를 회피의 수렁에서 빠져나오지 못하게 한다는 사실이다.

물론 회피가 항상 이기는 것은 아니다. 우리에게는 대안이 있는데, 바로 용감한 경로('그림2-4'에서 오른쪽)다. 이 경로에서 우리는 불안을 에너지로 전환한다. 이 경로를 선택하기 위해서는 먼저 TEB 주기를 멈추고 여유 공간을 만들어냄으로써 회피로 빠져들지 않는 법을 배워야 한다. 우선 자신의 TEB 주기를 작성해서 두뇌의 흐름을 멈추는 훈련이 필요한데, 훈련이 반복되면 자동으로 이뤄질 것이다.

회피 전략으로서 '후퇴'는 2부에서 좀 더 자세히 살펴볼 것이다. 생각에 생각이 꼬리를 물 때, 우리는 후퇴에 갇히게 된다. 이런 상황에서 빠져나오려면 자신의 관점을 '전환'함으로써 흑백 사고의 틀에서 벗어나야 한다.

그다음으로 '대응'은 3부에서 다룰 것이다. 이런 유형의 회피를 극복하려면 불편한 감정에 '접근'함으로써 자신의 회피와 맞서 싸우기 위한 계획을 세우고, 이를 통해 행동을 바꿔야 한다. 마지막으로 '머무르기'는 4부에서 들여다본다. 우리가 머무르기를 선택할 때, 더 이상 의미 없는 관계를 계속해서 유지하거나 끔찍하게 싫어하면서도 직장을 그만두지 못한다. 이런 상황에서 벗어나려면 자신이 가장 중요하게 여기는 것, 즉 자신의 가치value를 행동과 '정렬'해야 한다. 이를 통해 우리는 다양한 방식의 회피를 극복할 수 있다.

이 책에서 나는 전환·접근·정렬의 기술을 차례로 소개할 계획인데, 세 가지 용감한 선택을 꼭 이 순서에 따라 할 필요는 없다. 어떤 기술을 먼저 선택할 것인지는 자신이 처한 상황에 달렸다(예를 들어 '전환'은 후퇴에서 도움이 되며, '접근'은 내가 대응을 극복하기 위해 주로 사용하는 기술이다). 우리가 더 용감한 삶을 살아갈수록 세 가지 기술을 하루에 모두 시도해 볼 수도 있다. 각각의 기술을 활용하는 과정에서 회피가 자신을 어떻게 가두고 있는지, 회피 뒤에 어떤 과학이 숨어 있는지를 이해함으로써 용감한 선택을 할 수 있다.

모든 인생은 불안하다

슈퍼파워를 일깨웠을 때 벌어지는 일

우리가 불편한 감정에서 반사적으로 도망칠 때, 회피는 승리한다. 물론 불편한 감정은 누구나 싫어한다. 그러나 아무리 힘들거나 버겁다고 해도 감정 자체는 나쁜 게 아니다. 두려움이나 불안 또는 분노를 느낄 때, 우리는 회피를 향하게 된다. 이런 감정이 우리 삶을 지배하도록 허락하지 않으려면 감정을 통제하는 법을 배워야 한다. 다시 말해 사고하는 두뇌를 깨우고 자신이 가장 중요하게 여기는 가치와 조화를 이루는 방식으로 행동하는 법을 배워야 한다. 이 책에서 소개하는 기술을 익힘으로써 그와 같은 인지적 유연성을 개발할 수 있다. 그리고 삶이 우리를 속일지라도 충분히 이겨낼 수 있다.

그런데 그게 정말로 가능할까?

몇 년 전 나는 영광스럽게도 자선사업가이자 뛰어난 여성인 바버라 달리오Barbara Dalio를 만나게 됐다. 달리오는 자선사업을 통해 코네티컷 도심에서 소외된 삶을 살아가는 젊은이들을 지원하는 기관들을 후원하고 있다. 나 역시 지난 10년간 지역 청년들에게 도움을 주는 전문 보조요원을 양성하기 위해 노력해왔기 때문에 달리오와 공통점을 쉽게 발견할 수 있었다. 달리오는 내게 다른 고객들이 종종 하는(그리고 당신도 궁금해할 만한) 질문을 했다. "그런데 그게 정말로 가능할까요?"

달리오는 트라우마와 역경, 차별, 약물과 술의 유혹으로 많은 어려움을 겪은 젊은이들이 자신의 두뇌를 바꾸고 새롭게 프로그래밍함으로써 정말로 인생을 바꿀 수 있는지 물었다. 그 질문에 대해 나는 내

가 쓴 논문(마침내 완성한!)을 포함해서 수많은 연구 자료를 바탕으로 장
황하게 설명할 수도 있었다. 하지만 나는 이렇게만 말했다. "두뇌를
바꿀 수 없다면, 저는 여기에 당신과 함께 앉아 있지도 못할 겁니다.
저도 많은 고난과 트라우마를 겪었지만 제가 말씀드리는 다양한 기
술을 통해 벗어날 수 있었어요!"

　물론 쉽지 않았다. 그리고 내가 겪은 고난의 삶과 그 결과로 내 두
뇌가 만들어낸 이야기를 바꾸는 일은 앞으로도 여전히 쉽지 않을 것
이다. 하지만 내가 극복했으니 당신도 할 수 있다. 오래전 노자가 남
긴 말처럼 천 리 길도 한 걸음부터 시작된다. 이제 용감한 선택을 위
한 첫걸음을 내디딜 준비가 됐는가?

모든 인생은 불안하다

삶이 우리를 속일지라도 충분히 이겨낼 수 있다

2부

전환: 용기를 되찾아오는 생각의 혁신

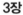

3장

현실에서 도피하라고
속삭이는 두뇌

새집으로 이사했는데 청소할 빗자루와 옷장을 정리할 옷걸이가 필요하다. 어디서 구해야 할까? 아마도 가까운 대형마트에 가볼 것이다. 그런 다음에는 어디서 샀는지 또는 얼마에 샀는지는 그냥 잊어버릴 것이다. 사실 우리는 그런 물건들을 어떻게 샀는지에 대해서는 거의 기억하지 않는다. 그러나 어릴 적 나는 사람들이 그런 물건을 사는 과정을 직접 지켜보며 자랐다.

우리 어머니는 예전에 옷걸이와 빗자루 방문 판매를 했고, 나는 그 모습을 지켜봤다. 그때 어머니가 손님들과 능숙하게 협상하던 모습이 아직도 기억에 생생하다. 어쩌면 옷걸이와 빗자루를 판매하는 과정에 협상이 그리 많이 필요할 거라고는 생각하지 않을 수도 있다. 그러나 어머니가 손님들과 협상하는 모습을 지켜보는 것은 내게 마이

모든 인생은 불안하다

클 조던이 농구하는 모습을 바라보는 것과도 같았다. 그건 마술이었다. 어머니는 나를 데리고 집집마다 돌아다니며 일반 빗자루가 아닌 최상급 빗자루를 사도록 설득했고, 그러면 사람들은 지갑에서 순순히 돈을 꺼냈다. 어머니는 그 일을 대단히 즐거워했고, 나는 그런 모습에 종종 놀라곤 했다.

그래서 나는 협상은 꼭 필요한 과정이라는 생각을 하며 자랐다. 협상을 통해 더 좋은 것을 선택할 수 있는데 왜 협상하지 않는단 말인가? 특히 가족을 먹여 살리기 위해 더 많은 물건을 팔아야 한다면 협상은 더더욱 중요하다. 협상은 문화와도 관련이 있다. 브라질 사람들은 어디서나 흥정을 한다. 바나나 살 때는 물론이고 자동차를 살 때도 마찬가지다. 그래서 내가 미국으로 건너왔을 때 당연히 해야 할, 게다가 자부심마저 느꼈던 흥정이라는 행위가 이 새로운 나라에서는 부적절하다고 여겨진다는 사실을 알고서 큰 충격을 받았다.

교환학생으로 미국에 막 도착해서 겨울 부츠를 사려고 했던 때가 생생하게 떠오른다. 나는 동네에 있는 매장으로 가서 합리적으로 보이는(살 여유가 되는!) 부츠를 몇 켤레 신어봤다. 그리고 하나를 선택한 뒤 점원에게 50센트를 깎아달라고 당당하게 요구했다. 점원은 나를 정신이 나간 사람처럼 바라봤다. 변명을 하자면, 당시 나는 영어가 서툴렀지만 매장 간판은 분명하게 이해했다. '페일리스Payless'(돈을 안 내도 되는)라고 적혀 있었다. 그런 매장에서도 가격을 깎아서는 안 된다는 사실을 내가 어떻게 알 수 있었겠는가?

이와 비슷한 일은 내가 미국에 도착하고 몇 달 동안 많이 있었다. 내가 하숙집 월세를 놓고 흥정하려고 할 때마다 집주인들은 얼굴이 벌게졌다. 내가 엄청난 사회적 결례를 범해서 다시는 만나기 싫다는 표정이었다. 마치 내가《실수연발The Comedy of Errors》(셰익스피어의 초기 희극 작품-옮긴이)의 무대 위에서 살고 있고, 아무도 내가 하는 농담을 이해하지 못하는 것 같았다. 결국 나는 미국 사회에서는 손님의 요구가 항상 정당한 것은 아니며, 중고차 시장도 아닌데 가격을 두고 이러니저러니 하는 것은 괴팍한 호기심에 불과하다는 사실을 깨닫게 됐다.

당신은 아마도 이렇게 물을 것이다. "그런데 협상과 회피가 무슨 관계가 있다는 거예요?" 이 말을 꺼낸 것은 사람들이 생계와 직결된 사안에 대해서도 좀처럼 협상을 하지 않는다는 사실이 얼마나 낯설게 느껴졌는지를 이야기하기 위해서다. 내가 처음으로 사회생활을 시작했던 2006년만 해도 성별을 떠나 직장 동료들 대부분이 연봉 협상을 어렵게 생각했다. 사실 연봉 협상은 내가 경력 전반에 걸쳐 많은 고객과 나눈 면담의 주제이기도 하다. 우리의 편도체는 협상이라는 전쟁터로 들어가야 한다는 '생각'만으로도 열두 발의 경고 사격을 개시한다. 그리고 상대방이 조금이라도 불쾌하게 여기지 않도록 자신이 받을 수 있는 것보다 훨씬 더 적은 것을 선택한다. 익숙한 이야기처럼 들리는가? 아마도 그럴 것이다. 이는 전형적인 회피다. 우리는 두뇌가 지금 상황에 대처할 수 없어서 불편한 감정이 든다고 말할 때, 쉽게 협상에서 물러선다. 즉, '후퇴를 통해 회피'한다. 후퇴란 더 나은 기분을 즉각 느끼기 위해 위험으로 인식되는 상황(논쟁이나 협상 등)에서 물러서는 행동을 말한다. 우리가 자신에게 하는 이야기("나는 연봉 인상을 요

모든 인생은 불안하다

구할 자격이 없어")는 후퇴가 유일한 해결책이라고 자신을 설득하는 과정에서 중요한 역할을 한다. 그러나 회피에는 언제나 장기적으로 부정적인 결과가 따른다.

이런 유형의 회피를 더 깊이 파고들기 전에, 후퇴로 기능하는 몇 가지 행동 사례를 살펴보자. 다만 이런 행동은 다른 사람에게는 또 다른 유형의 회피가 될 수 있다는 점에 유의하자. 그리고 이런 행동을 회피로 규정하기 위해서는 반드시 장기적인 대가가 존재해야 한다는 점도 기억하자.

후퇴

회피 전략으로서 후퇴의 주요한 특징은 불편한 감정을 주는 대상에서 물러섬으로써 즉각 안도감을 얻는다는 것이다. 대개는 대상에서 멀어지는 방식으로 후퇴하지만, 때로는 안으로 들어가거나 생각에 집중하거나 미묘한 방식으로 상황에서 거리를 두는 방식으로 후퇴할 수도 있다. 우리가 어떻게 후퇴를 통해 회피하는지 다음 사례를 살펴보자.

- 힘든 논쟁을 벌이는 동안 시선을 회피하기
- 대화의 주제 돌리기
- 지칠 때까지 운동하기
- 이메일을 열어보지 않고 계속 쌓아두기

- 사소한 과제 미루기
- 원치 않는 약속의 일정을 바꾸기
- 와인 마시기
- 데이트 약속 취소하기
- 집에서 빠져나오려고 일부러 약속 잡기
- 소셜미디어를 계속해서 들여다보기

세상을 왜곡해서 보는 두뇌

이제 협상에 대한 두려움이 어떻게 내 동료인 재닛을 곤경에 빠트렸는지 살펴보자. 나는 하버드 여성 리더십 콘퍼런스에서 재닛을 처음 만났다. 그 행사에서 나는 여성들이 의미 있는 대화를 통해 리더로서 의사소통할 수 있도록 해주는, 과학에 기반을 둔 기술을 주제로 강연을 했다. 당시 재닛은 나의 오랜 직장 동료였다. 부서는 달랐지만 우리는 비슷한 어려움을 겪고 있었고, 그래서 쉽게 친해졌다. 그날 재닛은 휴식 시간에 나를 찾아와 공손하면서도 다급한 표정으로 물어볼 말이 있다고 했다. 우리는 조용한 구석으로 자리를 옮겼다.

재닛은 급여 인상을 요구하기 위해 3년 동안 기회를 노렸지만 말도 꺼내지 못했다고 했다. 아프리카계 미국인이자 싱글 맘인 재닛에게 급여 인상은 자신과 세 아이에게 무척 중요한 문제였다. 그녀는 아이들에게 많은 관심을 쏟았지만 경제적으로 아이들을 제대로 돌보지 못한다며 자책했다. 재닛의 목소리는 점차 작아져 거의 들리지 않을 지경이 됐고, 그녀가 마침내 고개를 들었을 때는 눈물이 가득했다. 나는 이와 비슷한 상황에 처한 많은 고객의 얼굴에서(그리고 힘든 시절 어머니의 얼굴에서도) 안타까움과 절망의 표정을 봤다. 나는 재닛에게 공감했다. 짧은 휴식 시간이 끝나 그녀는 자리로 돌아가야 했고, 나는 내가 도움을 줄 수 있는 부분이 있는지 알아보겠다고 한 뒤 다음 주에 다시 만나 커피를 마시면서 더 많은 이야기를 나누자고 했다. 재닛은 미소를 지었다. 그녀의 얼굴에 안도감이 비쳤다.

보스턴에 일찍 눈보라가 불어닥친 다음 주 어느 날, 내 사무실을 방문한 재닛과 커피를 마시며 이야기를 나눴다. 간호사인 재닛은 행정직으로 자리를 옮기면서 병원 내 다양한 업무를 관리하는 일을 맡게 됐다. 동료들과도 아주 잘 지내며 10년 동안 지금의 부서에서 일해왔다. 유능하고 친절한 관리자로 팀원들과도 가깝게 지냈다. 그동안 재닛의 상사는 여러 번 바뀌었고, 얼마 전에는 백인 상사가 왔다. 그녀는 그를 친절하지만 다소 위압적인 인물이라고 설명했다. "서로 다르기 때문인지 모르겠지만 저는 그가 좀 무서워요."

"다르다는 말이 무슨 뜻인가요?" 나는 추측 대신에 곧바로 물었다.

재닛은 웃음을 지어 보였다. 조금은 긴장이 풀린 표정이었다. "단지 피부색 이야기는 아니에요." 그녀는 이야기를 이어나갔다. "그가 백인이고 제가 흑인이라는 사실 말고도 더 중요한 차이가 있어요. 저는 간호사고 그는 의사입니다. 그리고 전 세 아이를 키우는 싱글 맘이고 그는 부유한 남성이죠. 서로 완전히 다른 세상에 살고 있는 것 같아요."

나 역시 일하는 내내 많은 남성 및 여성 상사로부터 아주 다르다는 느낌을 종종 받았기 때문에 재닛의 말에 쉽게 공감할 수 있었다. 문화적 규범이 다른 개발도상국에서 온, 그리고 경제적으로 불안정한 삶을 살았던 나는 이런 차이가 얼마나 중요한지 잘 알고 있었다. 그러나 임상적 관점에서 볼 때, 그녀가 급여 인상에 관한 이야기를 꺼내지 못하게 한(마음속 깊은 곳에서) 실질적인 이유는 그런 차이가 아니었다. 그녀는 그게 원인이라고 믿었지만, 나는 회피 전략에서 진정한 동기는 종종 숨어 있다는 사실을 잘 알았다. 그래서 재닛이 들려준 이야기의 수면 아래로 뛰어들기로 했다. 나는 그녀에게 급여 인상을 요청해야 한다고 생각하면 어떤 느낌이 드는지 솔직하게 말해보라고 했다.

　"불안하고 두려워요. 심지어 제가 쓸모없는 인간이라는 느낌도 들어요."

　내가 말했다. "급여 인상을 요구해야 한다는 생각만으로도 불편한 감정이 드는군요. 그런 감정이 들면 자신에게 어떤 말을 하게 되나요?"

　한동안 말이 없던 재닛은 이런 이야기들을 쏟아냈다.

저는 충분히 열심히 일하지 않습니다. 야근을 더 자주 해야 해요.
저는 업무적으로 부족함이 많아요.
새로 바뀐 결제 시스템을 사용하면서 실수를 여러 번 저질렀어요. 그만큼 제가 꼼꼼하지 않다는 거죠.
또 다른 학위가 필요합니다. 어쨌든 제가 여기서 벗어나지 못하는 것은

　　　　　　　　　　　　　　모든 인생은 불안하다

제 교육 수준 때문이니까요.

아마도 급여 인상은 힘들 겁니다.

지금 상태에서 영원히 벗어나지 못할 거예요.

저는 실패했어요. 제가 더 나은 직원이라면 이미 급여 인상을 받았을 거예요.

저는 쓸모없는 인간입니다.

눈물이 재닛의 뺨을 타고 흘러내렸다. 나는 다른 고객들한테도 비슷한 이야기를 많이 들었고, 그런 생각이 얼마나 자신을 괴롭히는지 잘 이해한다고 그녀를 다독였다. 그리고 이렇게 물었다. "그렇게 힘든 감정이나 생각이 들 때 어떻게 하면 기분이 좀 나아지나요?"

"휴대전화를 확인하거나 소셜미디어를 둘러보면서 그런 생각에서 벗어나려고 해요. 집착하지 않으려 하죠. 그러면 기분이 조금 나아져요. 하지만 어느새 그 생각을 또 하게 돼요. 용기를 내서 급여 인상을 당당하게 요구하고 싶지만 그럴 수가 없고, 그 생각 때문에 가슴이 아픕니다."

'급여 인상을 받지 못할 것이다'라는 재닛의 생각은 너무도 강력했고 불안이나 우울 같은 불편한 감정으로 이어졌다. 그래서 재닛은 기분 전환을 위해 자신이 할 수 있는 일을 했다. 즉, 다른 곳으로 관심을 돌려 그런 생각을 몰아내고자 했다. 우리는 그런 방식으로 잠시 골치 아픈 생각에서 벗어날 수 있다. 그러나 재닛의 경우, 그 주기가 3년 동안 이어지면서 경제적으로 심각한 어려움을 겪었다. 그리고 아이들을 먹여 살려야 하는 가장으로서 자신을 더욱 부정적으로 바라보게 됐다.

이는 재닛만의 문제가 아니다. 2020년 컨설팅 기업 랜드스태드 US Randstad US가 실시한 설문 조사에 따르면 여성의 60퍼센트가 연봉 협상을 한 번도 시도하지 않았으며,[1] 인상을 요구했을 때도 남성에 비해 성공 확률이 크게 낮은 것으로 드러났다.[2] 최근 전 세계를 대상으로 진행한 메타 분석 연구에 따르면, 남성이 여성보다 1.5배 더 많이 연봉 협상을 요구했다.[3] 이에 따라 결과에서도 큰 차이가 발생했다. 2020년 미국 기준 여성의 급여는 남성의 84퍼센트에 불과하다는 사실이 데이터상으로 확인된다.[4] 한 가지 흥미로운 사실은 협상 요구 및 보수에서 성별 차이가 조금씩 줄어들고 있다는 것이다.[5] 사실 나와 면담을 했던 많은 남성 고객 역시 급여 인상을 요구하거나 연봉을 협상하는 과정에서 많은 어려움을 겪고 있었다.

첫 면담이 끝나갈 때 재닛은 이렇게 물었다. "머리가 완전히 얼어붙었다는 느낌이 든 적 있으세요?"

내가 답했다. "물론이죠." 자신에게 말하듯 친구에게 말한다면 남아 있을 친구는 하나도 없을 것이라고 조언하면서 이렇게 덧붙였다. "하지만 안타깝게도 생각을 억누르는 것은 '흰색 코끼리를 생각하지 마세요'라고 말하는 것과 같습니다. 흰색 코끼리를 생각하지 말라고 하면 어떤 생각이 드나요?"

재닛이 웃으며 말했다. "흰색 코끼리가 떠오르는군요."

심리학자들은 이런 현상을 '사고 억제 thought suppression'라고 부른다.

모든 인생은 불안하다

생각을 억제하려는 노력은 오히려 그 생각을 더 많이 떠올리게 할 뿐이다.[6] 또한 골치 아프고 아무런 도움이 되지 않는 생각을 계속해서 떠올리면 회피는 활활 타오른다.

재닛은 TEB 순환 주기에 갇혀 있었다. 급여 인상을 요청해야 한다는 생각이 들 때마다(상황) 자신에게 "내 업무 역량은 완벽하지 않아"라고 말했다(생각). 그리고 이런 생각은 그녀를 불안하게 했다(감정). 이런 주기가 반복되면서 결국 급여 인상을 요청해야 한다는 생각을 회피하려고 휴대전화를 만지작거리거나 소셜미디어를 둘러봤다(행동). 문제는 회피하려고 할수록 그 생각이 더 뚜렷해져서 돌아왔다는 것이다. 더 강력해진 생각은 더 부정적인 감정을 일으켰고, 이는 다시 회피 전략에 따른 장기적인 결과로 이어졌다.

나는 두뇌가 자신에게 '부정적인' 방식으로 말하지 않는 사람을 만나본 적이 없다. 내 두뇌는 매일 이렇게 말한다.

존은 내게 화가 많이 나 있어. 사흘 전 그의 문자에 답장을 보내지 않았기 때문이야.

내가 데이비드와 아무런 상의 없이 또다시 파티를 벌인다면 아마도 나를 죽이려 들겠지. 그러곤 며칠 동안 화가 나 있을 거야.

원고 마감을 앞두고 휴가 계획을 세우는 일은 자제해야 해. 난 너무 충동적이야. 아무리 열심히 노력해도 원고 마감을 지키지 못할 거야.

디에고는 대체 왜 그렇게 화를 낸 걸까? 감정 조절에 문제가 있는 것 같아. 모두 내 잘못이야!!

그렇게 목록은 끝없이 이어진다. 두뇌는 때로는 큰 목소리로, 때로는 속삭이면서 말하지만, 어쨌든 끊임없이 뭔가를 이야기한다. 적어도 내 두뇌는 그렇다! 게다가 그런 두뇌의 이야기에는… 심지어 '이름'까지 붙어 있다.

예컨대 자동으로 일어나서 끔찍한 고통을 안기는 생각은 조건반사 생각knee-jerk thought이라고 한다. 특히 심리학자들은 이런 생각을 일컬어 '인지왜곡cognitive distortion'이라고 부른다. 간단히 말해서, 인지왜곡은 현실을 뒤틀어 보게 하는 심리적 필터다. 우리 두뇌는 수많은 정보를 한꺼번에 처리하기 때문에(다음 장에서 자세히 다룬다) 때로 논리적 지름길을 택하는데, 그럴 때 종종 왜곡된 관점으로 세상을 바라보게 된다. 그래서 인지왜곡이라는 이름이 붙은 것이다. 인지왜곡은 다양한 형태로 모습을 드러낸다.

인지왜곡의 일반적인 형태

- 독심술mind reading : 상대방이 무슨 생각을 하는지 알 수 있다는 착각
- 파국화catastrophizing : 최악의 시나리오로 도약해서 감당할 수 없는 결과가 벌어질 것이라는 추정
- 감정적 추리emotional reasoning : 감정에 의지한 현실 해석('내 직감에 따르면 그게 사실이야.')
- 개인화personalization : 다른 사람이 자신에게 그렇게 말하거나 행동하는

모든 인생은 불안하다

이유가 자신이 뭔가 잘못해서라는 식으로 받아들이는 것

- 당위should : '당위적 표현'을 사용해서 자신에게 말함으로써 부정적인 방식으로 세상을 바라보는 것

- 흑백논리black-and-white thinking : 두 가지 상반된 선택지로만 세상을 바라보는 것('전부 아니면 전무야. 중간은 없어.')

재닛의 예를 자세히 들여다보면 그녀가 종종 개인화에 해당하는 인지왜곡을 드러낸다는 사실을 알 수 있다. 직장에서 문제가 생기거나 상황이 만족스럽지 않을 때 재닛의 두뇌는 즉각 '내 잘못이야'라는 생각으로 도약한다. 그래서 나는 그녀가 이런 생각에 이름을 붙이게 함으로써 두려움을 낮추고, 항상 그런 것은 아니라는 사실을 떠올리게 했다.

이제 당신 차례다. 다음 페이지의 '생각해보기 4'를 통해 자신의 인지왜곡을 확인하고 거기에 이름을 붙여보자.

인지왜곡에 이름을 붙여보자

불편한 감정을 유발하는 상황을 떠올리고 이렇게 자문해보자. '나 자신에게 무슨 말을 했던가?' 구체적인 생각을 확인했다면, 앞서 소개한 '인지왜곡의 일반적인 형태' 목록을 참조해 이름을 붙여보자. 이때 주의할 점이 있다. 인지왜곡의 유형을 명확하게 구분할 수는 없기 때문에 하나의 생각에 여러 가지 이름을 붙일 수 있다는 것이다. 그러니 이름에 너무 신경 쓰지 말고 가볍게 하나를 골라 적어보자.

상황:
_____

구체적인 생각   인지왜곡 유형

_____   _____

_____   _____

_____   _____

_____   _____

_____   _____

_____   _____

_____   _____

_____   _____

다른 사람의 동화 속으로 들어가다

내면의 자기 이야기 때문에 협상을 미루는 것 외에도, 우리는 아주 다양한 방식으로 회피한다. 내 고객인 새러의 사례를 살펴보자. 새러는 심각하게 왜곡된 믿음 때문에 진정한 자아를 드러내지 못하는 어려움을 겪었다.

그녀는 모든 면에서 일반적인, 그러니까 종교적 가치와 교육과 성실함을 중요하게 여기는 미국의 화목한 중산층 가정에서 자랐다. 젊은 시절에 군대에 몸담았던 그녀의 아버지는 근로 윤리에서 성 정체성에 이르기까지 삶의 다양한 측면에서 확고한 신념을 갖고 있었다. 사랑이 넘치는 그는 가족을 위해서라면 뭐든지 하는 아버지였다. 그러나 그의 세계관은 딱딱하게 굳은 시멘트와 같았다. 아버지에 비해 새러의 어머니는 비교적 유연한 성격이었다. 그녀의 어머니는 모든 인간에게는 다른 사람의 생각과는 상관없이 자신의 꿈을 좇을 권리가 있다고 믿었다. 그리고 다른 사람의 시선을 의식하고 살아가기에는 인생이 너무 짧다고 생각했다. 이처럼 세계관은 크게 달랐지만, 새러의 부모님은 서로를 이해하며 안정적으로 결혼 생활을 꾸려나갔다. 두 사람은 오랜 결혼 생활에서 서로를 바꿀 수 없다는 사실을 깨달았고, 다행스럽게도 뚜렷한 차이를 조화롭게 이겨나갔다.

새러는 우등생이었다. 스스로 내성적이라고 소개했지만, 아주 가까운 친구가 없는 건 아니었다. 그녀는 고등학교 시절에 한 번도 데이트를 하지 않았고 파티에도 가본 일이 없었다. 화려한 롱드레스 차림으로 파티장에 홀로 서 있는 건 생각만 해도 끔찍한 일이었다. 친구들이 파티에 초대했지만 그녀는 매번 거절했다. 그러던 새러의 삶은 대학에 다니기 위해 고향을 떠나면서 중대한 전환점을 맞이했다. 적어도 다른 이들이 보기에는 그랬다.

새러는 살아오는 내내 내면의 전쟁을 겪었다. 그녀는 중학생 시절부터 자신이 남들과 좀 다르다는 사실을 알았다. 학교에서 남자아이들에게는 아무런 관심이 없었다. 자신에게 완전히 솔직해졌을 때, 새러는 자신이 여자아이들에게 끌린다는 사실을 깨달았다. 혼란스러웠다. 그녀의 기억 속 아버지는 자신을 끔찍이 사랑했고 언제나 '공주님'이라고 불렀다. 그래서 그녀는 항상 이렇게 다짐했다. '공주는 왕자와 결혼해야 해.' 아버지의 사랑이 자신의 가치관을 형성하면서 새러는 내면의 감정을 억압하기 시작했다. 그 대신 학업과 친구들에게 집중했다. 그러나 가면은 점점 무거워졌고, 보스턴의 유명 대학에서 맞이한 첫 학기를 거의 망칠 뻔했다. 우리가 처음 만났을 때, 새러는 인생의 위기를 맞이하고 있었다.

내 사무실로 들어서는 새러의 표정은 무척 슬퍼 보였다. 엄청나게 무거운 짐을 지고 있는 얼굴이었다. 그녀는 함께 이야기를 나누는 동안 내 연구와 일반적인 치료법에 대해 많이 물었고, 특히 비밀 보장에 대해 많은 질문을 했다. 내가 의학적·법률적으로 반드시 비밀을 지키겠다고 약속하자 자신의 이야기를 들려줬다.

새러는 어릴 적 여자아이들에게 관심을 가졌다. 하지만 어머니는 가톨릭 신자였고 아버지는 자신이 공주로서 멋진 왕자를 만나길 바

모든 인생은 불안하다

랐기 때문에 자신의 성 정체성에 대해, 그리고 내면의 감정을 억눌러야 한다는 사실에 대해 두려움을 느꼈다. 그녀는 스스로 레즈비언이라고 생각했지만 그 말을 누구에게도 꺼낸 적이 없었다. 열여덟 살 소녀가 낯선 이를 찾아오기까지 대단히 힘들었을 것이라는 생각이 들었다. 나는 새러에게 커밍아웃을 해서 부모님께 자신의 성 정체성을 알리는 상상을 하면 어떤 느낌이 드는지 물었다.

새러는 아주 심란한 얼굴로 나를 잠시 바라보더니 이렇게 말했다. "부모님께는 절대 말할 수 없어요." 그런 상상 자체가 아예 말도 안 된다는 표정이었다.

나는 단호한 그녀의 대답에 이렇게 말했다. "그런 생각에 두려움을 느끼는군요."

새러는 쓸쓸한 미소를 지으면서 말했다. "정확히 꿰뚫어 보시네요."

나는 웃으면서 계속했다. "그리고 그 두려움 때문에 자신의 성 정체성을 부모님께 밝히기가 불가능하다고 생각하는군요. 그렇죠?"

그러자 새러는 화들짝 놀라 외쳤다. "대체 무슨 말씀이세요? 부모님께 그런 말을 하면 무슨 일이 벌어질지 알기나 하세요?"

나는 어깨를 으쓱해 보였다. "한번 얘기해보세요."

"아버지는 관계를 끊어버릴 거고 어머니는 제게 악령이 들었다고 생각하실 거예요. 악령을 쫓아내기 위해 매일 교회에 같이 가자고 하시겠죠. 끔찍한 상황이 벌어질 겁니다."

"부모님께 말씀드리면 두 분을 모두 잃을 거라고 생각하는군요. 왜 그렇게 두려워하는지 알겠어요! 사랑하는 사람을 잃고 싶은 사람이 어디 있겠어요?"

두려움을 느끼는 게 당연한 것이고 그녀의 상황을 충분히 이해한다는 내 말에 그녀는 조금 진정된 듯 보였다. 여기서 그 두려움을 새러가 당연한 감정으로 받아들이게 했다는 점이 중요하다. 커밍아웃을 했을 때 가족이 보일 반응에 대한 그녀의 두려움은 사실 당연한 것이었다. 나는 새러가 자신에게 무슨 말을 하는지 들어보고, 이를 통해 상황에 대한 자신의 생각이 회피를 강화해서 그녀를 벗어날 수 없도록(객관적인 결과에 직면하는 것이 아니라) 만드는 것은 아닌지 들여다볼 필요가 있다고 했다. 다시 말해 나는 어떤 생각이 새러의 감정 온도계를 높여서 그녀가 회피를 유일한 해결책으로 선택하게 하는지 확인해보고 싶었다.

다음으로 우리는 커밍아웃과 관련해서 떠오르는 생각을 함께 살펴보기로 했다. 내가 물었다. "휴일에 고향에 가서 부모님과 마주 앉아 자신이 레즈비언이라고 털어놓는 순간을 상상해보세요. 어떤 생각이 드나요?"

부모님은 저를 싫어할 거예요….

아버지는 저랑 다시는 말도 하지 않으실 테죠.

오빠는 날뛸 거예요.

엄마는 제게 무슨 문제가 있다고 생각할 거고요.

그런데 가족들 말이 옳다면요? 제게 문제가 있는 거라면요?

저는 완전히 망가져버렸어요….

모든 인생은 불안하다

눈물이 새러의 뺨을 타고 흘러내렸다. 나는 책상 위에 놓인 시계를 봤다. 우리가 이야기를 나눈 지 10분도 지나지 않았는데 새러는 벌써 흐느끼고 있었다. 나는 그녀가 지금까지 살아온 시간 내내 이 모든 감정을 어떻게 억누르고 있었는지 상상조차 할 수 없었다.

내가 물었다. "당신이 정말로 망가져버린 거라면? 그러면 어떻게 되는 거죠?"

새러는 절망적인 눈빛으로 나를 바라봤다. "언제나 외롭겠죠. 아무도 저를 사랑하지 않을 거예요."

문득 이런 생각이 들었다. '그래서 내가 이 일을 하는 거야!' 인생의 위기를 맞이한 이들과 이야기를 나누는 게 즐겁다고 말하면 좀 이상하게 들릴 것이다. 하지만 나는 그때 포뮬러1 대회에 참가한 레이서가 시속 240킬로미터로 코너를 돌 때 느끼는 것과 같은 희열을 맛봤다. 우리의 이야기는 계속됐다.

"커밍아웃에 대한 생각이 '부모님은 나를 싫어할 거야'라는 생각으로, 이어서 '나는 망가졌어'라는 생각으로, 결국 '나는 사랑받지 못할 거야'라는 생각으로 이어졌던 거군요. 그렇죠?"

"네." 새러는 부끄러워하는 표정으로 대답했다.

"당신은 자신에게 절대 커밍아웃을 할 수 없을 것이라고 말하고 있군요! 그리고 그 생각은 아주 빠른 속도로 소용돌이치면서 자신에게 대단히 중요한 이야기를 가족에게 털어놓으면 자신이 외롭고 사랑받을 가치가 없는 사람이 될 거라는 생각으로 넘어갔군요. '물론' 참을 수 없는 느낌이 들었고요!"

새러는 완전히 고립됐다고 느끼고 있었다. 나는 그녀에게 그것은 혼자만의 문제가 아니며, 많은 환자에게서 비슷한 상황을 목격했노라고 일러줬다. 그리고 그녀가 내게 털어놨듯이 어떻게 생각의 소용돌이가 강력하고 불쾌한 감정으로 이어지는지, 왜 가장 소중한 대상에게 '다가가는' 것이 아니라 오히려 '멀어지는' 느낌이 드는지 설명했다. 새러는 가족을 잃어버리게 될지 모른다는 두려움 때문에 자신의 진정한 정체성을 드러내지 않았다. 그녀가 두려워했던 멀어짐은 진실을 말하지 않으려는 자신의 회피가 만들어낸 결과물이었다.

양파 껍질 벗기기

새러처럼 '아버지는 나랑 다시는 말도 하지 않을 거야'라고 생각한다면 어떤 느낌이 들까? 불안? 슬픔? 당혹감? 나는 그것이 아버지와의 관계에 달렸다고 생각한다. 먼저 아버지와의 관계가 좋다고 생각해보자. 아버지와 다시 이야기할 수 없다고 생각하면 어떤 느낌이 들까? 새러는 슬픔과 두려움을 느꼈다. 하지만 나는 그녀가 자신에게 하는 이야기를 깊이 들여다보고 '사랑받지 못할 거야'라는 근본적인 믿음이 새러를 더 두려워하게 한다는 사실을 이해했다. 심리학자들은 우리의 세계관을 뒷받침하는 이런 형태의 근본적인 믿음을 '핵심 신념 core belief'이라고 부른다.[7]

핵심 신념은 자신과 타인 그리고 세상을 바라보는 보편적인 관점

모든 인생은 불안하다

으로, 일찍이 삶의 초반에 형성된다. 핵심 신념을 모든 유형의 인지왜곡을 연결하는(그리고 때로 큰 고통을 주는) 근간이라고 생각할 수 있는데, 인지왜곡이 양파의 껍질이라면 핵심 신념은 양파의 심지다. 양파의 껍질을 하나씩 벗겨나가다 보면 자동적인 사고보다 더 깊숙이 자리 잡은 믿음에 도달하게 된다.

우리는 성장 환경과 삶의 경험을 바탕으로 다양한 핵심 신념을 만들어낸다. '나는 사랑받을 가치가 있어'처럼 긍정적인 신념이 있는 반면, '나는 사랑받지 못할 거야'처럼 부정적인 신념도 있다.

딸이 인생에서 성공하도록 최선을 다한 엄마의 보살핌 덕분에 나는 자신에게 "나는 사랑받을 가치가 있어"라고 말할 수 있게 됐다. 그러나 어릴 적 힘든 상황과 아버지한테서 버림받아 가정이 파탄에 이른 일로 "나는 충분하지 않아"라고도 말하게 됐다. 긍정적인 핵심 신념은 자존감을 높여주고 인생을 적극적으로 살아가도록 격려한다. 반면 부정적인 핵심 신념은 회피에 빠져들게 한다. 그러나 걱정하지는 말자. 5장에서는 부정적인 핵심 신념을 '전환'하는 방법을 살펴볼 것이다. 또한 훈련을 통해 긍정적인 신념을 더 많이 만들어내는 방법도 함께 알아볼 것이다.

일단 '핵심 신념'을 구축했다면(그 과정은 때로 무의식적으로 이뤄지기도 한다), 그건 우리가 어릴 적에 세상을 바라봤던 방식의 결과물이다. 핵심 신념은 오랫동안 유지된다. 이런 점에서 나는 핵심 신념을 '정보를 걸러내는 두뇌 속 숨겨진 렌즈'라고 부른다. 다음 장에서는 과학 속으로 더 깊이 들어가 핵심 신념이 어떻게 정보를 걸러내는지 살펴볼 것이

부정적인 핵심 신념의 사례

- 나는 충분히 유능하지 않다.
- 나는 쓸모없다.
- 나는 사랑스럽지 않다.
- 나는 망가졌다.

- 나는 신뢰감을 주지 못한다.
- 나는 어떤 자격도 없다.
- 나는 흥미롭지 않다.
- 나는 어리석다.

긍정적인 핵심 신념의 사례

- 나는 사랑받을 가치가 있다.
- 나는 재미있다.
- 나는 수용적이다.
- 나는 괜찮다.
- 나는 친절하다.

- 나는 희망에 차 있다.
- 나는 낙관적이다.
- 나는 확신이 있다.
- 나는 감사해한다.
- 나는 건강하다.

다. 여기서는 다만 너무나 오랫동안 착용해서 더 이상 그 존재를 인식하지 못하는 숨겨진 렌즈라고만 생각하고 넘어가자. 이 렌즈는 많은 회피를 유발하기 때문에 면밀히 살펴볼 필요가 있다.

앞서 소개한 재닛의 인지왜곡을 떠올리면서 이런 질문을 던져보자. '연봉 인상을 요구하지 못하도록 발목을 잡았던 재닛의 핵심 신념은 무엇일까?' '나는 쓸모없어'라고 생각했다면, 정답이다. 부정적인 느낌이 들 때 떠오르는 생각들을 하나씩 계속해서 적어보면, 자동적인 사고(예컨대 인지왜곡)보다 더 깊숙이 자리 잡은 핵심 신념에 도달하게 된다. 나도 바로 이 기술을 활용해서 어떤 핵심 신념이 지금 이 글을 쓰고 있는 순간에 나를 움직이지 못하게 막고 있는지 확인해봤다. 그 과정을 소개하자면 다음과 같다.

나는 정말로 글 쓸 시간이 없을 만큼 바쁜 걸까?

오늘 아침에 글을 쓰려고 자리에 앉았을 때, 내 머리는 텅 빈 상태였다. 컴퓨터 화면을 들여다봤지만 아무 생각도 떠오르지 않았다. 생각의 소용돌이만 일었다.

'사람들에게 무슨 이야기를 들려줘야 할까? 내 생각에 관심을 기울여줄 사람이 있을까? 누가 이 책을 읽기나 할까?'

새내기 작가인 나는 이런 생각을 떨쳐버리기가 쉽지 않았다. 이런 생각은 불안으로 이어졌다. 결국 나는 차를 마시면서 기분을 진정시키기로 했다. 만약 당신이 차 수집가라면, 올바른 차를 선택하는 일은 그 자체로 오랜 의사결정 과정이라는 사실을 잘 이해할 것이다. 시간이 어느 정도 걸리는 만큼, 차를 고르면서 해야 할 과제를 회피할 수 있다!

차를 마시고 나자 이메일을 확인해야 한다는 생각이 들었다. 그건 회피가 아니라(눈을 끔벅거리며) 나름대로 이유가 있어서다.

'나는 작가다! 편집자가 교정 사항과 같은 중요한 이메일을 보냈다면?'

물론 이메일을 확인하려면 한 페이지를 쓰기 전까지는 이메일을 절대 열어보지 않겠다고 한 다짐을 포기해야 했다. 그래도 내 두뇌는 멈추지 않았다!

'지금 급한 이메일이 나를 기다리고 있다면?! 반드시… 이메일을… 확인해야 한다.'

결국 나는 메일함이 텅 비었음을 확인했고, 그러자 불안이 조금 완화되면서 기분이 나아졌다. 회피가 힘을 발휘한 것이다!

이제 다시 작업으로 돌아갔다. 나는 가만히 앉아 컴퓨터 화면을 들여다봤다.

'그럼 그렇지! 한 줄도 못 썼군!'

불안이 다시 고개를 쳐들었다. 빨리! 회피하자!

'혹시 배가 고파서 그런 게 아닐까? 토스트를 먹고 나면 좀 써질지 몰라.'

'음. 토스트. 역시 난 배가 고팠던 거였어!'

그리고 다시 자리에 앉아 시계를 쳐다봤을 때 문득 깨달았다.

'이런! 오전 글쓰기 시간이 30분밖에 남지 않았어!'

아, 불안이 더 높아졌다! 부정적인 자기 이야기가 더 많아졌다! 혼란스럽다!

나는 지금 상황 자체가 아이러니라는 사실을 깨달았다. 그때 나는 불편한 감정이 어떻게 회피를 유발하는지에 관한 글을 쓰고 있었다.

모든 인생은 불안하다

하지만 정확히 내가 그런 상황을 경험하고 있다는 사실은 깨닫지 못했다. 문제는 토스트가 아니었다!

그래서 나는 평소 내가 고객들에게 권하는 일을 했다. 즉, 문제의 핵심에 도달하기 위해 생각을 떠오르는 대로 적어봤다. 내 두뇌는 내게 이런 말을 하고 있었다.

나는 지쳤어. 오늘은 머리가 돌아가지 않아. 글을 쓸 수가 없어.

고객들의 사례는 재미가 없고, 독자들은 지루해할 거야.

내가 사례를 소개하면서 누군가에게 상처를 주면 어떡하나?

사람들이 나를 형편없는 전문가라고 생각하면 어쩌지?

이 책이 정말 좋은지 확신하지 못하는 내 모습을 사람들이 눈치챘다면?

원고를 제시간에 마무리하지 못하면?

이 책을 완성하지 못하면?

편집자가 나를 멍청한 저자라고 생각한다면?

나는 성공할 수 없을 거야.

나는 실패할 거야.

나는 충분하지 않아.

나는 눈물을 흘리며 내 오랜 핵심 신념에게 인사를 건넸다. "나는 충분하지 않아." 하지만 적어도 나는 회피를 유발하는 적의 실체를 알고 있다. 우리는 알지 못하는 적과는 절대 싸울 수 없다.

적을 만나다

거짓말은 하지 않겠다. 내면 깊숙이 자리 잡은 핵심 신념을 확인하는 작업은 자신의 취약성을 드러내는 고통스러운 과정이다. 나는 오랫동안 이 작업을 미뤘다. 회피는 언제나 우리보다 한발 더 빠르다. 그래서 나는 잠시 조용히 앉아 '생각해보기 5'를 통해 자신의 숨겨진 필터를 발견해보길 권한다. 내 고객들이 자신의 핵심 신념을 발견했다는 사실을 나는 두 가지 방식으로 알 수 있다. 우선 그들은 눈물을 흘린다(때로 안도감을 조금 느끼면서). 그런 다음에는 엄청나게 빠른 속도로 반대 방향을 향해(회피를 향해!) 달려간다. 직접 시도해보자!

한 가지 당부 사항이 있다. 앞서 봤듯이, 우리 모두에게는 긍정적인 핵심 신념과 부정적인 핵심 신념이 있다. 이번 과제는 그중에서 부정적인 신념에 초점을 맞춘다. 우리를 꼼짝하지 못하게 가두는 것이 바로 부정적인 신념이기 때문이다. 하지만 자존감을 높여주는 긍정적인 핵심 신념을 살펴보는 것도 잊지 말자.

모든 인생은 불안하다

숨겨진 렌즈 발견하기

자신의 세계관을 왜곡하는 숨겨진 렌즈를 발견함으로써 우리는 회피를 극복할 수 있다. 잠시 다음의 과제에 집중해보자. 펜과 종이를 준비하고 다음 단계에 따라 숨겨진 렌즈를 확인해보자. 불편한 감정이 들어서 어떻게든 빨리 벗어나고 싶어지는 상황을 떠올려보자.

1. 어떤 상황인가?

_____

_____

2. 자신에게 물어보자. '이 상황에서 어떤 생각이 불편한 감정을 자극하는가?' 떠오르는 몇몇 생각을 적어보자.

_____

_____

3. 그런 생각을 확인했다면, 그중 하나를 선택해서 다음 질문에 답해보자.

• 이 생각은 내게 무엇을 의미하는가?
• 이 생각은 내게 무슨 이야기를 들려주는가?
• 그 생각이 사실이라면, 어떻게 될까?
• 이 생각을 하면 어떤 걱정이 드는가?
• 이 생각은 왜 기분을 나쁘게 하는가?

• 이런 사실은 내게 어떤 이야기를 들려주는가?

4. 앞서 소개한 핵심 신념의 목록을 참조해서 자신의 대답을 확인해보자. 그리고 숨겨진 필터일 가능성이 있는 한 가지(또는 여러 가지) 핵심 신념을 확인해보자.

후퇴가 회피가 아닌 경우

이 장을 마무리하기에 앞서 모든 생각이 회피로 이어지는 것은 아니라는 점을 밝혀두고자 한다. 당연한 말이지만, 실제 위험에 맞닥뜨렸을 때 달아나는 것은 올바른 선택이다. 그건 절대 회피가 아니다. 예를 들어 사랑하는 사람과 말싸움을 하다가 다른 관점에서 생각해보기 위해 잠시 휴전을 요청한다고 해보자. 이런 상황에서 진지하게 숙고하고 문제를 해결하기 위해 시간을 갖는 것은 회피가 아니다. 오히려 좋은 대응 기술이며, 평화적인 의사소통 도구함에 들어 있는 유용한 도구기도 하다!

몇몇 독자는 쉽게 공감하겠지만, 디에고가 말썽을 부릴 때 내가 종종 사용하는 도구는 잠시 나가서 공기를 들이마시는 것이다. 다섯 살짜리도 때로는 나의 한계를 시험하는 사고를 친다. 예를 들어 디에고가 거대한 팬케이크용 밀가루 봉지를 거실로 들고 나와서 소파와 카펫에 참으로 사랑스러운 모양새로 뿌리고 다닐 때, 나는 순간 정신줄을 놓는다. 그럴 때 내가 사용하는 최고의 전략은 잠시 산책을 다녀오는 것이다. 그런 뒤에야 차분한 마음으로 아이를 대할 수 있다. 그렇게 상황에서 잠시 빠져나와 마음을 가라앉힌 뒤 다시 문제를 대하는 것은 회피가 아니다. 불편한 감정을 잠시 잊으려는 행동이 아니기 때문이다!

탈출 스위치 잡아당기기

재닛이 급여 인상을 요구하지 못하도록 발목을 잡은 것은 '나는 쓸모 없어'라는 핵심 신념이었다. 한편 새러는 커밍아웃을 하면 부모님이 자신을 싫어하게 될 거라며 두려워했다. 그 두려움은 분명하게도 '나는 사랑받지 못할 거야'라는 핵심 신념에서 비롯됐다. 내 이야기를 하자면, 나 역시 두뇌의 낙서('나는 충분하지 않다') 때문에 이 장의 원고를 마무리하기까지 몇 주일이 더 걸렸다.

이 모든 사례에서 우리 모두의 두뇌는 기분을 망치는 수류탄을 자신에게 던진다는 사실을 알 수 있다. 물론 앞의 사례 중 누구도 의식적인 차원에서 자신을 가혹하게 대하지는 않았다. 그런 생각은 우리가 의식하기 전에 떠오르기 때문이다. 하지만 이런 부정적인 생각은 아무리 순간적이거나 가볍다고 해도 우리 마음에 실질적인 피해를 준다.

우리 두뇌가 "나는 급여 인상을 받을 자격이 없어", "나는 사기꾼이야", "나는 사랑받지 못할 거야", "나는 멍청해"와 같은 이야기를 하느냐 아니냐는 사실 중요하지 않다. 중요한 것은 이런 생각이 불안감, 두려움, 슬픔 또는 그 사이에 존재하는 어떤 감정을 유발한다는 사실이다. 그리고 그런 감정이 자신의 통제를 벗어나면 우리는 어떻게든 회피하려 한다.

이런 생각이 들 때 우리는 맞서 싸우거나 거리에서 만난 무례한 사람을 무시하듯 그냥 지나치지 않는다. 오히려 이런 생각을 그대로 믿

모든 인생은 불안하다

고 절대적인 진실로 받아들이면서 어떻게든 회피하려 한다. 마치 거인이 길을 가로막는 상상을 하듯이. 우리는 그 거인을 신기루라고 생각하지 않고 어떻게든 피하기 위해 방향을 틀어 나무로 돌진한다. 물론 그건 최고의 해결책이 아니다.

다행스럽게도 또 다른 해결책이 있다. 바로, '전환'이다. 전환에 대해 이야기하기 전에 당신이 틀림없이 궁금하게 여길 질문에 대해 생각해보자. '왜곡된 생각과 핵심 신념이 자신을 그렇게 괴롭히는데 왜 계속해서 믿을까?' 이 질문에 답하기 위해서는 먼저 두뇌의 한 가지 본능적인 기능을 이해해야 한다. 바로, '예측을 하는 것'이다.

4장

문제가 많은 두뇌의 예측 능력

어느 날 아침 디에고가 이렇게 물었다. "세상 모두가 우리 가족이죠?"

"'모두'가 무슨 뜻이니?"

"모든 사람이요. 수많은 이모와 삼촌이 있잖아요."

나는 깜짝 놀랐다. 우리 집은 핵가족이다. 그런데도 디에고는 자신에게 거대한 가족이 있다고 생각하고 있었다. 아마도 우리가 모르는 가족을 발견했거나, 내가 이해하지 못하는 어떤 논리를 갖고 있을 것이었다. 디에고는 어떻게 세상 '모두'가 우리 가족이라는 생각을 하게 됐을까?

나는 아들이 세상을 어떻게 바라보는지 알아보기 위해 추적을 시작했다. "디에고, 누가 우리 가족이지?"

디에고는 말했다(마치 내 기억력이 시원찮다는 듯). "버펄로에는 새러 이모와 톰 삼촌, 그리고 노아와 애덤 사촌이 있어요. 그리고 브라질에는 줄리아나 이모와 브루노 삼촌, 두다와 루카스 사촌이 있고요. 게다가 엄마는 다음 주에 카리나 이모와 크리스티안 삼촌, 루드 이모, 구스타보 삼촌이 올 거라고 했잖아요. 그리고 더 있어요." 디에고의 이야기는 계속됐다. "존 삼촌, 알레산드라 이모, 에비타 이모, 크리스 삼촌에다가 수 이모도 기억나요. 또… 이탈리아에서는 세실리아 이모 집에도 갔었잖아요? 미니애폴리스에는 크리스 삼촌과 마이클, 앤서니 사촌도 있고요. 맞죠? 모두가 우리 가족이잖아요." 디에고는 의기양양한 표정으로 설명했다. 그러고는 "내가 엄마보다 더 똑똑해"라며 웃음을 지어 보였다.

그러자 남편이 말했다. "내가 말했잖아. 우리가 디에고의 머리를 복잡하게 하고 있다고." 우리는 마주 보며 웃었다.

두뇌가 완전히 성숙한 사람은 디에고의 논리를 잘 이해할 수 없겠지만, 사실 디에고의 두뇌는 그의 나이를 기준으로 아주 활발하게 움직이고 있었다. 이제 디에고가 한 이런 '예측'이 왜 두뇌의 원초적인 기능인지 살펴보자.

두뇌의 원초적인 기능은 최고 장점이자 최대 약점이다

두뇌가 발달하면서 한 가지 핵심 기능으로서 '예측'을 하기 시작한다.[1] 두뇌는 두 가지 정보를 활용해서 예측한다. 첫째는 지금 주변에서 벌어지는 상황에 대한 감각 정보이고, 둘째는 과거의 경험이다. 우리는 이 두 가지 정보를 기반으로 다음에 무슨 일이 벌어질지 예측하고, 그에 따라 행동을 결정한다.

우리의 두뇌 시스템은 신속하고 효율적으로 예측하기 위해서 범주를 만든다.[2] 우리는 어릴 적부터 세상을 관찰하면서 인간과 장소, 사물, 사건 등 다양한 범주를 만들어낸다. 그리고 매일 수많은 새로운 정보를 분류해서 다양한 범주에 집어넣는다. 또한 그렇게 분류된 정보를 활용해서 앞으로 무슨 일이 벌어질지 예측한다.

디에고가 세상 모두가 가족이라고 했을 때, 아이의 머릿속에서 바로 이런 과정이 일어났다. 남미 문화에는 가까운 지인을 혈연 여부와 상관없이 삼촌$_{tio}$이나 이모$_{tia}$라고 부르는 관습이 있다. 그래서 나는 디에고가 어릴 적부터 내 친구들을 삼촌이나 이모라고 소개했고, 디에고가 내 친구들을 이름으로 부를 때면 이모나 삼촌을 붙이게 했다. 이는 미국인들이 이름 앞에 미스터$_{Mr.}$나 미시즈$_{Mrs.}$, 미즈$_{Ms.}$를 붙이는 것과 같다. 이는 존경의 신호이며, 특히 남미 문화에서는 친근감의 표시이기도 하다. 그래서 디에고는 누가 우리 가족인지 아닌지 판단하기 위해 모든 삼촌과 이모를 포괄하는 '가족'이라는 범주를 만들었다. 그 덕에 디에고의 두뇌는 이를 통해 누가 가족이고 아닌지 재빨리 구분한다. 하지만 디에고에게 모든 지인을 삼촌이나 이모로 소개하면서 뜻하지 않게 모두가 가족이라고 말해버린 셈이 됐다.

두뇌가 어릴 적에 범주를 만들어내는 또 다른 사례를 살펴보자. 디에고가 처음으로 배운 동물은 강아지였는데, 그에게 '강아지'란 네발

모든 인생은 불안하다

달린 동물을 의미했다. 그래서 디에고가 범주를 좀 더 구체적으로 구분하는 방법을 배울 때까지 소와 같은 모든 가축은 물론 의자도 '강아지'였다. 우리는 성인이 되고 나서도 기본적인 범주를 활용해서 새로운 정보를 습득한다. 어떤 음식을 처음 먹어보는데 어떤 맛이냐고 묻는 친구에게 "닭고기 맛이야"라고 대답한 적이 있는가? 이런 말도 있다. '오리처럼 걷고 오리처럼 헤엄치고 오리처럼 울면, 그건 분명히 오리다.' 크건 작건, 생소하건 익숙하건 우리는 모든 경험을 범주로 분류한다. 이런 분류 시스템 덕분에 우리는 정보를 신속하게 받아들여서 요약하고 직면한 상황(네발 달린 동물)이 안전한지 위험한지 재빨리 예측할 수 있다.

성인은 두뇌의 예측 기능을 활용해서 행동을 결정한다. 예를 들어 운전을 하는데 갑자기 신호등이 노란불로 바뀔 경우, 우리의 두뇌는 노랑이 금방 빨강으로 바뀌는 것을 본 과거의 경험과 지금의 감각 정보(노랑)를 재빨리 결합한다. 그리고 모두가 알다시피 빨강을 예측하고 브레이크를 밟아서 차를 멈춘다. 우리는 아주 짧은 시간에 다음에 무슨 일이 벌어질지 예측하고, 이를 기반으로 행동한다. 이런 방식으로 움직일 때 우리 삶은 훨씬 더 효율적으로 진행된다. 반대로, 새로운 상황에 처할 때마다 즉각적으로 예측하지 못하고 멈춰 서서 생각해야 한다면 많은 일을 처리하지 못할 것이다. 예컨대 노란불을 보고 빨간불을 예측하지 못한다면 교통사고가 훨씬 더 자주 일어날 것이다!

범주를 사용하지 않고서 정보를 처리하는 상황을 상상할 수 있을까? 그렇다면 우리는 새로운 강아지를 만날 때마다 가던 길을 멈추고 이렇게 생각할 것이다.

음, 모두 물러서세요. 저게 뭔지 살펴봐야겠군요.
다리가 네 개군.
털이 아주 많아.
꼬리를 흔드는군.
목줄을 매고 있네.
그렇다면 저건 틀림없이 강아지야!

이런 사고 과정에는 오랜 시간이 필요하다. 그리고 마치 모든 것을 처음 만난 것처럼 계속해서 학습해야 한다. 사고 과정이 이처럼 비효율적이라면 아주 단순한 의사결정도 장황하고 힘든 과제가 되고 말 것이다. 숲에서 털이 많은 동물을 마주쳤을 때도 다가오는 곰을 관찰하면서 그 특성에 대해 생각하고 있을 것이다. 범주를 사용해서 정보를 처리하는 방식에 시간을 절약할 수 있다는 장점만 있는 게 아니다. 예측을 할 수 있다는 더 큰 장점이 있다. 인류는 바로 두뇌의 이 기능 덕분에 오랫동안 생존하고 번성할 수 있었다. 과거 경험을 바탕으로 만든 범주와 지금 주변에서 수집한 정보를 합쳐 신속하게 예측함으로써 우리는 위험을 낮출 시간을 확보한다.

지금까지 구체적인 범주(강아지와 가족 등)에 관해 이야기했다. 그런데 감정적인 차원에서는 무슨 일이 일어날까? 본질적으로 똑같은 일이 벌어진다. 두뇌는 우리가 과거에 만든 범주(핵심 신념이라고 하는 숨겨진 렌

모든 인생은 불안하다

〈그림 4-1〉 두뇌는 어떻게 예측할까

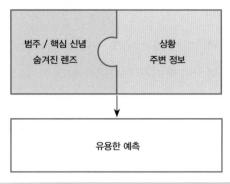

ㅈ)를 활용해서 세상을 이해하고 예측한다. 이를 위해 우리는 두 가지 퍼즐 조각을 맞춰야 한다('그림 4-1' 참조). 예를 들어 나는 어릴 적에 '나는 충분하지 않다'라는 렌즈를 통해 많은 정보를 걸러냈다. 그래서 문제가 벌어졌을 때 그 원인이 나라고 쉽게 결론을 내렸다. 데이트를 막 시작하던 시절에는 이런 일이 잦았다. 처음 만난 상대가 나를 바라볼 때 나는 그 시선을 '내게 관심이 없군'이라고 해석하곤 했다. 그리고 그 생각은 '나는 충분하지 않아. 그래서 관심이 없는 거야'라는 믿음으로 굳어졌다.

야옹거리는 소

주변에서 인식한 정보와 예전 경험이 결합할 때, 우리 두뇌의 예측 기능은 아주 잘 작동한다. 그러나 퍼즐 조각이 어긋나면 헛돌기 시작한다. 세상에 대한 기존의 이해와 믿음에 들어맞지 않는 새로운 정보를 접하면 불편한 감정을 느끼게 되는데, 이를 인지부조화cognitive dissonance라고 한다.[3] 이 용어가 익숙하지 않은 사람도 틀림없이 그런 상황은 경험했을 것이다. 누구도 예외가 될 수 없다. 자신의 믿음에 도전하는 새로운 정보를 맞닥뜨리는 바람에 모든 상황이 불편하게 느껴진 적은 없는가? 일테면 완전히 다른 세계관을 기반으로 삼고 있는, 그래서 자신의 믿음과는 전혀 어울리지 않는 기사를 읽어본 적이 있을 것이다. 또는 UFO처럼 보이는 물체가 등장하는 영상을 본 적이 있을 것이다. 아니면 자신의 독실한 믿음을 의심케 하는 강연에 참석한 적이 있을 것이다. 그때 불편함을 느꼈는가? 분명히 그랬을 것이다!

내가 고객들에게 인지부조화 개념에 관해 설명하는 방식을 소개할까 한다. 지금 친구와 시골길을 걷고 있다고 상상해보자. 최근 이별을 겪은 친구가 예전 남자친구에게서 얼마나 상처를 받았는지 자세히 털어놓는다. 당신은 친구의 이야기에 귀를 기울이면서 어떻게든 위로해주고자 한다. 당신의 관심은 오직 친구에게만 쏠려 있다. 풍경도 눈에 들어오지 않는다. 그런데 지나가던 소(한 번도 본 적 없는)가 '야옹' 하고 운다. 잘못 읽은 게 아니다. '소가 야옹 하고 운다.' 그때 무슨 일이 벌어질까? 당신과 친구는 이야기를 멈추고 서로를 바라보며 말할 것이다. "뭐가 어떻게 된 거지? 소는 '야옹'이 아니라 '음메' 하고 울어야지!" 당신은 걸음을 멈추고 방금 마주한 초현실적인 상황을 이해하기 위해 노력할 것이다. 이처럼 뭔가에 가로막혀 불편한 느낌이 드는 것,

그것이 바로 '인지부조화' 현상이다. 내 고객들은 이를 '두뇌 잠금brain lock'이라고 말한다.

다시 현실로 돌아와 보자(나 역시 소가 야옹 하고 운다는 말은 들어본 적이 없다). 이 단락의 제목을 읽었을 때 어떤 느낌이 들었는가? 당신의 두뇌는 어떻게 물었는가? "대체 무슨 말이야? 소가 야옹거린다니!" 이 책을 주의 깊게 읽은 독자라면 잠시 인지부조화 현상을 느꼈을 것이다. 그래서 나는 이 사례를 좋아한다. 이론적으로 앞뒤가 맞지 않는 상황이 일어났을 때보다 그런 상황이 우리의 두뇌 안에서 벌어졌을 때 우리는 훨씬 더 불편함을 느낀다. 그러나 우리 두뇌가 언제 부조화에 직면하는지 그리고 그 이유가 무엇인지 이해할 때, 우리는 전환(다음 장 참조)을 할 준비가 된 것이다.

인지부조화 현상이 우리에게 어떤 느낌을 주는지 확인하기 위해 다음 페이지의 '생각해보기 6'을 시도해보자. 두뇌 잠금 모드로 들어갈 때 인지부조화에 직면하게 된다는 사실을 명심하자. 인지부조화는 불편한 느낌과 함께 우리가 생각을 하도록 자극할 것이다.

자신의 두뇌 잠금을 이해하자

펜과 종이를 준비한 다음, 자신이 강력하게 믿는 한 가지 확신을 떠올려보자. 예를 들어 정치적 입장이나 음식에 관한 철칙 또는 다른 사람에 대한 믿음 등이 있을 것이다.

주제:
_____

주제를 정했다면 다음 질문에 답해보자. '이 주제에 대한 내 입장은 무엇인가?' 이 특정 주제에 대해 자신이 '진실'이라고 생각하는 바를 자세히 적어보자.

이제 2분 동안 휴대전화나 노트북을 가지고 자신의 믿음을 지지하는 글을 구글에서 찾아보자. 예를 들어 채식주의자라면, '붉은 고기를 먹는 것은 좋지 않다'라고 검색창에 입력해보자. 또는 공교육을 중요하게 생각한다면 '공교육이 사교육보다 아이들에게 더 좋은 이유'라고 검색해보자. 무엇이 됐든 자신의 믿음을 지지하는 표현을 집어넣고 검색해보자. 그 결과로 나온 글 하나를 선택해서 2분간 읽고 다음 질문에 답해보자.

- 그 글을 읽으면서 어떤 느낌이 들었는가?
- 자신에게 무슨 말을 했는가?
- 그 글을 읽으면서 어떤 행동을 하고 싶었는가?
- 그 과정에서 당신의 두뇌는 어떤 경험을 했는가?

이제 반대로 부조화에 직면했을 때의 느낌을 이해하기 위한 연습을 해보자. 기본적인 방법은 똑같다. 다만 이번에는 자신의 세계관과 '모순되는' 내용을 검색해보자. 예를 들어 채식주의자라면, '붉은 고기를 매일 먹는 것이 중요하다'처럼 자신의 믿음과 모순된 주장을 하는 글을 검색해보자. 또는 공교육을 지지한다면, '사교육만이 우수한 교육을 제공할 수 있다'처럼 반대 입장을 지지하는 글을 검색해보자. 검색 결과로 나온 글 하나를 골라서 2분간 읽고 똑같은 질문에 답해보자.

- 그 글을 읽으면서 어떤 느낌이 들었는가?
- 자신에게 무슨 말을 했는가?
- 그 글을 읽으면서 어떤 행동을 하고 싶었는가?
- 그 과정에서 당신의 두뇌는 어떤 경험을 했는가?

이제 두 가지 대답을 통합해보자. 두 과제를 모두 마쳤다면 인지부조화에 대해 어떻게 느꼈는지 생각해보자.

- 자신의 TEB(생각, 감정, 행동)에 어떤 영향을 미쳤는가?
- 어떤 과제에서 불편한 느낌을 받았는가?
- 부조화를 인식하게 해준 신호는 무엇인가?
- 자신의 믿음과 모순되는 글을 읽는 동안 무엇을 하고 싶었는가? 그만 읽고 싶었는가? 곧바로 반박하거나 반대 증거를 제시하고 싶었는가?

이번 과제를 해봤다면, 전반부에서는 안도감을 느꼈을 것이다. 자신의 믿음을 확인했을 때, 아마도 "맞아!" 또는 "물론이지!"와 같은 말을 했을 것이다. 그리고 이 책을 벽에 집어 던지는 일 없이 계속 읽어나갈 것이다.

그러나 후반부로 들어서면 인지부조화에 직면하게 된다. 그리고 불편한 감정을 느끼게 된다. 아마도 내 고객인 욜란다의 표현처럼 "나와 나 자신 사이의 내전"을 경험하게 될 것이다. 자신에게 "이게 사실일 리가 없어" 또는 "무슨 말도 안 되는 소리야?"라고 말할 것이고, 책을 덮어버리고 싶은 충동을 느낄 것이다.

우리는 또한 인지부조화의 내적 원천을 경험할 수 있다. 인지부조화는 새로운 정보가 핵심 신념과 일치하지 않을 때 일어난다. 예를 들어 자신의 핵심 신념이 '나는 유능하다'인데 업무에서 부정적인 평가를 받았다면 불편함을 느낄 것이고, 당신의 두뇌는 부조화를 경험할 것이다. 마찬가지로 자신을 신뢰할 만한 인물이라고 확고하게 믿는데 프레젠테이션 회의에 지각했다면, 당신의 두뇌는 이런 상황을 받아들이지 못하면서 부정적인 감정을 느낄 것이다.

누구나 자기 믿음을 확증하고 싶어 한다

인지부조화에 직면할 때 무슨 일이 벌어질까? 지금 당신의 두뇌가 인지부조화에 직면했다면, 아마도 지금까지 읽은 내용을 바탕으로 이제

부터 내가 하려는 이야기를 예측할 수 있을 것이다. 만약 자신의 인지부조화가 회피로 이어질 것이라고 예측했다면, 정답이다. 불편한 감정을 느낄 때 우리는 회피한다! 우리 두뇌는 인지부조화라는 불편함을 피하기 위해 대단히 재미있는 도구를 활용한다. 두뇌가 새로운 정보를 과거 경험이나 믿음과 통합하는 과정에서 어려움을 겪을 때마다 우리는 그때까지 자신이 진실이라고 믿었던 것을 어떻게든 붙잡으려 한다. 예측하기 위해 사용하는 범주를 업데이트하기보다 새로운 정보를 기존 범주에 억지로 욱여넣는다(예컨대 디에고가 네발 달린 것은 모두 강아지이며 우리가 만나는 모든 사람이 가족이라고 믿었던 것처럼). 그리고 이를 통해 기존에 알고 있던 것을 확증하려고 한다. 다시 말해 우리는 확증편향 confirmation bias을 통해 기분을 좀 더 낫게 한다(적어도 일시적으로는).

확증편향이란 우리 두뇌가 이미 알고 있는 내용을 다시 확인하고, 기존의 믿음을 새로 수정해야 하는 번거로움을 피하기 위해 이를 지지하는 정보를 필사적으로 찾으려는 성향을 말한다.[4] 그래서 우리는 기존의 믿음과 모순되는 견해나 정보에 직면해도 이를 쉽게 바꾸려 하지 않는다.[5] 오히려 이렇게 말한다. "괜찮습니다! 이미 알고 있는 걸 믿는 것으로도 충분합니다!"

새로운 정보가 제기하는 질문에 대해 하던 일을 멈추고 고민하기보다 기존의 믿음을 그대로 유지하는 편이 훨씬 더 수월하기 때문에 우리 두뇌는 확증편향에 빠진다. 나는 확증편향이라는 개념을 이렇게 설명하곤 한다. 두뇌를 업데이트하는 것은 컴퓨터 운영체제를 업데이트하는 것과 같다. 새로운 소프트웨어 업데이트 버전이 나왔다는 소식을 알리는 팝업창이 뜰 때, 우리는 '지금 업데이트하기'나 '나중에 하기'를 클릭할 수 있다. 만약 '지금 업데이트하기'를 선택하면 하던 작업을 중단하고, 파일을 저장하고, 전원 케이블의 연결 상태를 확인한 후 컴퓨터가 새로운 소프트웨어를 다운로드받고 설치하는 지루한 과정을 지켜봐야 한다. 많은 일을 마음대로 처리할 수 있는 현대인에게는 무척 성가신 작업이다. 그래서 당신은 아마도 나처럼 조금의 망설임도 없이 '나중에 하기'를 클릭하고 하던 일을 계속할 것이다. 비록 그 일이 심심풀이 웹 서핑이라고 해도 마찬가지다.

우리 두뇌 역시 비슷한 방식으로 작동한다. 새로운 정보를 맞닥뜨릴 때, 두뇌는 지금 업데이트할 수도 있고 나중으로 미룰 수도 있다. 그렇다. 두뇌는 중요한 기능(예측하기)을 수행하기 위해 정보를 계속 업데이트해야 하지만, 동시에 효율적으로 작동하면서 에너지를 절약하도록 설계됐다.[6] 작업 도중에 업데이트를 하려면 많은 시간과 에너지가 필요하다. 그래서 우리 두뇌는 새로운 정보를 기존의 범주나 신념 체계 안으로 억지로 밀어 넣으려 한다. 간단히 말해서, 확증편향을 한다. 확증하려는 기존의 믿음이나 생각이 자신에게 고통을 준다고 해도 말이다.

고통스러운데 왜 계속하는 걸까?

내 고객들은 두뇌가 이미 알고 있는 것을 확증함으로써 현재 상태를

모든 인생은 불안하다

유지하고 에너지를 절약한다는 사실을 잘 이해한다. 우리 두뇌는 '나는 사랑받을 자격이 있다'라는 기존의 믿음을 남편이 나를 사랑한다는 생각과, 그리고 '나는 똑똑하다'라는 믿음을 내가 아주 권위 있는 장학금을 받았다는 사실과 쉽게 연결한다. 심지어 '나는 신뢰할 만한 사람이다'라는 핵심 신념과 약속을 어긴 잘못을 연결하는 것도 그리 어렵지 않다. 자기 잘못을 한 번의 실수로 합리화하거나 완전히 무시하면 된다. '그래, 나는 약속을 어겼어. 하지만 솔직히 말해서 다른 일 때문에 제시간에 도착할 수 없었던 거지. 다시는 늦지 않을 거야. 어쨌든 나는 신뢰할 만한 사람이니까.' 이처럼 긍정적인 핵심 신념과 관련해서 우리는 지금 벌어진 사건을 재빨리 받아들이고 넘어갈 수 있다. 긍정적인 신념은 우리를 회피로 밀어 넣지 않는다. 반면 부정적인 핵심 신념은 그렇지 않다. 여기서도 우리 두뇌는 똑같은 방식으로 움직인다. 즉, 기존의 신념을 확증하기 위해 애쓴다. 문제는 그 과정이 일반적으로 고통스럽다는 사실이다.

나는 고객들에게 이런 질문을 자주 받는다. "왜 제 두뇌는 고통을 확증하려고 할까요? 전 그러고 싶지 않습니다! 그런데도 그 생각을 계속하게 돼요." 우리 두뇌는 에너지를 아끼기 위해 부정적인 핵심 신념을 확증한다. 새로운 정보를 기존의 세계관과 일치시키기 위해 최선을 다한다. 정보를 억지로 욱여넣는 식으로 말이다('그림 4-2' 참조). 예를 들어 당신이 자신을 실패자라고 믿는다고 해보자. 그런데 누군가가 얼마 전에 있었던 승진에 대해 축하 인사를 건넨다. 그러면 이런 생각이 즉각 떠오른다. '여기서 이 정도 근무했으면 누구나 승진하는

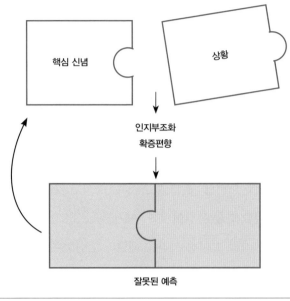

〈그림 4-2〉 우리 두뇌는 어떻게 잘못된 예측을 내리는가

핵심 신념

상황

인지부조화
확증편향

잘못된 예측

거지.' 이런 생각은 비록 긍정적인 느낌을 주지는 않지만, '혹시 내가 실패자가 아니라면?'이라는 질문을 던짐으로써 정신적 에너지를 소비하는 것보다는 더 나은 느낌이 든다. 이처럼 퍼즐 조각이 잘 들어맞지 않을 때 우리 두뇌는 그 조각을 억지로 꿰맞춘다. '승진한 직원은 유능한 사람이다'라는 생각은 '나는 실패자다'라는 믿음과 모순된다. 그래서 당신의 두뇌는 '나는 승진했다'를 '여기서 오래 근무했기 때문에 승진했다'로 바꿔버렸다. 이는 '나는 실패자다'라는 기존의 믿음을 그대로 유지하게 해준다.

새로운 정보에 직면해서 자신에게 '나는 충분하지 않아'라고 되뇌

모든 인생은 불안하다

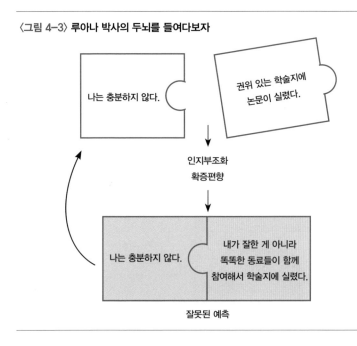

〈그림 4-3〉 루아나 박사의 두뇌를 들여다보자

나는 충분하지 않다.

권위 있는 학술지에
논문이 실렸다.

인지부조화
확증편향

나는 충분하지 않다.

내가 잘한 게 아니라
똑똑한 동료들이 함께
참여해서 학술지에 실렸다.

잘못된 예측

었던 내 두뇌의 사례로 돌아가 보자. 부지런히 논문을 쓴다는 말은 똑똑하지 않다는 뜻일까? 그렇지 않다. 내 고객이 그렇게 물었다면, 나는 절대 그렇지 않다고 말했을 것이다. 그러나 안타깝게도 내 두뇌는 그렇다고 답했다. 기나긴 진화 과정의 결과물인 내 두뇌는 모든 정보를 '나는 충분하지 않아'라는 범주로 집어넣는 운영체제를 오랜 시간에 걸쳐 개발했다('그림 4-3' 참조). 권위 있는 학술지에 논문이 실린다는 것은 대단한 일이며, 탁월한 과학적 소양과 함께 열심히 연구했고 아주 똑똑하다는 사실을 말해주는 증거다. 그런데 똑똑하다는 말은 내 전체 퍼즐에 잘 들어맞지 않는다. 내 퍼즐은 내가 충분하지 않다고 말

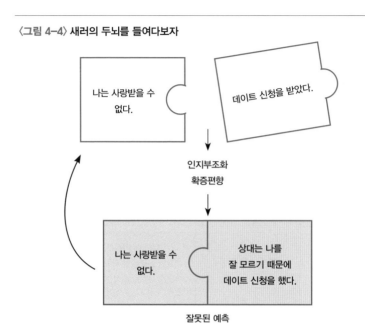

〈그림 4-4〉새러의 두뇌를 들여다보자

나는 사랑받을 수 없다.

데이트 신청을 받았다.

인지부조화
확증편향

나는 사랑받을 수 없다.

상대는 나를
잘 모르기 때문에
데이트 신청을 했다.

잘못된 예측

한다. 그래서 나는 그 퍼즐 조각을 어떻게든 맞추기 위해 똑똑한 동료들이 논문에 함께 참여했기 때문에 학술지에 실린 것이라고 결론을 내려야 했다. 그렇게 함으로써 나는 내가 충분하지 않다는 오랜 믿음을 그대로 간직할 수 있었다.

마찬가지로 새러는 상대가 자신을 잘 알지 못하기 때문에 데이트를 신청하는 것이라고 자신에게 말했다. 새러의 두뇌는 사랑받을 자격이 없는 사람은 데이트에 나가서는 안 된다고 믿었다. 그리고 새로운 퍼즐 조각을 끼워 넣기 위해 자신의 모든 매력을 부정했다('그림 4-4' 참조). 재닛의 경우, 동료의 칭찬을 무시하고 나서야 퍼즐을 완성할 수

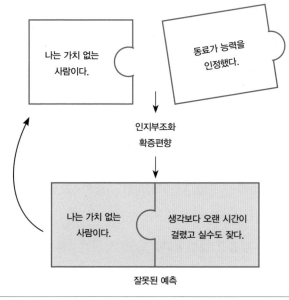

〈그림 4-5〉 재닛의 두뇌를 들여다보자

나는 가치 없는 사람이다.

동료가 능력을 인정했다.

인지부조화
확증편향

나는 가치 없는 사람이다.

생각보다 오랜 시간이 걸렸고 실수도 잦다.

잘못된 예측

있었다. 재닛의 두뇌는 자신이 가치 없는 사람이라고 말했다('그림 4-5' 참조). 이처럼 우리는 자신이 알고 있는 내용이 진실이라고 확증함으로써 부조화의 번거로움에서 벗어나려고 한다(다시 말해 자기 자신과 세상을 바라보는 전반적인 시각을 완전히 바꿔야 하는 수고를 피하려고 한다).

두뇌는 집착이 강하다

얼핏 이상하게 들리지만, 최근의 연구에 따르면 반대 증거에도 불구하고 믿음을 고수하려는 성향에는 중요한 생물학적 근거가 있다.[7] 자신의 믿음에 모순되는 정보를 받아들이려 하지 않는 우리의 성향은 전전두엽 피질의 활성화와 밀접한 관계가 있다. 다시 말해 새로운 정보에 더 강력하게 저항할수록 두뇌의 이성적인 영역이 더 활성화된다. 말이 안 되는 것 같지만 사실이다. 우리 두뇌는 새로운 정보를 외면하거나 기존 믿음과 통합하지 않으려는 선택을 정당화하기 위해 합리적이면서도 비합리적인 방식으로 소프트웨어 업데이트를 회피한다. 연구 결과에 따르면, 더 이성적인 사람이 덜 편향적인 것이 아니라[8] 오히려 더 편향적이다.

우리는 기존 믿음을 뒷받침하는 근거를 만들어냄으로써 단기적으로 부조화의 불편함을 피할 수 있다. 그러나 장기적으로는 (나 역시 그러하듯이) 곤경에 빠지게 된다. 우리 두뇌가 시대에 뒤떨어진 소프트웨어를 사용하기 때문에 세상을 더 정확히 바라볼 수 없게 된다. 심리적으로 편안한 상태를 유지하는 대신 뒤처지게 되는데, 말하자면 초기 버전의 구글맵을 그대로 사용하는 것과 같다. 오래된 지도일지라도 여전히 쓸모는 있지만, 새롭게 들어선 도로와 골목은 보여주지 않는다.

인지부조화와 확증편향이 함께 추는 춤

고객들은 후퇴를 통한 회피와 관련해서 내게 주로 두 가지 질문을 한다. 하나는 이것이다. "제 두뇌가 어쩌다가 갇혀버리고 말았을까요?"

모든 인생은 불안하다

그러면 나는 인지부조화가 일어날 때 우리 두뇌는 오작동을 일으킨다고 말한다! 우리는 인지부조화를 먼저 몸으로 느낀다. 일테면 속이 메스꺼운 느낌이 든다. 그러면 우리 두뇌는 세상을 이해할 수 있는 새로운 정보를 얻기 위해 사냥을 떠난다.

다른 하나는 이것이다. "고통스러운 느낌을 주고 저를 회피하게 하는 이야기를 왜 계속해서 저 자신에게 하는 걸까요?" 우리 두뇌는 부조화를 싫어한다. 그래서 자신과 세상에 대해 이미 '알고 있다고 생각하는' 내용을 다시 확인함으로써 부조화에서 벗어나려고 한다.

여기서 인지부조화와 확증편향이 함께 추는 춤의 수수께끼가 모습을 드러낸다. 부조화가 일어날 때, 우리는 기존 믿음에 집착한다. 그리고 그런 믿음에는 자신에게 극심한 고통을 안기는 두려움도 들어 있다.

와튼스쿨의 유명 교수인 애덤 그랜트Adam Grant는 자신의 책《싱크 어게인》에서 이를 수수께끼라고 말했다.[9] 그는 이렇게 지적했다. "우리의 확신은 스스로 만든 감옥에 자신을 가둔다." 그렇다. 우리의 믿음은 우리 자신을 스트레스와 탈진, 불안, 우울, 무력감의 감옥에 가둔다. 또한 그랜트는 이렇게 말했다. "해결책은 생각의 속도를 늦추는 게 아니다. 재고rethinking의 속도를 높이는 것이다." 그가 말한 '재고'의 속도를 높이기 위해서는(즉, 회피에서 벗어나기 위해서는) 부조화를 받아들이고, 함께 춤추고, 즐기고, 아파해야 한다. 그리고 궁극적으로 자신의 믿음을 수정하고 인지적 유연성을 개발해야 한다. 그 방법은 다음 장에서 살펴보자. 이제 전환하는 법을 배울 시간이다.

5장

세상을 바라보는 관점을 바꾸는 기술

두뇌는 우리에게 고통을 안기기도 하지만 동시에 놀라운 잠재력을 지닌 예측 기계다. 두뇌 입장에서는 진화 과정에서 맡게 된 기능을 수행할 뿐인데, 우리가 세상을 똑바로 바라보지 못하게 하는 낡은 렌즈를 만들어내기도 한다. 자신과 타인 그리고 주변 세상을 바라보는 그 렌즈는 시대에 뒤떨어졌다. 예측 기계의 놀라운 능력을 극대화하기 위해서는 렌즈를 끊임없이 새것으로 갈아 끼워야 한다. 물론 인식과 믿음 차원에서 세상을 언제나 양안 시력 2.0으로 바라보는 사람은 없다. 여기서 우리의 목표는 시야를 완벽하게 만드는 것이 아니라 폭넓게 개선하는 것이며, 이것이 바로 '전환'이 의미하는 바다. 우리는 전환을 통해 예측 기능을 업데이트하고, 세상을 더 넓게 바라보고, 친한 친구에게 말하듯 친절하고 정확하고 유용한 방식으로 자신에게 말할 수

모든 인생은 불안하다

있다. 전환은 평생에 걸쳐 개발하고 연습하고 실행해야 하는 기술이다. 나 역시 매일 전환을 시도하며, 대부분 성공한다(물론 때론 실패한다).

아버지가 나를 사랑하지 않는 건 내가 부족해서야!

나는 열다섯 살 무렵에 할머니와 함께 살았다. 할머니가 사시던 대도시의 교육 시스템이 우리 가족이 살던 소도시보다 더 좋았기 때문이다. 어머니는 내가 더 나은 미래를 열어가려면 더 좋은 교육이 필요하다고 판단했다. 그러나 고베르나도르발라다리스를 떠나 벨루오리존치로 넘어왔을 때 내 삶은 힘들었다. 어머니, 동생과 함께했던 소도시의 안락함을 잃어버렸기 때문이다. 그래도 그해 말부터는 점차 적응했고 대도시의 삶을 즐기기까지 했다. 아마도 그해 마지막 날을 아버지와 함께 보내기로 한 것도 '대도시'의 삶을 누릴 수 있게 됐다는 자신감 때문이었을 것이다. 사실 아버지는 열 살 이후로 내 삶에 존재하지 않았다. 그래도 10대 시절의 나는 망가진 것을 복원하고 싶었다. 아버지와의 관계를 복원한다면 '충분하지 않다'는 두려움을 이겨내고 나의 부족한 면을 채울 수 있을 것 같았다.

그러나 아버지는 그날 나를 만나러 오지 않았다. 슬픔과 좌절감에 눈물이 흘렀다. 나는 할머니께 이렇게 말했다. "제가 착한 아이였다면 아버지는 저를 보러 왔을 거예요. 아버지는 저를 사랑하지 않아요. 이젠 제게 아버지가 없어요. 아버지도, 누구도 믿을 수 없어요. 아무도 저를 찾지 않을 테니까요. 올해의 마지막 날을 혼자 보내게 됐어요. 친구들에게는 다른 약속이 있다고 했거든요. 왜 아버지를 믿었던 걸까요? 더 똑똑해야 했어요. 모두 제 잘못이에요."

할머니는 언제나 그렇듯 차분하면서도 온화한 표정으로 내게 물었다. "이 상황을 다르게 볼 순 없을까?"

내가 대답했다. "안 돼요! 문제는 간단해요. 아버지는 절 싫어해서 보러 오지 않았던 거예요. 모두 제 탓이에요. 제가 문제예요."

그래도 할머니는 다시 물었다. "이 상황을 다르게 볼 순 없을까?"

나는 말했다. "그럴 순 없어요! 없다고요!"

안타깝게도 이 이야기는 해피엔딩을 맞이하지 못했다. 그날 밤 할머니는 나를 달래지 못했다. 아버지와는 너무 많은 과거가 있었고 그날의 고통은 너무도 심했기 때문이다. 돌이켜보건대 그날 나의 두뇌는 생존 모드에 있었다. 편도체가 운전대를 잡았고, 나는 불행했던 어린 시절에 형성된 '나는 충분하지 않아'라는 믿음의 렌즈로 세상을 바라봤다. 그때 나는 얼마든지 또 다른 렌즈로 세상을 볼 수 있다는 사실을 알지 못했다. 내 두뇌가 굳게 닫힌 금고 같다는 느낌이 들었다. 열쇠는 잃어버렸고 어쩔 수 없이 그 렌즈로 영원히 세상을 바라봐야 했다. 영원히. 아, 내가 방금 '영원히'라고 했던가?

그날 내 두뇌가 이끈 결론은 어떤 부조화도 일으키지 않았다. 그 결론이 내 핵심 신념을 확증해줬기 때문이다. 그러나 그 과정에서 내 두뇌는 새로 받아들인 정보를 마치 거대한 꽈배기처럼 비틀어버렸다. '아버지가 오지 않았다'는 사실이 '모두 내 잘못이야'라는 생각으로

모든 인생은 불안하다

바뀌었다. 그렇게 확증편향이 승리를 거뒀다. 내 두뇌는 아버지가 오지 않았다는 사실을 '나는 충분하지 않아'라는 믿음을 다시 확인시켜주는 증거로 받아들였다. 그런데 여기서 주목해야 할 부분이 있다. 확증편향으로 결론을 끌어냄으로써 우리는 더 이상 쓸모없거나 현실을 왜곡하는 믿음을 강화한다. 그날 나는 아버지가 오지 않았다는 사실을 내가 문제라는 믿음의 증거로 받아들였다. 내가 착한 아이였다면 아버지가 나를 보러 왔을 것이기 때문이다(그때의 나를 만난다면 꼭 안아주면서 지금 내가 알고 있는 이야기를 들려주고 싶다!).

어릴 적 나처럼 부모님을 애타게 기다리는 아픔을 겪지 않았기를 바라지만, 대부분 그와 비슷한 경험이 있을 것이다. 친구에게 뒤통수를 맞았다거나 데이트 상대가 나오지 않았다거나 상사가 약속을 어기고 연봉을 인상해주지 않았다거나 하는 일들 말이다.

주어진 상황을 다르게 바라보기

이 글을 쓰는 지금의 나는 할머니의 지혜와 과학 사이의 공통점을 잘 이해한다. 그 공통점에서 얻은 깨달음을 인생에 적용함으로써 더 나은 삶을 누리고 있고, 일을 통해 많은 고객에게 도움을 주고 있다. 그러나 열다섯의 나는 할머니가 내게 반복해서 던졌던 간단한 질문("이 상황을 다르게 볼 순 없을까?")의 중요성을 오랜 세월에 걸쳐 발전한 심리학이 입증해주리라고는 상상하지 못했다.

나는 할머니의 질문이 오늘날 심리학자들이 말하는 '인지재구성 cognitive restructuring'이라는 개념의 핵심임을 이해한다. 인지재구성이란 자신의 믿음이 왜곡됐음을 확인하고, 이를 균형 잡힌 세계관으로 수정함으로써 세상을 바라보는 시각을 업데이트하도록 사람들에게 도움을 주는 전통적인 인지치료 기법이다.[1] 인지재구성을 근간으로 하는 인지치료는 전 세계 수많은 사람의 다양한 심리 문제를 효과적으로 해결해주고 있다. 또한 대부분의 경우에 효과가 있는 것으로 밝혀졌다.[2] 현대 과학의 용어를 빌리자면, 할머니는 내게 두뇌의 예측 기능과 세상을 바라보는 기본적인 가정에 의문을 품어보라고 조언했던 것이다. 할머니는 이렇게 물은 셈이다. "지금의 렌즈로 이 상황을 가장 정확하게 인식할 수 있을까? 네가 생각하지 못한 또 다른 렌즈가 있지 않을까?"

전환을 하려면, 확증편향이 신속하고도 자동으로 내놓은 예측에 맞서 상황을 해석하는 또 다른 방식을 고려해야 한다. 확증편향은 빠르지만(그리고 강력하지만) 장기적으로 더 많은 회피를 유발한다. 그러나 2장에서 살펴본 것처럼 잠시 멈추어 서서 다른 방식을 살펴볼 때, 우리는 렌즈를 업데이트하고 예측을 수정할 수 있다. 이런 노력은 처음에는 힘들고 불편할 수 있다. 다른 사고방식을 살펴보라고 두뇌를 압박하는 일이기 때문이다(이처럼 변화에 대비하는 두뇌의 중요한 능력은 '신경가소성neuroplasticity'과 깊은 관련이 있다. 참으로 놀라운 능력이다!).

모든 인생은 불안하다

관점을 전환하기

과학에 기반을 둔 기술인 전환을 통해 우리는 시야를 넓히고 기존 가정에 도전함으로써 최고의 정보를 바탕으로 더 나은 예측을 내놓을 수 있다('그림 5-1' 참조). 관점을 전환하려면 두뇌를 계속 훈련하고 확증 편향에 적극적으로 맞서 싸워야 하는데, 이를 위한 3단계 과정이 있다. 자동적인 예측에 의문을 던지고, 자신의 대답을 해석하고, 렌즈를 업데이트하는 것이다. 이런 전환 과정에서 인지부조화를 자극하게 되므로 전환의 기술을 활용하는 동안 약간의 불편함을 느끼게 된다. 그러나 점차 불편함이 줄어들면서 핵심 신념을 수정해 충만하고 용감

〈그림 5-1〉 **두뇌 전환**

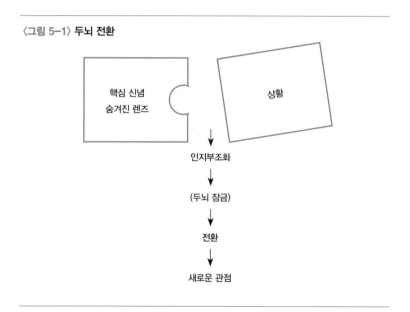

한 삶을 살아가는 보상을 누리게 된다.

재닛: 나는 가치 없는 사람이야

갖가지 개념이 지겹게 느껴진다면 이제 재닛이 전환 기술을 활용해서 어떻게 곤경에서 벗어났는지 살펴보자. 앞서 소개했듯이, 재닛은 행정 업무를 담당하는 간호사다. 주변 동료들에게 업무 능력이 뛰어나고 대단히 성실한 사람으로 평가받고 있다. 재닛은 엄한 어머니 밑에서 자라났다. 어머니는 어린 그녀에게 성공을 위한 최고의 방법은 원칙을 지키는 것이라고 가르쳤다. 그녀는 열심히 일하면 결과가 좋을 것이라고 배웠다. 그리고 좋은 사람에게는 좋은 일이, 나쁜 사람에게는 나쁜 일이 일어난다고 믿으며 자랐다. 이런 믿음은 재닛의 두뇌가 정보를 받아들이는 렌즈로 자리 잡았다. 그래서 상사에게 급여 인상을 요청하려고 했을 때도 재닛의 두뇌는 무의식적으로 이 렌즈를 착용했다. 열심히 일했음에도('좋은 사람') 좋은 일이 일어나지 않았기 때문에 그녀는 무의식적으로 자신이 급여 인상을 받을 자격이 없는 사람이라고 생각했다. 이런 생각은 그녀가 자신을 '가치 없는' 사람으로 바라보게 했다. 재닛과 면담하는 동안 나는 그녀에게 '생각해보기 7' 과제를 통해 전환을 시도해보게 했다.

모든 인생은 불안하다

재닛의 전환

전환을 통해 두뇌의 예측을 업데이트해보자. 구체적인 상황을 기반으로 대답하고, 그 상황에서 자신에게 하는 이야기에 의문을 던져보자. 그리고 처음의 예측을 적고 여기에 의문을 품었는지 나중에 다시 확인해보자.

- 상황: 급여 인상을 요청하기
- 예측: 상사는 거절할 것이다. 내게 그럴 자격이 있었다면 상사가 먼저 인상해줬을 것이다.

1. 자동적인 예측에 의문을 품기

a. 이 상황을 다르게 볼 수 있을까?

재닛은 자신이 열심히 일했으며, 비록 자신의 두뇌가 다른 말을 들려준다고 해도 자신이 급여 인상을 받을 자격이 있음을 보여주는 여러 가지 성과가 있다고 생각했다. 일테면 항상 업무 할당량을 채웠고, 여러 프로젝트를 제시간에 마쳤으며, 대규모 팀을 성공적으로 이끌었다.

b. 이 상황을 친한 친구에게 어떻게 설명할 수 있을까?

나는 재닛에게 친한 친구가 똑같은 문제를 겪고 있다고 상상하고 그 친구에게 어떻게 조언하고 싶은지 물었다. 재닛은 미소를 지으며 이렇게 말했다. "팸이라는 친구에게 그녀가 업무에 최선을 다했으며 업무 할당량을 모두 채웠기 때문에 급여 인상을 요청할 자격이 분명히 있다고 말해줄 거예요."

2. 자신의 대답을 해석하기

a. 이 대답은 예측을 어떻게 바꿔놓을까?

재닛은 지금의 렌즈를 그대로 둔다면 급여 인상을 끝내 요구할 수 없을 것이라고 했다. 하지만 친구의 눈을 통해 자신의 상황을 들여다봄으로써 자신에게 급여 인상을 요구할 충분한 자격이 있다는 사실을 확인했고, 이로써 처음에 느꼈던 두려움과 불안을 누그러뜨릴 수 있었다.

b. 어떻게 달리 말할 수 있을까?

친구가 자신에게 한 말을 재닛이 믿는다면, 급여 인상을 요구할 것이다.

3. 렌즈 업데이트

a. 이 예측이 핵심 신념을 어떻게 바꿔놓을까?

재닛은 자신이 '가치 없는' 사람이 아니며 업무를 여전히 잘 수행하고 있다는 사실을 깨달았다.

b. 렌즈를 업데이트하면 어떤 느낌이 들까?

재닛은 다른 시각으로 세상을 바라보는 방식을 살펴봄으로써 안도감을 느꼈다.

c. 이런 예측 과정을 보장하기 위해 무엇이 필요할까?

재닛은 '가치 없다'라는 믿음을 반박하는 자신의 모든 행동을 매일 추적함으로써 핵심 신념과 모순되는 정보를 수집하기로 했다.

스트레스와 건강한 관계 유지하기

재닛은 헬스장에서 운동하는 것처럼 '생각해보기 7'을 시도해보기로 했다. 자신에게 이야기하는 방식을 실제로 전환하기로 마음먹은 것이다. 처음에는 부자연스럽게 느껴졌지만 자신이 가치 없는 사람이라는 이야기를 바꿀 수 있었다. 결국 재닛은 급여 인상은 물론 승진까지 요구했고 상사의 승인을 받아냈다. 그녀는 더 이상 믿음이라는 감옥에 갇힌 죄수처럼 느끼지 않았고, 처음으로 새로운 경력을 꿈꾸게 됐다. 물론 쉽지만은 않았다. 많은 불편한 감정이 따랐다. 그래도 재닛은 자신을 가둬버린 것은 불안이 아니라 쉬운 길을 찾을 때마다 선택했던 회피라는 사실을 깨달았다. 회피를 선택할 때마다 노련한 탐정처럼 자신의 믿음과 패턴을 의심하기보다 그것을 지키기 위해 계속해서 되돌아갔다는 사실 말이다.

물론 모든 상황이 좋아진 것은 아니다. 재닛은 지금도 기존의 믿음에 종종 빠져들곤 한다. 그래도 예전처럼 휘둘리지는 않는다. 여기서 주의해야 할 점이 있다. 왜곡되거나 도움이 되지 않는 생각을 두뇌가 완전히 그만두게 할 수는 없다는 사실이다. 그런 생각은 언제나 다시 찾아온다. 그러므로 부정적이거나 스트레스를 주는 생각을 마음에서 영원히 제거하려고 해서는 안 되며, 재닛처럼 해야 한다. 즉, 이런 생각과 건전한 관계를 유지해야 한다. 그러면 부정적인 생각이 일어난다고 해도 횟수가 크게 줄어들 것이다. 그리고 예전처럼 길을 잃어버리거나 휘둘리지 않을 것이다.

새러의 전환: 나는 사랑받을 자격이 있어

새러에게는 세계관을 뒷받침하는 한 가지 믿음이 있었는데, '나는 사랑스럽지 않아'라는 것이었다. 아마도 당신은 이런 의문이 들 것이다. '왜 새러의 두뇌는 자신이 사랑스럽지 않다는, 스스로 상처를 주는 생각을 계속해서 확인하고자 했던 걸까?' 그러면서 이렇게 생각할 것이다. '엉망이 된 내 두뇌도 그렇게는 하지 않아!'

새러와의 면담은 1년 가까이 이어졌다. 나는 그 과정에서 그녀를 괴롭히는 핵심 신념을 확인하고 수정하고자 했다. 새러는 처음에 자신의 핵심 신념에 관한 이야기를 꺼내지 않으려 했다. 일테면 면담 과정에서 자주 주제를 바꾸려고 했다. 그러나 그럴 때마다 나는 그녀가 자연스럽게 다시 돌아오도록 유도했다.

결론적으로 가장 효과가 좋았던 방법은 새러가 친구의 렌즈를 통해서 자신의 핵심 신념을 들여다보게 한 것이었다. 폭넓은 지지층을 확보한 하버드 LGBTQ+(레즈비언lesbian, 게이gay, 양성애자bisexual, 성 전환자 transgender, 성소수자 전반queer+을 가리키는 약자–옮긴이) 커뮤니티의 일원인 새러는 학교 동료들에게는 그들이 동성애자라고 해서 '사랑스럽지 않다'라는 말은 절대 하지 않을 것이라고 했다. 새러는 자신과 같은 입장에 처한 친구에게 무슨 이야기를 들려줄지 고민했고, 이를 통해 기존의 믿음에서 서서히 벗어날 수 있었다.

그리고 1년 후, 새러는 결국 겨울방학 때 부모님께 자신의 정체성을 밝혔다. 반응은 예상대로였다. 아버지는 며칠 동안 사무실에 틀어

박혀 그녀를 만나주지도 않았다. 어머니는 그저 일시적인 착각이라며 그녀의 마음을 돌려보려고 애썼다. 그러나 새러는 이미 눈물과 두려움의 단계를 지나 강해져 있었다. 자신이 사랑받을 자격이 있는 사람이라는 사실을 깨달았기 때문이다.

이제 새러가 커밍아웃을 한 지 3년이 흘렀다. 얼마 전 새러에게서 이메일이 왔다. 그녀의 메일에는 가족과 함께 프라이드 퍼레이드Pride parade(성소수자의 자긍심 고취와 권리 인정을 위한 행진-옮긴이)에서 찍은 사진이 첨부되어 있었다. 사진 속 새러의 아버지는 아주 불편한 표정이었다. 그래도 새러가 이메일에서 설명했듯이 아버지는 노력하고 있었다. 자신이 밝힌 낯선(가족에게는) 정체성 때문에 많은 불편함이 있지만, 상황은 조금씩 나아지고 있었다. 언제나 그렇듯 중요한 변화에는 시간이 필요하다. 그래도 새러는 지금 더 행복하다. 사랑하는 이들에게 자신의 온전한 자아를 드러냈기 때문이다. '우리는 통제할 수 있는 것만 통제할 수 있을 뿐이다'라는 말이 있다. 새러는 '전환'을 통해 그렇게 했다.

부모님이 부정적인 반응을 보일 거라는 새러의 예상이 틀리지 않았다는 사실에 주목하자. 성 정체성에 관한 문제가 있는 사람이 자신의 가족일 때, 우리는 다른 방식으로 행동한다. 인터뷰에서 155명의 LGBTQ+ 회원들은 자신의 커밍아웃에 대해 부모들은 무반응에서 부정적인 반응, 혼합된 반응, 침묵을 포함한 긍정적인 반응 또는 전면 부정이나 양가감정, 수용에 이르기까지 다양한 반응을 보였다고 보고했다.[3] 부모나 사랑하는 사람이 자신의 커밍아웃에 부정적인 반응을 보일 때, 심각한 상황이 발생할 수 있다. 우울감이 들거나 자존감을 잃어버릴 위험이 있다.[4] 이런 점에서 도움이 되지 않는 예측에도 진실의 조각이 들어 있다고 말해야겠다.

차별이라면 전환만으로는 부족하다

관점을 바꾼다고 해서 모든 문제를 해결할 수 있는 건 아니다. 예를 들어 내 고객인 마커스가 권위 있는 하버드 석박사 과정을 시작하면서 겪게 된 상황을 살펴보자.

아프리카계 미국인인 마커스는 조지타운대학교 로스쿨을 졸업하고 하버드로 넘어갔다. 당시 그는 보스턴에서 인생의 새로운 장을 시작할 기대에 부풀어 있었다. 꼼꼼한 성격의 마커스는 대학원 학장에게 몇 차례 미리 연락을 했고, 마침내 그를 개인적으로 만나기 위해 보스턴으로 향했다. 그는 학장 사무실에 도착해서 비서에게 약속을 하고 왔다고 말하고는 자리에 앉아 기다렸다. 얼마 후 문을 열고 나온 학장이 마커스가 대기하던 방 안을 둘러보고는 비서에게 물었다. "마커스는 어디 있죠?" 마커스의 표현에 따르면, "비서는 귀신보다 더 창백한 얼굴로" 자신을 가리켰다. 학장은 별다른 생각 없이(그랬기를 바란다) 마커스에게 이렇게 말했다. "아, 제가 예상했던 모습과 달라서요." 그 사건은 흑인으로 살아간다는 것, 남들과 다르다는 것, 조직에 적응하지 못한다는 것, 하버드와 같은 곳에서조차 차별을 받는다는 것에 관한 마커스의 믿음을 다시 한번 확인시켜줬다.

모든 인생은 불안하다

그런데 마커스와 면담을 진행하는 동안, 내 할머니의 질문은 여기에 해당하지 않는다는 생각이 들었다. 당시 상황을 편견 없이 바라볼 수 있는 또 다른 방법이 있을 거라고는 생각되지 않았기 때문이다. 그날 끔찍한 경험은 마커스의 핵심 신념, '나는 충분하지 않다'라는 생각을 강화했다. 그 생각은 우울감으로 이어졌고, 급기야 마커스는 하버드 과정을 포기할 생각까지 했다.

이처럼 차별과 성차별, 동성애 혐오 또는 미묘한 차별을 당하는 상황에서는 무엇보다 현실을 직시해야 한다. 차별에 관해 이야기할 때, 그것을 또 다른 거시적인 관점으로 또는 전혀 다른 관점으로 바라보기는 힘들다. 편견과 불평등은 우리가 살아가는 세상의 엄연한 현실이기 때문이다. 그러나 이처럼 민감한 주제에서도 인지부조화와 확증 편향이 나타날 수 있다. 그리고 도움이 되지 않는 핵심 신념을 확증할 수 있다. 마커스의 사례에서 그 사건은 그의 핵심 신념을 강화했고, 오랫동안 준비한 학위 과정을 포기할 생각까지 하게 했다.

나는 지금 라티나로서의 정체성을 사랑하고 내 신체적 특성에 자부심을 느낀다. 그리고 아들에게는 그가 '브라질인이자 멕시코인, 그리고 미국인'이며 이 모두가 하나의 정체성이라고 이야기해준다. 나는 디에고가 여러 정체성을 통합함으로써 자신에 대해 유연한 믿음을 갖고 흑백논리에 사로잡히지 않도록 가르치기 위해 애쓴다. 그러면서도 하버드에서 주로 백인인 나이 많은 고위급 남성과 함께 회의를 할 때면 여전히 '나는 충분하지 않아'라는 생각을 하게 된다는 사실을 털어놔야겠다. 다만 달라진 점이 있다면 이제 회의실에 당당하게 앉아 있을 수 있다는 사실이다!

사소한 일에 신경 쓰지 말고 전환을 해보자

나는 우리의 발목을 붙잡는 근본적인 핵심 신념에 관한 다양한 사례를 고객들에게 들려준다. 그런데 전환의 기술은 '중요한' 삶의 문제가 아니라 사소한 문제에도 얼마든지 적용할 수 있다. 사실 전환은 세상을 바라보는 관점을 바꾸는 기술이므로 사소한 문제에도 효과가 있다.

한 예로, 내 남편 데이비드는 어제저녁에 대학원에서 강의를 했는데 한 학생이 강의 중간에 나가버렸다고 한다. 그때 남편의 두뇌는 "학생들의 요구를 제대로 충족시키지 못하고 있나 보군. 더 노력해야겠어"라고 말했다. 이런 생각이 들자 남편은 살짝 불안감을 느꼈다고 했다. 그러나 내게 전환에 관해 조언해준 주인공이기도 한 남편은 자신에게 "이 상황을 다르게 볼 수 있지 않을까?"라고 물었다. 그러고는 몇 가지 가능성을 떠올렸다. 일테면 '그 학생은 야간 수업이라 피곤했을 거야', '뭔가 일이 있어서 강의실을 나갔을 거야' 등이다. 이런 전환 덕분에 데이비드는 더 이상 불안감을 느끼지 않고 강의를 이어나갈 수 있었다. 실제로 데이비드는 나중에 진실을 알게 됐다. 며칠 후 그 학생이 남편을 찾아와 몸이 좋지 않아서 집에 갔다고 해명하면서 강의 도중에 나간 일을 사과했다고 했다.

다음으로 내 친구 존은 자신이 '그리 좋은 친구가 아니다'라는 생각

모든 인생은 불안하다

에 사로잡히는 경향이 있었다. 아마도 이런 생각으로 어려움을 겪는 사람이 적지 않을 텐데, 다행스럽게도 존은 전환 전문가다. 어느 날 그가 나를 찾아와 일주일 동안 문자 메시지에 답변이 없어서 걱정했노라고 했다. 혹시 자신이 나를 화나게 한 건 아닌지 불안했다고 하면서 은근히 뼈 있는 농담을 건넸다. "나는 이렇게 자문했지. '루아나라면 어떻게 말했을까?' 그러자 대답은 분명했어. 루아나가 화났다면 내가 모를 리 없다는 거지." 그렇게 생각하자 더 이상 우리 관계에 대해 근거 없는 걱정을 하지 않게 됐다며 웃었다.

양육은 전환이 큰 도움을 주는 또 다른 분야다. (나를 포함해서) 부모들은 대개 아이의 반응을 보고 최악의 시나리오로 곧장 넘어가는 경향이 있기 때문이다. 예를 들어 아들 디에고가 유치원 등교 첫날에 기분이 상한 얼굴로 돌아왔다. 내 두뇌는 "아이가 유치원을 싫어하는구나. 문제가 생겼군. 나쁜 일이 있었던 걸까? 어떻게 해결할 수 있을까?"라고 외쳐댔다. 불안이 노크를 했고 나는 문을 열었다. 동시에 나는 전환을 위해 "디에고의 화난 얼굴을 다른 방식으로 설명할 수 있을까?"라는 질문을 던졌다. 대답은 명확했다. '아이는 중대한 변화를 겪고 있어. 적응할 시간이 필요해. 아마도 평소보다 일찍 일어나서 피곤했을 거야. 그리고 주변 환경과 친구가 바뀌면서 두려움을 느꼈겠지. 시간을 좀 주자.' 부모들은 때로 자녀가 무슨 일을 겪는지 전혀 알지 못한다. 이럴 때는 자녀의 태도에 대한 다양한 설명을 떠올려봄으로써 두뇌가 만들어내는 긴장감을 완화할 수 있다.

이제 당신 차례다. '생각해보기 8'을 통해 전환을 시도해보자.

관점 전환하기

잠시 자신의 생각에 도전해보자. 구체적인 상황을 바탕으로 답변을 작성하고 자신에게 무슨 이야기를 하는지 확인해보자. 또한 초기 예측을 작성하고 나중에 다시 살펴봄으로써 자신이 예측에 의문을 품고 있다는 사실을 확인하자.

• 상황:
_____

• 예측:
_____

1. 자동적인 예측에 질문을 던져보자.
   a. 이 상황을 다른 관점에서 바라볼 수 있을까?
   b. 친한 친구에게 이 상황을 어떻게 설명할 수 있을까?

2. 자신의 대답을 해석하자.
   a. 이 대답은 예측을 어떻게 바꾸는가?
   b. 어떻게 다른 방식으로 할 수 있을까?

3. 렌즈를 업데이트하자.
   a. 이 예측은 핵심 신념을 어떻게 바꿔놓을까?
   b. 렌즈를 업데이트하면 어떤 느낌이 들까?
   c. 이 예측 과정을 강화하기 위해 어떤 단계가 필요할까?

두뇌를 위한 요가

이제 전환 기술에 좀 익숙해졌다면, 인지적 유연성을 강화하기 위해 부정적인 생각을 효과적으로 처리하는 능력을 개발할 시간이다. 이를 통해 우리 두뇌는 더 유연하고 적극적인 자세로 확증편향에 맞설 수 있다.[5] 전환은 회피의 반대말이다. 전환 훈련은 헬스장에서 운동을 하는 것과 같다. 처음에는 데드리프트가 겁난다. 위압감이 든다. 생소한 운동이다. 게다가 통증이 생길 수도 있다. 그러나 시간이 흐르면서 성취감을 느끼게 되고 불편함이라는 감정도 긍정적인 의미로 다가온다. 헬스장에서와 마찬가지로 심리학에서도 불편함은 성장하고 있다는 신호다.

두뇌가 유연하면 경로를 쉽게 바꿀 수 있다. 그리고 이를 통해 삶의 다양한 영역에서 도움을 받을 수 있다.[6] 높은 인지적 유연성은 높은 이해력[7]과 높은 회복탄력성,[8] 높은 창조성,[9] 높은 삶의 질에 대한 주관적 느낌[10]과 밀접한 관련이 있다.

점진적인 전환

어린 시절을 떠올릴 때면 아버지가 가족을 버렸다는 사실이 여전히 상처로 남아 있음을 깨닫게 된다. 그래도 할머니의 가르침과 내 두뇌의 전환 덕분에 나는 더 이상 아버지와 세상을 예전의 관점으로 바라보지 않는다. 성인이 된 나는 아버지한테는 이 책에서 소개하는 다양한 기술이 부족했다는 사실을 이해한다. 아버지는 세 살 때 자신의 아버지를 잃었다. 그래서 가족을 부양한다는 것이 무엇인지 이해하게 해줄 모범이 없었다. 게다가 아버지는 스물두 살에 나를 낳았다. 그때 아버지의 두뇌는 완전히 성숙하지 않았다. 세월이 흐른 뒤 아버지는 자신이 내게 고통을 줬다는 사실을 인정했고 사과도 했다. 아버지는 이런 기술을 개발하기 위해 노력했다. 그리고 재혼을 해서 행복한 새 가정을 꾸렸다. 나는 아버지의 새로운 가족 모두를 알고 지낸다. 물론 아버지가 그 기술들을 일찍이 터득했더라면 내 어린 시절이 그렇게 고통스럽지는 않았을 것이다. 그런 생각을 하면 지금도 가슴이 아프다. 그래도 나는 우리 모두가 전환을 배울 수 있고, 또한 그럴 때 인생이 달라진다는 믿음으로 위안을 얻는다.

하지만 전환이 언제 어디서나 효과가 있는 만병통치약은 아니라는 사실에 주의할 필요가 있다. 두뇌에서 인지왜곡의 흔적을 모조리 지울 수는 없다. 나는 내 두뇌를 전환하기 위해 평생 내전을 벌였다. 때로는 성공을 거둬서 유연하고 균형 잡힌 시각으로 세상을 바라볼 수 있었다. 하지만 때로는 핵심 신념에 집착해서 고통스러운 생각을 회피하곤 했다. 당신이 전환 기술을 연습하고 있다면, 또 다른 예측을 내놓기가 한결 쉬워졌다고 느낄 것이다. 또한 생존 모드에서 얼마든지 빠져나올 수 있다는 사실을 이해했을 것이다. 그런데 한 가지 당부하고 싶은 말이 있다. 인생의 가장 힘든 순간에는 전환 연습을 하지 말라는 것이다. 헬스장에서 우리는 올바른 자세로 조금씩 중량을 늘

모든 인생은 불안하다

려나가는 방식으로 근력을 강화한다. 전환 기술 역시 마찬가지다. 감정적으로 힘든 상황에서도 전환을 할 수 있으려면 먼저 인지적 유연성을 길러야 한다.

마지막으로, 전환을 떠올리게 하는 자신만의 방법을 찾아야 한다. 나는 할머니의 사진을 볼 때마다 이렇게 묻는다. "이 상황을 다르게 볼 순 없을까?" 할머니의 사진을 보면 이 질문이 자동으로 떠오른다. 새러도 자신만의 전환 질문을 만들었다. 그녀는 스스로 이렇게 묻는다. "내 두뇌에게 뭐라고 대답해야 할까?" 그리고 때로는 자신에게 이렇게 말함으로써 전환을 시도한다. "지금 내 두뇌는 엉망이다. 그러니그 이야기에 귀를 기울이지 말자." 다음으로 포천 100대 기업 CEO인 줄리는 자신에게 이렇게 말한다고 했다. "루아나 박사라면 지금 상황에서 뭐라고 했을까?" 나는 그 이야기를 듣고 웃었다. 나라고 해서 매번 정답을 알고 있는 것은 아니기 때문이다. 나는 내 생각에 종종 의문을 품는다. 줄리 역시 그런 듯하다.

이 새로운 기술을 연습하는 동안 부디 자신에게 관대하길 바란다. 그리고 현실적으로 시간이 필요하다는 사실을 잊지 말자. 지금 당신이 '전환'을 시도하면서도 여전히 회피하고 있다면, 이제 '접근'과 '정렬'로 넘어갈 시간이다.

3부

접근: 불편한 감정을 통제하는
작은 실천들

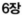

6장

상황을 악화시키는 반사적 회피

어릴 적 브라질에서 자라면서 소중한 기억으로 남은 한 가지는 어머니가 검은콩 요리를 만드는 모습이었다. 일반적으로 집에서 즐겨 먹는 그 요리에는 콩을 삶을 때 베이컨과 마늘 향이 난다는 것 외에는 특별한 점이 없었다. 학교를 마치고 집에 돌아와 압력솥이 증기를 내뿜는 소리가 들리면 '이제 맛있는 밥을 먹겠구나' 기대했다. 그런데 일곱 살 무렵에 내가 요란하게 증기를 내뿜는 압력솥을 열려고 했을 때, 어머니가 번개 같은 속도로 달려와 소리를 지르며 내 손을 낚아챘다. 나는 어머니가 왜 그렇게 화를 내는지 알지 못한 채 울음을 터뜨렸다.

그 사건 때문에 나는 고객들에게 '대응'을 통한 회피를 설명하면서 종종 압력솥 비유를 든다. 대응을 통한 회피는 안전장치가 없는(또는

모든 인생은 불안하다

있어도 그것이 작동할 것이라고 믿지 않는) 압력솥과 같다. 감정이 끓어오르기 시작하면 내면의 온도와 압력이 빠르게 높아진다. 그리고 폭발 직전에 이른다. 이런 느낌이 들 때 어떻게 행동하는가? 우리는 인식한 위험을 제거함으로써 즉각 좋은 기분을 느끼려 한다. 감정적인 차원에서 볼 때, 폭발을 하면 즉각적으로(그리고 일시적으로) 압력은 떨어지지만 처리해야 할 더 많은 부정적인 감정이 생긴다. 폭발은 순간적으로 도움이 되지만 지속되는 반사적 회피 패턴으로 이어지며, 그 대가로 용감한 삶을 빼앗기게 된다.

반사적 회피는 나의 수많은 얼굴이다

반사적 회피는 다양한 형태로 모습을 드러낸다. 어떤 형태는 다른 것보다 알아차리기 더 힘들다. 그래도 나는 한 가지 형태의 반사적 회피는 분명하게 알고 있다고 털어놔야겠다. 불편한 감정을 피하기 위해 평생 활용해온 내 단골 전술이기 때문이다. 나는 불편한 감정에서 벗어나기 위해 맞서 싸운다. 점잖게 정장을 차려입고 무슨 싸움을 하겠냐고 생각하겠지만, 나의 행동 깊숙한 곳에는 나만의 공격 무기가 숨겨져 있다. 일테면 나는 이메일에 반사적으로 대응한다(내가 정말로 폭주족처럼 행동한다는 사실을 인정한다). 한 가지 사례를 들려주겠다. 1년 전 매사추세츠 종합병원에서 내 스승이라고 할 수 있는, 그리고 대단히 친절한 여성인 수전이 나를 불러서 이렇게 말했다. "이메일에 대해서 이야기를 좀 할 수 있을까요? 정확하게 언제 스트레스를 받나요?"

나는 수전의 표정에서 그녀가 이 뜻밖의 대화를 통해 긍정적인 조언을 주려고 한다는 것을 읽었다. 그러나 수전이 뭔가 힘든 이야기를 꺼내려 한다는 생각이 들자 불안감이 치솟았다. '세상에. 나를 응원해 준 유일한 사람이 이제 나를 다그치고 있어! 그럴 순 없어!' 이런 유치한 생각이 들었지만, 그래도 억지웃음을 지어 보이려고 애썼다(아마도 심란한 표정을 가리지 못했으리라).

수전은 계속했다. "루아나. 당신이 대단히 유능한 직원이라는 사실은 잘 알고 있어요. 똑똑하고 친절하죠. 그리고 아시겠지만 전 당신과 함께 일하는 게 좋아요."

그러다가 갑자기 "…그런데 이제 당신을 쓰레기처럼 던져버리고 싶군요"라고 말할까 봐 두려웠다.

그러나 도끼는 끝내 떨어지지 않았다. 다만 수전은 내가 최악의 적을 만난 것 같다고 말했다. "당신이 밤늦게 이메일 답장을 보낸다는 사실을 알게 됐어요. 아주 늦은 시간에요. 그것도 급박하고, 공격적이고, 지나치게 솔직한 태도로 말이죠. 예를 들어 어제저녁에는 조에게 답장을 보냈더군요. 조가 당신의 교육 자료를 사용하겠다고 양해를 구했는데, 당신은 그냥 거절하지 않았어요. 그런 부탁에 무슨 문제가 있는지에 대해 온갖 이유를 적었더군요. 그동안 조와의 관계에서 많은 일이 있었다는 사실은 알지만, 굳이 밤 11시에 그렇게 답장을 보내야만 했나요? 게다가 많은 간부들까지 참조에 집어넣어서 공개적으로 망신을 줘야만 했나요?"

모든 인생은 불안하다

그녀의 말이 끝나기 무섭게 나는 즉각 방어 태세로 돌입했다. '불편한 상황을 끝내기 위해 맞서 싸우자.' 나는 장황하게 해명을 시작했다! 모든 이야기를 한꺼번에! 다시 말해 나는 내 반응을 지적하는 사람에게 대응하고 있었다. '음. 내 이메일이 너무 공격적이라고 느꼈나 보네? 그렇다면 더 공격적으로 대응해서 내가 민감한 사람이 아니라는 사실을 보여줘야겠군!'

물론 그때 나는 내가 회피 전술을 본격적으로 펼치고 있다는 사실을 인지하지 못했다. 열변을 토하느라 정신이 없었기 때문이다. "제 자료를 사용하고 수정하는 게 그냥 넘어갈 일이 아니라는 점을 분명히 해두고 싶었어요. 그는 자신을 어떤 사람이라고 생각하고 있을까요?" 심장이 쿵쾅대고 있었지만 나는 그 소리를 들을 수 없었다.

수전은 부드럽고 온화한 표정으로 말했다. "루아나. 충분히 이해합니다. 당신은 아주 유능한 직원이에요. 그리고 조가 때때로 당신을 부당하게 대했다는 것도 압니다. 하지만 당신과 나의 관계에서도…, 그러니까 가끔 충동적일 때가 있어요. 너무 민감하게 반응해요."

그녀는 계속했다. "밤 11시에 굳이 그런 답장을 보낼 필요는 없잖아요. 그리고 그런 태도가 자칫 당신의 성공을 가로막을 수 있어요."

나는 눈물을 애써 참으며 대화 내내 공격적인 모습을 드러냈다. 수전은 차분한 마음으로 나의 불편한 감정을 들여다봤고, 심각한 문제는 아니지만 한번 고민해보라고 권했다. 그녀가 말을 마치자마자 대화가 끝났다는 생각이 안도감이 들었다. 내 무의식은 이런 말을 하고 있었다. "봤지? 반격은 항상 효과가 있다고! 의심이 들면 달려들어!"

수전의 사무실을 나오면서 그녀의 이야기를 다시 떠올려봤다. 내가 정말로 그렇게 충동적으로 이메일을 쓰는가? 그녀에 말에 일리가 있을까? 나는 불안을 회피하기 위해 즉각적으로 대응하는가? 그녀의 지적이 전적으로 옳다고 생각하지는 않았지만, 그렇다고 완전히 무시할 수도 없었다. 실제로 나는 이메일에 빨리 답장을 보낸다. 그날 내 사무실로 돌아와 멍한 표정으로 어슬렁거리면서 고민했던 기억이 난다. '하지만 그건 내가 업무적으로 유능하다는 사실을 다른 사람들에게 보여주기 위한 거야! 그렇다면 이메일을 그냥 쌓아두라는 말인가?' 이메일을 잔뜩 쌓아놓고 있다고 생각하니 아찔한 느낌이 들었다! 이메일을 받는 즉시 답장을 해야 내가 졸고 있지 않다는 사실을 알릴 수 있다. 재판장님, 성실함이 죄라면 저는 죄인입니다.

나는 수전의 말을 곱씹으며 퇴근했다. 지금까지 오랫동안 나는 사람들에게 회피를 극복하는 법을 가르쳐왔다. 그런 내가 회피하고 있다고? 그런데 수전과의 힘든 대화를 복기하는 와중에 또다시 나의 화를 북돋우는 이메일이 도착했다. 제목이 '협조 요청'이었다. 발신자를 확인하자마자 내 두뇌는 위험을 인지했고 본격적으로 대응 모드에 돌입했다. "뭐라고? 협조라고? '당신'이 지원금을 받았을 때는 한 번도 협조 요청을 하지 않더니 '내'가 지원금을 받으니 요청하는 이유는 뭔가?" 앙금이 남아 있는 사람이 보낸 짧은 이메일이 투쟁-도주-경직 반응을 그토록 강력하게 촉발할 수 있다는 사실은 참으로 놀랍다.

내가 느낀 분노를 그 동료와의 지난 앙금으로 돌릴 수만은 없었다. 그러나 다음에 내가 한 행동은 나에 대한 수전의 설명과 정확하게 맞아떨어졌다. 나는 곧바로 공격을 개시했고, 내가 무슨 말을 하는지 신중하게 돌아볼 여유도 없이 답장을 써 내려갔다. 그런 상황에서 어떻게 내가 신중하게 돌아볼 수 있었겠는가? 내 전전두엽 피질은 이미 자리를 비운 상태였다. 일단 답장을 쓰고 나자 안도감이 들었다. 회피가 작동한 것이다!

그러나 '전송' 버튼을 누르기 직전에 나는 시간을 건너뛰어 그 결과를 봤다. 내일 아침 나는 이메일을 보낸 것을 후회하면서 잠에서 깰 것이다. 그리고 아무 생각 없이 대응한 대가를 치러야 할 것이다. 또한 분노로 가득한 이메일을 보내는 대신에 동료를 직접 만나서 이야기를 나누지 않은 선택을 후회할 것이다. 그건 끔찍한 결과였다! 지금 '전송' 버튼을 누르면 순간적으로 좋은 느낌이 들겠지만 엄청난 대가가 기다릴 것이다.

결국 나는 그날 이메일을 보내지 않았고, 수전과 다시 약속을 잡았다. 나는 이런 상황에 유연하게 대처하는 방법에 대해 수전에게 조언을 듣고 싶었다. 그날 내 반응은 내가 정말로 원한 것과 정반대였다. 그래도 나는 '전송' 버튼을 누르면 회피의 덫에서 빠져나오지 못하리라는 사실을 깨달았다.

그때는 다행스럽게도 즉각적인 대응을 멈출 수 있었지만, 사실 많은 경우에 남편은 나보다 먼저 문제를 알아채곤 한다. 예를 들어 나는 남편과 중요한 이야기를 나누다가도 갑자기 요리 준비를 시작한다. 그러면 남편이 "무슨 걱정거리라도 있어?"라고 묻는다(참으로 자상한 남편이다!). 그럴 때 나는 멀티태스킹을 하고 있다고 생각했지만, 돌이켜보건대 불안을 회피하기 위해서 한 번에 여러 가지 일을 한 것이다. 그리고 그런 행동에는 언제나 부정적인 가격표가 붙었다. 가족들은 그런 내 모습에 당황했고, 나는 탈진해버렸다. 우리는 회피에 대해 자신이 치러야 할 대가에 대해서만 생각하지만, 자신이 사랑하는 이들에게도 부정적인 영향을 미치기 때문에 좀 더 깊이 생각해봐야 한다. 멀티태스킹은 내가 불편한 감정을 해소하기 위해 시도한 방법이었다. 그러나 안타깝게도 멀티태스킹은 나보다 훨씬 강력한 파이터다.

이메일에 즉각 대응하고 집안일을 정신없이 해치우는 것 모두 반사적 회피에 해당한다. 그러나 우리는 회피가 아닌 다른 방식으로 반응할 수 있다. 불편한 감정은 다양한 상황에서 모습을 드러내고, 우리는 다양한 방식으로 그런 감정에 반응한다. 하지만 이런 모든 반사적 대응에는 한 가지 공통점이 있다. 자신을 불안하게 하는 대상을 공격함으로써 불편한 감정을 없애려고 한다는 점이다. 자신의 반사적 회피를 확인할 수 있도록 내 고객들의 몇 가지 사례를 들려주고자 한다.

생산성의 그늘

1995년 스탠퍼드대학교 존 페리John Perry 교수는 '체계적인 미루기 structured procrastination'라는 용어를 통해 사람들이 반드시 처리해야 할 과제를 회피하기 위해 해야 할 일 목록에 들어 있는 많은 '중요한' 일에 어떻게 착수하는지를 설명했다.[1] 페리는 이렇게 말했다. "나는 모

모든 인생은 불안하다

든 일(답안지 채점을 포함하여 반드시 처리해야 하는 업무)을 하지 않기 위해 지금 이 글을 쓰고 있다." 페리가 말한 '체계적인 미루기'를 요즘에는 '생산적인 미루기productive procrastination'라고 부른다. 페리는 생산적인 미루기를 하는 사람들은 "더 중요한 일을 하지 않기 위해 힘들고, 시기적으로 적절하고, 중요한 과제를 시작하도록 동기를 부여받을 수 있다"라고 설명했다.

체계적인 미루기는 교묘한 형태의 반사적 회피다. 뭐라고? 해야 할 일을 하는데 어떻게 그게 회피란 말인가? 여기서 다시 한번 회피의 정의를 들여다봐야 한다. 첫째, 두뇌가 위협을 인식했는가? 둘째, 불편한 감정을 느꼈는가? 셋째, 반응을 통해 즉각적인 위안을 얻었는가? 넷째, 부정적인 결과가 따르는가?

한 가지 사례를 살펴보자. 내 남편 데이비드는 종종 후퇴를 통해 회피한다. 만약 자신의 머릿속으로 들어가 불안을 들여다볼 수 있다면, 그는 기꺼이 그럴 것이다. 그러나 나를 포함한 우리 모두는 여러 가지 회피 전술을 사용한다. 예를 들어 이 책을 마무리하기 위해 마지막 힘을 짜내야 할 때, 열두 명의 손님이 내 생일 파티에 올 예정이었다(남미의 문화다). 나는 손님을 맞이할 때면 좀 요란을 떠는 편이다. 새로운 시트를 깔고, 진공청소기로 카펫 청소를 하고, 우리가 좋아하는 브라질 요리를 만들기 위해 온갖 식재료를 산다. 그런데 이번에는 마감을 앞두고 있던 터라 하나도 준비하지 못했다. 반면 데이비드는 이런 상황에서 좀 차분한 편이다. 그는 좀처럼 야단법석을 떨지 않는데, 이번에는 그가 주도적으로 파티 준비를 해야 했다. 그는 며칠 동안 울타리에

페인트칠을 하고, 콘센트를 교체하고, 침대 커버를 새로 사고, 차고를 정리하는 등 많은 일을 했다.

처음에 나는 집안일을 하면서 그가 보여준 놀라운 생산성에 감탄했다. 그런데 어제저녁부터 반사적 회피 또는 '생산적인 미루기'의 냄새가 풍기기 시작했다. 보스턴대학교 교수인 데이비드는 3주 후에 새 학기를 시작해야 한다. 즉, 가을학기 강의 준비를 해야 한다. 나는 저녁을 먹으면서 그동안 별렀던 질문을 던졌다. "가을학기 준비는 잘 돼가?" 데이비드에 대해 공정하게 설명하기 위해, 그가 '회피 전문가'와 결혼했다는 사실을 언급해야겠다. 내 질문에 남편은 겸연쩍은 미소를 보이며 와인을 한 모금 마셨다. 그러고는 단호하게 말했다. "맞아. 회피하는 중이야. 그래도 집안일을 많이 처리했으니 좋지 않아?" 우리는 동시에 웃었다. 물론 좋았다. 그러나 손님들이 우리 집에 왔을 때 그가 대가를 치르게 되리라는 사실도 알았다. 그는 어쨌든 가을학기 준비를 해야 한다. 그래서 내 생일파티를 마음껏 즐기지 못할 것이며 강의 걱정으로 스트레스를 받을 것이다. 결국 남편은 내게(그리고 자신에게) 최대한 빨리 회피에서 벗어나겠노라고 약속했다(이 글을 쓰는 지금도 남편은 밖에서 디에고에게 농구 기술을 가르치고 있다. 사랑스러운 광경이다. 하지만 다가오는 학기 준비에는 도움이 되지는 않을 것이다. 회피가 다시 한번 고개를 들고 있다!).

하지만 오해는 하지 말자. 생산적인 미루기가 꼭 반사적 회피인 것은 아니다. 반사적 회피라고 말하기 위해서는 대가가 따라야 한다. 예를 들어 내 친구 자나이나는 해야 할 일을 잔뜩 쌓아두고 산다. 하지만 그녀는 어떻게든 모든 일을 처리하고, 그것에 대해 걱정하지 않는

모든 인생은 불안하다

다. 자나이나가 일을 쌓아두는 것은 그녀의 생활 방식일 뿐이다. 당신이 그런 경우라면 걱정할 필요 없다. 내게 회피인 것이 당신에게는 아닐 수 있고, 그 반대도 마찬가지다.

우리의 행복을 앗아가는 것

자신의 세계관과 완전히 상반된 주장에 직면했을 때, 그리고 그 주장이 자신의 감정을 자극할 때 인스타그램이나 트위터와 같은 소셜미디어를 돌아다니면서 시간을 보낸 적이 있는가? 예를 들어 백신 접종이나 정치적 이슈에 대한 입장, 낙태, 최근 불거진 유명인 스캔들과 관련해서 자신의 생각과 상반된 주장을 맞닥뜨릴 때 우리는 인지부조화를 느낀다. 그리고 우리 두뇌는 위험을 감지한다. 그럴 때 어떻게 반응하는가? 대개는 스스로 인식하기도 전에 투쟁 모드로 진입해서 손가락이 보이지 않을 만큼 빠른 속도로 타이핑을 해서 글을 올린다! 이런 행동은 '대응'이라는 개념의 의미를 잘 요약해준다. 기분이 좀 나아졌는가? 물론 그럴 것이다! 적어도… 잠시는.

소셜미디어를 아무 생각 없이 돌아다니는 행동은 필연적으로 사회적 비교로 이어진다. 사회적 비교란 주로 '자신의 특성을 평가하거나 개선하기 위해 자신을 타인과 비교하는' 과정을 말한다.[2] 우리는 자신의 외모나 성과 또는 능력을 남들과 비교한다. 진화생물학적 차원에서 생겨난 경향성이다. 그리고 소셜미디어는 그런 성향을 크게 강화하고 확장한다.

그중에서도 '부유한' 사람과의 비교(그가 정말로 부유한지는 중요하지 않다. 중요한 것은 우리가 그를 부자라고 '인식'한다는 사실이다)는 심각한 우울증[3] 및 우울감 증가[4]와 관련이 있다. 또한 소셜미디어는 자신의 신체에 대한 부정적 인식이나 건강하지 못한 식습관과도 밀접한 연관이 있다.[5] 소셜미디어의 이런 부정적인 영향은 특히 어린 소녀들 사이에서 두드러지게 나타난다. 영국에서 실시한 한 연구에 따르면, 10~15세 소녀들이 소셜미디어 사용에 따른 직접적인 결과로 또래 소년들에 비해 행복감이 더 낮았다.[6] 이런 성향이 소셜미디어의 현실 왜곡, 콘텐츠를 확산하기 위해 설계된 복잡한 알고리즘과 결합할 때 우리는 가장 애용하는 앱들과 잠재적으로 대단히 부정적인 관계를 맺게 된다.

소셜미디어상의 비교를 주제로 한 연구 대부분이 불안과 우울 등 우리의 감정에 직접적으로 미치는 부정적인 영향에 주목한다. 그러나 나는 소셜미디어상의 비교가 내 몇몇 고객에게 반사적 회피를 유발하는 상황에 주목했다. 이런 상황은 초기에는 심각한 문제가 아닌 것 같지만, 장기적으로 부정적인 결과를 초래한다. 아무리 길고 복잡하더라도 그 결과는 똑같다. 이제 앙가드의 이야기로 들어가 보자.

내가 처음 앙가드를 만났을 때, 행복하고 순탄한 삶을 살아가고 있다는 인상을 받았다. 이제 스무 살이 된 앙가드는 대학 생활에 만족했고, 친한 친구들이 있었으며, 가족과의 관계도 좋았다. 하지만 자신의 내면은 그리 평온하지 않다고 털어놨다. 얼마 전 앙가드는 인스타그램 계정을 만들었다. 그 이후 폭넓은 소셜미디어 네트워크를 통해 만

모든 인생은 불안하다

난 이들의 삶과 자신을 비교하기 시작했다. 그가 비교한 대상은 "더 부유해 보이고", "더 많이 여행을 다니고", "더 예쁜 여자친구를 만나는"(그 목록은 계속된다) 이들이었다.

사실 앙가드의 사례는 지금껏 만났던 많은 대학생의 경우와 크게 다르지 않았다. 그들은 소셜미디어에서 서로를 비교했다. 나는 그 행동이 왜 앙가드에게는 심각한 문제가 되는지 의아했다. 그래서 자신보다 더 행복해 보이는 사람이 올린 사진을 볼 때 어떤 느낌이 드는지 물었다.

그러자 앙가드는 갑자기 진지한 눈빛으로 나를 응시했다. "공황 상태에 빠집니다. 저도 그런 사진을 올리지 않으면 패자가 된 기분이 들어요."

나처럼 어릴 적부터 소셜미디어와 함께 성장하지 않은 세대가 앙가드의 이런 이야기를 진지하게 받아들이기는 쉽지 않다. 그러나 젊은 세대가 겪는 어려움을 잘 이해하는 임상 전문가로서, 나는 앙가드의 사례가 예외는 아니라고 판단했다. 앙가드의 두뇌는 그런 사진과 글을 실질적인 위협으로 인식한 것이다.

나는 이렇게 말했다. "고통을 주는 포스팅을 마주할 때마다 불안과 공포 같은 부정적인 감정을 느끼게 되는군요. 그렇죠?"

그가 고개를 끄덕였다.

"알겠어요. 그럴 때 어떻게 하나요?"

"사진을 많이 올립니다. 제 휴대전화의 비밀 폴더에는 즐거운 시간이나 멋진 장소를 담은 사진이 많거든요. 그 사진을 마치 지금 찍은 것처럼 올립니다."

그 순간 내 표정은 아마도 앙가드에게 많은 이야기를 들려줬을 것이다. 그는 내 반응을 보고 크게 웃었다. 그와 나 사이에 세대 차이라는 장벽이 놓인 듯했다. 그러나 두뇌의 운영체제는 모두 똑같다. 나는 우주비행사와 이야기를 나누는 공룡이 된 심정으로 비밀 폴더를 뒤졌던 최근 상황에 관해 이야기해달라고 했다.

"봄방학이 끝난 지난주에 한 친구가 새로 사귄 여성과 유럽에서 보낸 휴가 사진을 올렸더군요. 친구는 그냥 괜찮은 정도의 외모인 데 반해 여자친구는 슈퍼 모델 수준이었습니다. 아주 매력적이었어요." 그는 잠시 말을 멈추고 겸연쩍은 표정으로 나를 바라봤다.

나는 웃으며 계속 들려달라고 했다.

"불안감이 느껴졌습니다. 저를 그와 비교하면서 이런 생각을 했어요. '이봐, 나도 매력적인 여자와 찍은 사진이 있다고!' 그러고는 지난여름 파티 때 찍었던 사진들을 무더기로 올렸습니다."

그의 행동 논리에 대해 나는 이렇게 말했다. "그러면 문제가 해결된 거군요!"

"네. 조금은 그렇죠. 설명하긴 힘들지만, 사진을 올리고 나니 마음이 좀 가벼워졌습니다. 공황 상태에서 벗어난 것 같았습니다. 그 순간에는 사진을 올리는 일에만 집중했으니까요. 그런데 솔직히 말하자면 얼마 지나지 않아서 역겹다는 느낌이 들었습니다. 결코 좋은 기분은 아니었어요."

그는 정말로 기분이 나빠 보였고, 나는 사진을 올리는 행동이 그에게 수치심과 불안감을 가져다줬다는 사실을 이해할 수 있었다. 이유가 무엇이든 간에 앙가드는 탈출구가 보이지 않는 회피의 쳇바퀴에 갇혀버린 모습이었다.

물론 사람마다 다르겠지만 앙가드의 경우에 소셜미디어와의 관계는 반사적 회피로 이어졌다. 매력적인 여자친구와 함께 있는 친구들의 모습을 볼 때마다 그의 두뇌는 이를 위험으로 인식했다. 그리고 '나는 패자야'라는 생각은 즉각 불편한 감정으로 이어졌다. 또는 앙가드의 표현대로 공황 상태를 일으켰다. 그는 재빨리 기분을 전환하기 위해 계속해서 사진을 올렸다. 이를 통해 두려움에서 일시적으로 벗어날 수 있었지만, 그 행동이 반사적 회피라는 점에서 그런 감정을 장기적으로 해소하지는 못했다.

그렇다면 소셜미디어를 이용한다는 것이 반사적으로 회피한다는 걸 의미할까? 앙가드가 소셜미디어에 급히 사진을 올린 행동은 분명히 불편한 감정을 완화하기 위한 대응 방식이었다. 그러나 우리는 온라인 세상을 돌아다니는 동안 다양한 감정적 반응을 보인다. 어떤 이는 부정적인 느낌이 들면 전면적인 후퇴를 선택한다. 또는 타인과의 비교에 따른 두려움을 없애기 위해 아예 소셜미디어를 쳐다보지도 않는다(개인적인 의견을 말하자면, 이는 패스트푸드를 쳐다보지 않으려는 것과 같다. 결코 나쁜 전략이라고는 할 수 없다). 실제로 연구 결과에 따르면, 사람들은 사회적 감시에서 벗어나기 위해 핀스타Finsta(친한 친구나 자신에게만 공개하는 부계정-옮긴이)를 만든다.[7] 반면 나의 몇몇 고객은 후퇴하기 위해 소셜미디어를 선택한다. 예를 들어 작문 과제처럼 해야 할 일을 회피하기 위해 소셜미디어를 돌아다니며 몇 시간을 보낸다. 당신이 이런 경우에 해당한다면, 그리고 그럼에도 소셜미디어에서 여전히 활발하게 활동하고 싶다면, 전환 기술(2부에서 살펴본)을 활용함으로써 소셜미디어와 새로운 관계를 형성해보길 권한다.

불안과 문자 메시지

후퇴를 통한 회피는 연애 초반에 종종 모습을 드러낸다. 이제 필로메나의 사례를 들여다보자. 에콰도르에서 태어난 필로메나는 두 살 때 사랑이 넘치는 나이 많은 새 부모에게 입양됐다. 형제자매가 없었던 그녀는 어릴 적부터 조금은 불안을 느끼며 자랐다. 필로메나의 어머니는 내게 그녀를 혼자 두기가 항상 힘들었다고 했다. 어린 필로메나는 어머니가 집을 비울 때마다 두려움을 느꼈고, 혹시 어머니가 돌아오지 않을까 봐 걱정했다. 그녀는 파양될지 모른다는 걱정(입양 아동들이 공통으로 느끼는 두려움)을 항상 했고, 다른 사람에게 쉽게 애착을 느끼지 못했다. 그 이유는 언젠가 버림받아 홀로 남겨진 신발 한 짝과 같은 신세가 될지 모른다고 걱정했기 때문이다. 필로메나를 처음 만났을 때, 그녀는 대학생이었다. 성적도 교우 관계도 모두 좋았다. 그런데 삶에서 계속해서 어려움을 겪는 영역이 있었는데, 다름 아닌 연애였다.

필로메나는 대학에 들어가면서 데이트를 시작했다. 그런데 연애 초

모든 인생은 불안하다

반에는 문제가 없다가 어느 시점부터 '편안한 관계'를 유지하기가 힘들어졌다고 한다. 점차 심한 불안을 느꼈다. 그녀는 몇 명의 남성과 진지한 관계를 맺으려고 노력했지만, 상대를 '남자친구'라고 부르자마자 조금씩 멀어지는 듯한 느낌이 들었다. 필로메나는 헌신적인 태도를 요구했는데, 그럴 때면 상대는 당황한 모습을 보였다. 그 단계에 이르면 필로메나는 자신만의 (반사적인) 방식으로 관계를 깨버렸다.

당시 그녀의 상황은 변하고 있었다. 우리가 처음 만났을 때 그녀는 몇 달간 테드라는 남자와 사귀고 있었고 점점 그에게 빠져들었다. 그러나 안타깝게도 필로메나는 그가 조금씩 멀어진다고 느꼈다. 연애 관계에서 이런 밀고 당기기에 스트레스를 받은 필로메나는 결국 내 사무실을 찾게 됐다.

그녀는 어릴 적부터 만난 모든 남자 중에서 테드가 가장 편안하다고 했다. 그는 믿음직하고 착실했으며 그녀에게 항상 안정감을 줬다.

나는 물었다. "좋은 시절이군요. 그런데… 문제가 뭔가요?"

"테드와 거리를 유지하는 게 어려워요. 저는 각자의 친구와 관심사를 모두 공유하고 싶어요. 하지만 겁이 납니다. 아시죠? 테드는 자기가 친구들과 어울릴 수 있게 좀 더 시간을 달라고 했어요. 저는 그의 부탁을 들어주고 싶었고, 그래서 나름 노력했어요…. 그런데 그게 화근이었죠. 그때부터 분노와 불안을 느끼기 시작했어요. 그럴 때면 제 의지와는 반대로 그에게 계속해서 문자 메시지를 보냅니다. 지난 금요일 저녁에도 그랬어요. 친구들과 함께 수영하러 갔다는 걸 알면서도 말이죠. 그가 어디서 누구랑 있는지 알고 있어도 마음을 진정시킬 수가 없어요."

그러고는 휴대전화를 꺼내서 그때 주고받은 문자 메시지를 읽어줬다.

"'안녕, 별일 없지?'라는 글과 함께 이모티콘을 보냈어요. 대답이 없었어요. 다시 문자를 보내고 싶지는 않았어요. 제게 여유를 좀 달라고 했으니까요. 하지만 2분이 지나자 도저히 참을 수가 없는 거예요. 그래서 문자를 보냈죠. 많은 이모티콘과 함께 '재미있게 놀고 있어?'라고 썼어요."

나는 물었다. "그때 어떤 느낌이 들었어요?"

"너무 불안했고 왜 답장하지 않는지 궁금했어요. 걱정도 됐죠. 혹시 자동차 사고가 나서 답장을 못 하는 게 아닐까? 음주 사고도 종종 일어나잖아요. 배수로에 쓰러져 있는 그의 모습이 계속 떠올랐어요. 어쩌면 다른 여자를 만나고 있는 건지도 몰라요! 그래서 문자 메시지 폭탄을 날리기 시작했어요. '테드, 괜찮은 거지? 왜 답이 없어? 뭐 안 좋은 일이라도? 내가 뭐 잘못했어???'" 그러고는 갑자기 말을 멈췄다. 그런 행동이 다른 사람에게 어떻게 보일지 문득 깨달은 듯했다. "제 모습이 어리석게 보인다는 건 알아요. 하지만 그때 제 심정은 그랬어요. 아무 문제가 없다는 걸 확인하고 싶었어요. 문자를 보낼 때마다 조금 안도감이 들었죠. 하지만 답장이 없자 더 불안해졌고, 그래서 문자 보내길 멈출 수가 없었어요."

"그래서 답장은 왔나요?"

"결국 오기는 했어요." 그녀가 휴대전화를 들여다보며 읽어줬다.

모든 인생은 불안하다

"난 괜찮아. 근데 이건 좀 아닌 것 같아."

그녀는 고개를 저었다. "비참했어요! 그의 말이 맞아요. 문제는 이처럼 불안한 상황에서 어떻게 저 자신을 제어해야 할지 모르겠다는 거예요. 전 테드를 사랑해요. 하지만 이런 충동을 참지 못해 그가 떠나게 될까 봐 두려워요. 모두 제 잘못이에요. 하지만 휴대전화만 보면 참을 수가 없어요."

휴대전화를 사용하는 방식, 그리고 그것이 연인 관계를 망치는 방식과 관련해서 필로메나는 예외가 아니다. 2019년 퓨리서치연구소Pew Research Center는 세계적으로 50억 명의 인구가 모바일 기기를 갖고 있다고 발표했다.[8] 그 연구소는 이 수치를 더 극적으로 부각하기 위해 전 세계에서 칫솔을 사용하는 인구가 30~40억 명에 불과하다는 설명을 덧붙였다.[9] 한번 생각해보자. 세계적으로 사람들이 칫솔보다 휴대전화를 더 많이 갖고 있다. 게다가 휴대전화는 칫솔과 달리 끊임없이 신호와 알람을 보내면서 종일 우리를 귀찮게 한다. 반면 칫솔이 우리에게 요구하는 시간은 2분씩 하루에 두 번뿐이다(치실은 제외하고).

필로메나의 사례나 우리 자신의 경험으로부터 알 수 있듯이 사람들은 때로 자신에게 해를 입히는 방식으로 휴대전화를 사용한다. 사실 그건 놀라운 일이다.

어쩌면 당신은 이렇게 말할지도 모르겠다. "뭐라고요? 루아나 박사님. 우리가 비상식적으로, 비이성적으로 휴대전화를 사용한다는 뜻인가요? 어떻게 그런 말씀을!"

그렇다. 그건 분명 논란이 될 만한 주장이다. 그러나 여러 연구 결과에 따르면, 휴대전화를 확인하거나 계속해서 만지작거리는 행동은 우울·불안·스트레스와 밀접한 관련이 있다.[10] 마치 연애를 시작하면서도 사랑과 기쁨으로 충만하지 않다는 말처럼 들린다! 그러나 우리는 휴대전화를 통해 (때로 오늘날의 상형문자를 사용해서) 효과적으로 의사소통하기 위해서는 감정적 후유증(고급 어휘에 주의!)에도 신경 써야 한다. 상대에게서 답장이 오지 않을 때, 우리는 불안을 느낀다. 한 중요한 연구에서는 15분 동안 답장을 받지 못해서 스트레스를 받을 때, 평범한 답변(예를 들어 흔한 날씨 인사)이라도 받은 경우보다 혈압이 더 상승한다는 결과를 발표했다.[11] 세 점(상대가 글을 입력하고 있다는 것을 알려주는 신호)이 나타나기를 기다리는, (더 나쁘게는) 세 점이 나타났다가 사라지는 것을 지켜보는 고통은 실질적인 고통이다.

계속해서 문자 메시지를 보내는 행동은 필로메나가 답장을 기다리는 동안 안도감을 얻기 위한 그녀만의 방식이었다. 다시 문자를 보내면 곧 답장이 올 거라는 희망으로 그녀는 잠시 안도감을 느꼈다. 그러나 답장이 없자 불안이 더 심해졌다. 이런 모습은 단기적인 이득이 장기적인 손실로 이어지는 전형적인 회피 패턴이다. 필로메나는 그렇게 반사적 회피의 덫에 갇히고 말았다.

재깍재깍… 쾅!

내 몇몇 고객의 경우에는 강력한 감정이 단지 증기를 내뿜는 것이 아

모든 인생은 불안하다

니라 완전한 폭발로 이어졌다. 감정 폭발은 회피가 모습을 드러내는 또 하나의 방식이다. 우리는 때로 잘못된 경고가 바로 옆에서 울리거나 도저히 피할 수 없는 것처럼 느낀다.[12] 이제 올리버의 사례를 한번 살펴보자. 올리버는 분노 조절 문제로 내 사무실을 찾았다. 그가 처음부터 자신에게 그런 문제가 있다고 생각한 것은 아니었다. 올리버는 어버이날에 딸들에게 받은 웃긴 선물에 관한 이야기를 들려줬다. 바로 배관용 테이프였다. 딸들은 그 테이프에 이렇게 적어놓았다. '긴급 상황 시 아빠 입에 붙이세요.' 그러고는 그걸 사무실 책상 위에 놓아두면 애초에 분노가 끓어오르지 않을 거라고 했다.

그 선물은 딸들의 장난이었지만 올리버는 그 이야기를 하면서 한 번도 웃지 않았다. 그는 자신과 가장 가까운 가족마저 자신을 그렇게 생각했다는 사실에 충격을 받았다고 했다. 그는 자신의 성격이 좀 급한 편이라는 사실은 알지만 그게 심각한 문제라고는 생각하지 않았다. 느긋한 사람이 있다면 급한 사람도 있는 법 아닌가. 그는 자신이 좀 직설적인 성격이며 부하 직원에게서 최고의 역량을 끌어내고자 노력한다고 해명했다. "아마도 제겐 생각을 고상하게 표현하는 기술이 없을 겁니다. 하지만 직원들이 예민한 것이 왜 제 잘못입니까?"

나는 그의 입장을 이해하려고 노력하면서 이렇게 물었다. "좋은 질문입니다. 그런데 직원들이 문제라면 왜 저를 찾아오신 거예요?" 사실 올리버가 여기 온 것은 자신의 선택이 아니었다. 얼마 전 직장에서 거대한 감정 폭발이 있고 나서 회사의 CEO가 그에게 문제를 해결해줄, 즉 그에게 '있는 그대로를 말해줄' 사람을 만나보라고 권유했던 것이다.

나는 말했다. "올리버 씨, 당신의 입장을 충분히 이해해요. 사실 저도 너무 직설적이라거나 공격적이라는 말을 자주 듣거든요. 이런 성격은 때로 주변 사람을 부정적인 방식으로 자극하곤 합니다."

"정말이세요?" 올리버는 지금 자신 앞에 앉아 있는, 브라질에서 뉴잉글랜드로 날아온 작고 예의 바른 임상 전문가에게 자신과 비슷한 면이 있다는 사실을 믿지 못하는 표정이었다.

올리버는 좀 긴장한 듯 보였다. 호전적이거나 갈등을 자주 유발하는 사람들은 언제나 기본적으로 '조금은 불안한' 모습을 드러낸다. 사실 올리버와 나 사이에는 기질적으로 그리 많은 공통점은 없었다. 다만 그가 긴장을 풀어 이성적인 두뇌가 대화의 주도권을 잡게 하고 싶었다. 비록 나는 코미디언 자질은 없지만, 그래도 농담으로 또는 적어도 재미있는 이야기로 대화를 시작해야겠다는 생각이 들었다. 그렇게 해서 올리버의 신경 시스템을 좀 바꿔놓고 싶었다.

나는 올리버가 나를 믿어주길 바라면서 '재미있는 이야기'를 꺼냈다. "처음 미국에 도착했을 때 영어가 서툴러서 사람들이 하는 말을 들으면서 표현을 익혔어요. 논문에서 일상적인 표현을 배울 수는 없잖아요? 몇 년 동안 저는 친구들에게 '빙빙 돌려서 하는shit around the bush' 말은 이해하기 힘들다는 이야기를 종종 했어요. 그러면 친구들은 고개를 저으며 당황스러운 표정을 짓곤 했죠."

올리버 역시 당황스러운 표정이었다. 나는 그에게 친구들 표정이 바로 그랬다고 말해줬다.

"그렇게 10년 내내 그 말을 하고 나서야 한 친구가 제게 이렇게 말해줬습니다. '루아나, 'beat around the bush'가 올바른 표현이잖아.' 전 몰랐어요! 크게 당황했죠. 브라질에서는 주유소에 있는 화장실이 대개 아주 더럽습니다. 그래서 자동차 여행을 할 때면 차라리 길가 덤불에서 볼일을 보거든요. 그러니까 저는 말 그대로 '덤불 속에서 볼일을 보는shitting around the bush' 사람들 속에서 자라난 거예요."

그렇다. 나는 브라질의 제리 사인필드Jerry Seinfeld(자신의 삶을 소재로 연기한 미국 코미디언-옮긴이)가 아니다(내가 기준으로 삼는 코미디 역시 옛날 프로그램이다!). 그래도 올리버는 웃었고 조금은 긴장이 풀린 듯했다. 임무 완료. 나는 올리버가 자신이 느끼는 분노를 어떻게 바라보는지 알아보기로 했다. 나는 그에게 직장에서 분노를 참지 못했거나 분노로 인해 문제가 생겼던 최근 사건을 들려달라고 했다.

그는 재무보고서를 작성하는 과정에서 중대한 실수를 저지른 한 직원의 이야기를 했다. 그는 보고서를 보자마자 분노가 일었고 "있는 그대로를 말해주기 위해" 그 직원의 자리로 곧장 달려갔다.

나는 그에게 제삼자가 있었다면 그 상황을 어떻게 봤을지 물었다.

그는 그런 생각은 한 번도 해본 적이 없는 것처럼 잠시 뜸을 들이고는 이렇게 말했다. "글쎄요. 아마도 저는 속사포처럼 쏟아부었을 테고 언성도 높았을 겁니다."

"아마도요?"

"네. 그랬을 겁니다. 저는 보고서에서 잘못된 부분을 구체적으로 지적했죠."

"네, 그리고요?"

"불같이 화를 냈겠죠?"

"그때 '있는 그대로를 말하면서' 어떤 느낌이 들었나요?"

"뭐 괜찮았어요. 좋다고는 할 수 없지만 잘못됐다는 느낌은 들지 않았어요. 어쨌든 책임자는 저니까요. 누군가는 용감하게 나서서 실수를 바로잡아야 해요. 그러지 않으면 모두 엉망이 될 겁니다. 어떤 직원과 이야기를 하든 한두 가지는 바로잡아 줄 수 있어요."

"그렇군요. 그렇게 실수를 바로잡아 줬군요. 그러고는 어떻게 됐죠? 그때 괜찮다는 느낌이 얼마나 오래 지속됐나요?"

"그게… 금방 사라졌어요. 직원을 너무 몰아세운 게 아닌가 하는 생각에 안 좋은 기분이 들었습니다. 직원은 실수를 저질렀고 저는 야단을 쳤습니다. 가엾은 그 직원은 울음을 터트리기 직전이었어요. 저는 악당이 되길 원치 않지만, 직원들이 업무를 소홀히 하면 화가 납니다. 직원들이 맡은 바를 잘 처리해야 저도 제 일을 할 수 있으니까요. 직원들을 일일이 챙기는 게 제 일은 아닙니다. 저도 종일 정신이 없습니다. 더 많은 일을 떠안고 싶진 않아요."

나는 그런 일이 얼마나 자주 있는지 물었다. 그 대답은 놀라웠다. "일주일에도 몇 번씩 있습니다." 그러고는 이렇게 덧붙였다. "어쩔 수 없어요. 누군가가 실수하면 제가 해결해야 하니까요. 아시죠? 그게 제 일입니다."

"그런데 직원에게 달려가서 사실 그대로를 말하지 않으면 어떻게 될까요?"

모든 인생은 불안하다

"아무 말도 하지 않는다고요? 그럴 수는 없습니다. 그러면 미쳐버릴 겁니다. 당장 문제를 해결하기 위해 뭔가를 해야 합니다!"

나는 올리버의 심정을 이해했다. 직원들의 실수를 발견할 때마다 그의 두뇌는 '위험'을 인지했고, 잘못된 경고가 울리면서 불편한 감정이 일었다. 그의 불안 지수는 순식간에 0에서 100만으로 치솟았다. 그래서 그는 마음을 진정시키기 위해 뭔가를 해야 했다. 그가 선택한 것은 고함을 지르고, 자신의 주장을 강력하게 제기하고, 사실을 있는 그대로 말하는 것이었다. 그러면 분노가 잠시 가라앉았다. 하지만 그 대가는 무엇이었을까? 올리버는 인사팀에서 여러 번 경고를 받았다. 그건 그의 경력이 위험에 처했다는 신호였다.

올리버의 행동은 많은 이들이 극심한 혼란과 짜증을 회피하기 위해 선택한 행동과 다르지 않다. 업무 환경을 조사한 연구 결과에 따르면, 분노를 유발하는 상황을 경험한 근로자 중 거의 절반이 실제로 분노를 표출했다.[13] 특히 의사나 군인처럼 업무적인 스트레스 강도가 높은 이들은 대단히 반사적인 방식으로 분노를 표출하는 경향이 강하다. 많은 의료 종사자가 코로나 기간에 높은 불안과 분노를 느꼈다고 보고했다.[14] 게다가 우리는 높은 스트레스 상황에서 분노를 파괴적인 방식으로 표출한다.[15] 이런 반사적인 행동은 위협(또는 되도록 빨리 해소하고자 하는 강력한 감정을 유발하는 모든 대상)에 대한 본능적인 반응이라는 사실을 기억하자. 하지만 이런 반사적인 행동이 항상 문제를 유발하는 것은 아니다.

내 말을 오해하지는 말자. 가끔 증기를 내뿜는 것은 괜찮다. 예를 들어 기분이 좋지 않은 날 친구에게 전화를 걸어 하소연을 하거나 격렬한 운동으로 과도한 에너지를 분출하는 것은 좋은 방법이다. 하지만 가정과 직장에서 관계를 망가뜨리는 방식으로 대응해서는 곤란하다.

반사적 회피가 남긴 잔해들

앞서 여러 번 얘기했듯이 대응은 잠시 기분을 좋게 해주지만 장기적으로 엄청난 대가를 치르게 하는 회피에 불과하다. 알다시피 사람들은 참으로 흥미롭고 다양한 방식으로 자신을 망친다. 여기서는 내가 확인한 반사적 회피에 관한 '모든' 사례를 들려주는 대신, 내 고객들이 반사적으로 회피하는 몇 가지 방법을 더 소개하고자 한다('대응' 참조). 최종적인 점검 목록은 아니지만 반사적 회피를 이해하는 데 참고가 될 것이다. 회피는 우리의 행동에 관한 문제가 아니라 그렇게 행동하는 이유에 관한 문제다. 그러므로 누군가에게 반사적 회피에 해당하는 행동이 다른 누군가에게는 아닐 수도 있다.

대응

불편한 감정에 대한 공통적인 반응은 반사적 회피다. 우리는 반사적 회피를 통해 두뇌가 잠재적 위협으로 인식하는 모든 대상을 제거하려 한다.

모든 인생은 불안하다

우리가 대응하는 방식을 살펴보자.

- 언성을 높이고 고함을 지른다.

- 상대를 밀치거나, 붙잡거나, 위협적으로 다가선다.

- 말을 끊고 반박한다.

- 문제 상황에 공격적으로 맞선다.

- 화난 표정으로 노려본다.

- 대화로 시작해서 말싸움으로 넘어간다.

- 이메일을 받자마자 답장을 보낸다.

- 과로를 하거나 무리한 계획을 세운다.

- 작업을 서둘러 끝낸다.

- 논의를 위해 또 다른 회의를 잡는다.

- 무리하게 일정을 잡는다.

- 아무런 검토 없이 결과물을 제출한다.

- 온갖 사소한 일에 착수한다(생산적 미루기).

- 소셜미디어 친구를 차단한다.

- 다른 방법을 고려하지 않고 곧장 조직의 상부를 찾아간다.

모든 대응이 회피가 아니라는 점에 유의하자. 분명하게 말하고, 공격으로부터 자신을 지키고, 치열한 논쟁에서 자신의 생각을 (정중하게) 전달하는 행동은 충분히 정당화할 수 있는 반응이다. 정당한 충돌에 대해 자신을 변호할 수 있는 '근거'가 있다는 점에서 이런 행동은 인식된 위험이 아닌 실질적 위험에 대한 반응이다.

　이 장에서 소개한 모든 사례에서 반사적 회피는 생산성, 비교, 대결의 형태를 보인다. 각각의 행동이 서로 다르지만, 거기에는 공통적인 기능이 숨어 있다. 특정 행동을 통해 강력한 감정을 누그러뜨림으로써 기분을 일시적으로 나아지게 한다는 것이다. 당신도 나처럼 이런 반사적 회피에 종종 빠진다면, 폭풍이 휩쓸고 간 자리에 잔해가 가득하다는 사실을 잘 이해할 것이다. 그 잔해를 바라보는 심정은 그야말로 끔찍하다. 이제 그 해결책을 찾기에 앞서 반사적 회피 뒤에 숨겨진 이유를 살펴보자.

7장
불안을 감추는 방어기제, 분노

슈퍼히어로! 초능력을 가진 영웅은 무엇이든 할 수 있다. 예를 들면 우리 집 다섯 살짜리 아들을 의학적으로 안전하지 않은 시간대에 TV 앞에 잡아둘 수도 있다. 디에고는 모든 슈퍼히어로를 너무나 사랑한다. 그래서 잠자리에 들기 전에 나는 새로운 슈퍼히어로 이야기를 아이에게 들려줘야 한다. 그럴 때면 마블의 무급 인턴이 된 느낌이 든다. 그런 내 아들의 관심을 독차지한 슈퍼히어로가 있다면, 바로 스파이더맨이다. 디에고는 빌딩을 기어오르고 손목에서 거미줄을 발사하는 스파이더맨의 능력에 열광한다. 스파이더맨을 시청할 수 있는 30분이 지나도 아이는 좀처럼 TV 앞을 떠나지 않는다. 우리가 TV 시간이 끝났다는 사실을 알리고 나서야 디에고는 다음 할 일로 넘어간다. 즉, 화장실에 가서 볼일을 보고, 손을 씻고, 저녁을 먹는다. 그런데 아이의 컨디션이 좋지 않을 때면 나와 데이비드는 경계 모드에 들어간다. TV를 끄려는 우리의 시도가 종종 실패로 돌아가기 때문이다. 어제도 디에고는 스파이더맨 시청 시간이 끝나자 바닥에 드러누워 키 작고 부유한 독재자처럼 더 보여달라고 떼를 썼다. 디에고는 TV가 꺼지면 자신의 세상도 끝나고, 이를 막기 위해서는 최대한 크게 악을 쓰는 수밖에 없다고 확신하는 듯했다. 마치 이렇게 말하는 것 같았다. "대체 무슨 말인지 모르겠냐고요?! '지금 당장' 스파이더맨을 보지 못하면 저는 끝이에요! 끝장이라고요!"

이런 억지를 받아들일 부모는 없다. 나도 마찬가지다. 우리는 아이와 차분히 대화를 나눠보려고 했다. 그러나 쉽지 않았다. 아이들은 감정을 잘 제어하지 못한다. 인간의 두뇌는 서른이 가까워서야 비로소 완전히 성숙하기 때문이다.[1] 물론 생존에 필수적인 두뇌 영역이 먼저 발달하기 때문에 디에고와 같은 아이도 위험에 대처할 수 있다. 그러나 호랑이를 맞닥뜨린 상황과 달리 TV를 끄는 것과 같은 미묘한 위험에는 적절하게 대처하지 못한다.[2] 이런 생존 두뇌 안에서 중요한 기능을 담당하는 한 가지 조직은 우리의 오랜 친구이자 두뇌의 감정 중추인 편도체다. 앞서 살펴봤듯이 편도체는 우리가 위협을 인식하고 반응하는 과정에서 중요한 역할을 한다. 복잡한 계산이나 은유적인 사고를 수행하는 기술보다 위협을 인식하고 반응하는 기술이 훨씬 더 중요하기 때문에 두뇌의 사고 영역(전전두엽 피질)은 훨씬 더 늦게 발달한다. 디에고가 카펫에 드러누워 무관심한 세상을 향해 악을 쓸 때 아이의 두뇌는 감정 모드 상태이며, 그럴 때는 어떤 논리도 통하지 않

모든 인생은 불안하다

는다(적어도 극심한 발작으로 완전히 지치기 전까지는 말이다).

사고하는 두뇌가 완전히 발달해서 두뇌의 감정적인 영역과 연결되기 전까지, 우리는 강력한 감정을 쉽게 제어하지 못한다. 그래서 많은 청소년과 어린 성인들이 성급하게 결정을 내리고 충동적으로 행동한다. 아직 그들의 내부 브레이크 시스템은 완성되지 않았다. 그 시절에는 몇 년이라는 시간도 큰 의미가 있다. 18~21세는 22~25세에 비해 감정이 고조된 상태에서 인지적 과제를 수행하는 데 더 많은 어려움을 겪는다.[3] 감정이 운전석에 앉아 있는 것만으로도 충분히 나쁘다. 게다가 우뇌가 아직 온전히 성숙하지 않았다는 사실까지 고려한다면, 그건 브레이크가 고장 난 것과 같다! 두뇌가 발달하는 데 가장 필요한 요소는 다름 아닌 시간이다. 그러므로 두뇌의 브레이크 시스템이 완성되기까지는 감정을 제어하는 법을 배워야 한다.

정서조절 기술을 제대로 배우지 못한다면

우리는 다양한 시점에 감정을 제어하는 경험을 한다. 물론 그 과정은 저마다 다를 것이다. 감정이 주도권을 잡을 때 차분하고 논리적으로 생각하기란 불가능에 가깝다. 여기서 우리가 다시 주도권을 쥐고 감정적인 상태에서 이성적인 상태로 돌아오는 것을 과학자와 의사들은 '정서조절'이라고 부른다.[4]

우리는 어린 시절은 물론 삶의 모든 단계에서 정서조절 기술을 배울 수 있다. 어릴 적 우리 두뇌는 빠른 속도로 성장하고, 그 과정에서 우리는 감정에 반응하는 법을 배운다. 보호자가 자녀를 대하거나 자신의 감정을 제어하는 방식은 물론, 주변 사람들의 전반적인 심리 상태는 개인이 정서조절 기술을 배우는 과정에서 중요한 역할을 한다.[5] 유토피아 세상 속 사람들은 '완벽한 부모'와 함께 '완벽한 가정'을 이루며 살아간다. 여기서 부모는 자녀에게 감정을 확인하는 법과 더불어 감정 기복에 지혜롭고 차분하게 대처하는 법을 가르친다. 이런 유토피아 세상에서 사람들은 강력한 감정은 자연스러운 것이며 행복과 슬픔, 그리고 그 사이에 존재하는 모든 미묘한 감정과 더불어 복잡하고 광범위한 감정 스펙트럼이 존재한다는 사실을 이해한다. 또한 강력한 감정을 포함하여 감정 자체가 꼭 나쁜 것은 아니라는 사실을 깨닫는다! 이런 배움의 과정을 통해서 사람들은 강력한 감정으로부터 도망칠 수 없으며, 다만 그 감정에 익숙해지면서 감정이 삶의 운전석이 아니라 조수석에 앉아 있게 하는 것이 최고의 방법이라는 사실을 이해하게 된다.

하지만 유토피아가 아닌 현실 세상의 부모는 노력하는 인간이다. 그들은 삶의 특정 단계에서 특정 기술을 갖고 있거나 갖고 있지 않다. 다시 말해 부모가 강력한 감정을 '완벽하게' 다루는 기술을 가르치는 가정은 존재하지 않는다(게다가 소리를 지르거나 귀여운 짜증을 부리는 아이가 없는 세상은 얼마나 삭막하겠는가). 하지만 정서조절 기술을 배우지 못할 때, 우리는 정서조절의 사악한 쌍둥이인 '정서조절장애emotion dysregulation'를 마주하게 된다. 정서조절장애는 감정이 고조된 상황에 제대로 대처하지 못할 때 모습을 드러낸다.

정서조절장애는 무모한 위험 감수, 관계 문제, 부정적인 신체적 상태와 밀접한 관련이 있다.[6] 세계적으로 중증 심근경색(즉, 심장마비)으로 어려움을 겪는 1만 2,461명의 환자를 대상으로 대규모 연구를 수행한 과학자들은 14퍼센트의 환자가 증상이 나타나기 한 시간 전에 화가 나거나 기분이 나빠지는 현상을 보고한다는 사실을 확인했다.[7] 그 연구팀은 후속 연구를 통해 화가 나거나 기분이 안 좋아지는 현상이 심장마비의 위험 증가와 상관관계가 있다고 결론 내렸다. 또한 지속적인 연구를 통해 분노가 심장마비의 위험 증가와 관련이 있다는 사실을 보여줬다.[8] 다시 말해 내적 압력솥이 강력한 감정으로 폭발할 때, 우리는 심리적인 대가만이 아니라 신체적인 대가도 치르게 된다!

어떤 이들은 정서조절 기술을 배우는 과정에서 또 다른 장벽에 직면한다. 어릴 적 학대는 '이중고'의 한 가지 사례다. 학대를 당한 아동은 강력한 감정을 자극하는 많은 스트레스 요인에 직면한다. 게다가 이런 감정에 적절하게 대응하는 방법을 보여줄 모범도 없다. 35건의 연구를 검토한 한 최근 논문은 학대를 경험한 아이는 정서조절 능력이 떨어지며, 이후의 삶에서도 스트레스 요인에 직면했을 때 회피에 더 많이 의존한다고 밝혔다.[9] 학대 및 정서조절과 관련된 두뇌 조직을 살펴본 과학자들은 어릴 적 학대받은 청소년들이 그렇지 않은 청소년에 비해 정서조절 과정에서 전전두엽 피질을 더 폭넓게 사용한다는 사실을 발견했다.[10] 이 말은 학대 경험이 있는 청소년은 감정을 조절하기 위해서 두뇌의 사고 영역을 더 적극적으로 활용해야 한다는 뜻이다. 그 의미를 이해하기 위해 10킬로미터 달리기를 한다고 해보자. 마라톤 선수는 지각하지 않으려고 버스를 향해 달리는 사람보다 더 쉽게(그리고 힘을 덜 들이고) 완주할 것이다.

정서조절 기술을 배우는 과정을 가로막는 또 하나의 일반적인 장벽으로 과학자들이 말하는 부정적 아동기 경험adverse childhood experience, ACE이 있다. ACE는 출생부터 17세에 이르기까지 겪는 경험으로, 잠재적으로 심리적 충격을 줄 수 있는 가정 폭력이나 신체 및 정서 학대, 약물을 남용하거나 정신 질환으로 어려움을 겪는 사람과 함께 살아가는 것 등의 사건을 말한다.[11] 미국 질병통제예방센터Centers for Disease Control and Prevention에 따르면, 성인의 약 61퍼센트가 적어도 한 번 ACE를 경험했으며, 성인의 16퍼센트는 네 차례 이상 ACE를 경험했다.[12] ACE는 만성 질환 및 정신 질환, 청소년기 및 성인기의 약물 사용과 밀접한 관련이 있다.[13] 여러 연구 결과에 따르면 ACE를 네 차례 이상 경험한 사람은 금지 약물을 복용할 가능성이 10배 더 높고,[14] 우울증을 겪을 위험이 4배 더 높으며, 자살을 시도할 위험이 30배나 더 높다.[15]

앞서 두뇌의 유연한 속성에 대해 살펴봤으니, 최근 과학 논문들에 대한 검토 작업 결과 ACE가 두뇌 발달에도 영향을 미친다는 점이 드러났다는 사실에 크게 놀라지 않을 것이다.[16] 이들 자료는 ACE가 편도체의 과잉 활동hyperactivity 및 비대hypertrophy('확장'을 의미하는 전문 용어)와 관련 있다는 사실을 입증하는 다양한 연구 결과를 요약해서 보여준다. ACE를 경험한 사람이 지속적인 위협에 직면하지 않은 사람보

모든 인생은 불안하다

다 투쟁-도주-경직 모드에 더 오래 머물렀을 것으로(편도체가 더 오랫동안 운전석에 앉아 있었을 것으로) 예상할 수 있다는 점에서 이런 결론은 쉽게 수긍이 간다. 편도체는 더 오랫동안 주도권을 잡을수록 더 강력해지고 더 커진다. 편도체가 몸집을 불리는 동안 전전두엽 피질은 소외된다. 이들 자료가 소개하는 신경과학적 발견은 ACE를 경험한 사람의 전전두엽 피질이 ACE를 경험하지 않은 사람보다 덜 발달했다는 사실을 보여준다. 나는 그것이 진정으로 과학적인 결론이라고 확신한다. 그러나 그보다 더 중요한 것은 ACE를 경험한 사람의 두뇌는 더 강력하게 반응하도록 발달했으며, 이로 인해 강력한 감정을 제어하기가 한층 더 힘들다는 사실이다.

감정을 회피하기 위한 폭발

학대와 ACE는 아동기 경험이 정서조절에 영향을 미치는 극단적인 사례다. 그러나 일부는 뚜렷하게 드러나지 않는 여러 가지 이유로 정서조절 기술을 배우지 못한다. 이와 관련해서 종종 이성의 끈을 놓아버리는 성미 급한 올리버의 성향을 들여다보자.

올리버는 군인 가정에서 자라났으며 자신도 군인으로 복무한 적이 있다고 한다. 자신이 받은 훈육과 교육은 곧 다양한 상황에서 올바른 행동 방식, 그리고 옷을 입거나 연장자에게 말할 때 '올바른 점과 잘못된 점'이 항상 있다는 사실을 자신에게 주입하는 과정이었다고 설명했다. 그래서 그는 항상 정해진 방식으로 행동해야 했고, 이를 어길 때 문제가 생긴다는 사실을 말해주는 엄격한 규범이 있었다. 물론 이런 모습은 군사적 임무와 관련해서 지극히 바람직한 태도다. 그러나 현실을 살아가는 민간인에게는 감정적 유연성을 발휘할 여지를 거의 허락하지 않는다. 올리버는 직장 생활에서 모든 것을 질서 정연하게 분류하길 원했고, 그러지 못할 때 불같이 화를 냈다.

물론 올리버와 같은 환경에서 자라난 사람들 모두가 그런 태도로 행동하는 것은 아니라는 사실에 유의할 필요가 있다. 하지만 연구 결과에 따르면, 복무 경험이 있는 사람 열 명 중 세 명이 공격적인 성향과 관련이 있다.[17] 어쩌면 당연하게도, 감정을 폭발하는 성향은 복무 경험이 있는 이들에게만 국한되어 나타나지는 않는다. 스트레스가 심한 상황에 노출된 많은 이들 역시 이런 성향을 드러낸다. 이런 집단에는 경찰, 의사, 소방관, 그리고 좀 놀랍게도 교육자와 요리사도 포함된다. 실수가 허용되지 않기 때문에 업무적으로 스트레스가 대단히 높은 환경에서 일하는 사람들은 올리버와 마찬가지로 감정 폭발을 통해 회피할 가능성이 크다.[18] 예를 들어 호주에서 이뤄진 한 연구는 요리사들이 일반적으로 공격성이 높다는 사실을 확인했다[19](다음에 레스토랑에서 요리에 대해 불만을 제기하려거든 이 점을 떠올리자).

업무 외적인 사건이나 어린 시절에 경험한 스트레스 또한 분노와 공격성, 충동성을 높인다.[20] 스트레스의 원인이 무엇인지와는 상관없이, 감정이 운전석을 차지하고 편도체가 지휘봉을 잡으면서 사고하는 두뇌가 모습을 감출 때 감정 폭발이 일어난다. 앞서 공포와 불안에 대

모든 인생은 불안하다

해 살펴본 것처럼 공격성 또한 전전두엽 피질이 편도체의 반응을 제어하지 못할 때 모습을 드러낸다.[21]

편도체가 객관적인 위협에 직면할 때만 활성화되는 것은 아니라는 사실에 주목하자. 편도체는 다분히 주관적이며, 그래서 두뇌가 위험이라고 인식하는 한 투쟁-도주-경직 반응이 언제든 나타날 수 있다. 즉, 평범한 일상에서도 내면의 화재경보기는 얼마든지 작동할 수 있다.

이런 사실을 염두에 두고, 올리버와 그의 감정 폭발에 관한 이야기로 돌아가 보자. 우리가 함께 발견한 중요한 사실은 감정이 운전석에 앉을 때 어떻게 감정을 제어해야 하는지 그가 전혀 알지 못한다는 것이었다.

올리버의 부모님은 의도치 않게도 강력한 감정은 나쁜 것이니 최대한 억눌러야 한다고 가르쳤다. 올리버가 집에서 강력한 감정을 확인한 유일한 경험은 아버지가 폭발했을 때였다(지금 그의 모습처럼). 그래서 올리버는 분노나 실망감, 좌절감을 드러내는 유일한 방식은 분노를 표출하는 것이라고 배웠다. 올리버는 감정을 제어하는 능력이 부족했고, 그의 도구함 속에는 분노 이외의 감정을 표출하기 위한 도구가 없었다. 그는 아주 평온한 상태에서 데프콘DEFCON(방위 준비 태세) 1단계로 곧장 넘어갔다! 그것도 순식간에! 올리버는 뭔가에 실망할 때마다 강력한 감정을 느꼈고, 그러면 심장 박동이 빨라졌다. 그러나 이런 순간에 그 감정을 어떻게 표현해야 하는지 알지 못했다. 마치 아직 문장을 제대로 구사하지 못하는 아이처럼 견디기 힘든 불편한 감정을 표현하지 못한 것이다. 올리버는 다양한 방법으로 감정을 표현할 수 있다는 사실을 알지 못했고, 그래서 오로지 반사적으로 행동하고 언성을 높이는 방식으로 고조된 감정을 해소하고자 했다.

스트레스가 꼭 분노로 이어지는 것은 아니다

모두가 강력한 감정이나 스트레스 상황을 회피하기 위해 분노를 터뜨리지는 않는다. 어떤 이는 불편한 감정을 알리는 경고등이 빨간색이 아니라 주황색 단계에 이르렀을 때 부드럽게 대처한다. 연구 결과에 따르면, 흥미롭게도 우리는 위협이 가까이에 있고 개인적으로 감지했을 때(예를 들어 부주의한 운전자가 횡단보도를 건너는 자신이나 가족을 칠 뻔할 때) 그리고 그런 위협의 기억을 떠올릴 때 더 즉각적으로 대응한다.[22] 그래서 가족과 함께 길을 건널 때 우리 내면의 경고등에는 빨간불이 들어와 있다. 비록 반사적인 행동을 자주 보이지 않는다고 해도, 살다 보면 어쩔 수 없이 '엄마 곰momma bear'(자녀를 지나치게 보호하는 부모-옮긴이)이 될 때가 있다. 자신이 사랑하는 사람이 위험에 처할 때, 우리는 반사적으로 대응한다.

반사적 회피에는 겉으로 보이는 것 이상이 있다. 맞서 싸우려는 우리의 욕망에는 다양한 요인이 영향을 미친다. 그중에서 특히 두 가지 요인은 여기서 살펴볼 필요가 있다. 다름 아닌 소속과 애착에 대한 욕구다.

모든 인생은 불안하다

소속에 대한 욕구

우리 모두에게는 집단이나 '부족'에 소속되고자 하는 진화적인 욕망이 있다.[23] 그래서 직장이나 학교, 팀 또는 소셜미디어에서 소속감을 느끼려 한다. 그런데 일부는 이런 욕망이 다른 사람보다 훨씬 더 강하다. 소속감은 우리에게 안전[24]과 의미[25]에 대한 인식, 그리고 자신을 제어하는 역량까지 가져다준다.[26] 집단에서 쫓겨나면 우리의 행복은 실질적인 위험에 처한다. 실제로 집단에서 따돌림을 당하는 이들은 허술한 시간 관리, 이직, 심박수 증가, 스트레스성 폭식 등 다양한 자기통제 문제로 어려움을 겪는다.[27] 소속감을 잃어버리면 우리는 투쟁-도주-경직 모드로 들어간다. 이런 사실은 왜 오늘날 많은 이들이 집단 내에서 좋은 관계를 유지하기 위해 자신을 기꺼이 구속하려 드는지 잘 설명해준다.

소속되려는 욕구는 투쟁-도주-경직 반응만큼 생물학적으로 강력한 본능이다. 그래서 그런 욕구가 충족되지 않으면 뭔가를 해야만 한다고 느낀다. 그리고 그 뭔가는 때로 반사적 회피가 된다. 고백하자면, 나는 이 분야의 여왕이다. 지금의 나는 스스로 충분하지 않다는 어릴 적 두려움 때문에 소속되지 못한다는 느낌에 내가 특히 취약하다는 사실을 이해한다.

소속감이 위축되거나 사라질 때, 나는 위협을 느끼고 즉각 대응한다. 그러면 기분이 금방 좋아진다! 물론 그 상태는 오래가지 않는다. 예를 들어 10년 전 나의 첫 번째 목표는 전설적인(내 생각에) 매사추세츠 종합병원의 연구소 소장이 되는 것이었다. 학자(다시 말해, 괴팍한 인간)가 아닌 일반인의 관점에서 보자면, 연구소 소장이 된다는 것은 '록스타 또는 최정상에 오른 인물'이 된다는 뜻이다. 그래서 연구소 부소장 자리가 났을 때 나는 흥분했다. 당시 나는 팀에서 직급이 가장 높았고, 그래서 당연히 내가 부소장이 될 것으로 기대했다. 하지만 새로운 소장과 면담할 때 그녀는 "의학 박사MD 학위가 있는 사람만" 후보가 될 수 있다고 말했다. 나는 충격을 받았다. 내겐 박사 학위가 있었지만 후보에 낄 수조차 없었다! 그 순간 내 꿈이 멀리 사라져버렸다는 느낌과 함께 내가 그곳에(병원에, 직장에, 그리고 팀에) 소속되어 있지 않다는 느낌이 들었다. 생각이 마구 소용돌이치기 시작했다. 의학 박사 학위가 없으면 연구소 소장이 될 수 없다! 그렇다면 나는 연구소의 구성원이 아니고 앞으로도 그럴 것이다!

당시 그 상황에 대처할 수 있는 여러 가지 방법이 있었지만(여러 상사와 문제를 함께 논의해보는 것처럼) 나는 회피를 선택했다. 그리고 반사적으로 대응했다. 즉, 새로운 소장과 짧은 면담을 마친 후 내 사무실로 돌아와 직장을 그만두고 다른 일자리를 알아보기로 했다. 내가 리더로서 매사추세츠 종합병원에 소속될 수 없다면, 다른 곳으로 옮기는 게 나았다. 그것도 최대한 빨리. 물론 대단히 성급한 결정이었지만, 그때 나는 그것이 회피라고는 생각하지 못했다. 오히려 한발 앞서 준비하는 것이라고 믿었다! 내겐 대단히 합리적인 선택으로 보였다.

나는 곧바로 심리학 분야에서 구인 공고를 검색하고 자기소개서를 작성했다. 신뢰하는 몇몇 동료에게는 추천서까지 요청했다. 그렇게

모든 인생은 불안하다

하다 보니 기분이 조금 나아졌다(회피는 강력하다!). 그런데 미국 전역에 올라온 수많은 구인 공고에 지원하기 위해 일주일 동안 부지런히 준비하고 난 뒤, 내 기분은 다시 나빠졌다.

그런 상황에서 나를 끄집어낸 사람은 데이비드였다. 그는 왜 내가 상사에게 그렇게 화가 나 있는지 물었다. 그제야 나는 학위 조건 때문에 조직에 소속되지 못했다는 느낌을 받았고, 그런 상황을 위협으로 인식했다는 사실을 이해하게 됐다. 데이비드는 내가 정말로 다른 지역으로 이사할 생각인지, 아니면 문제를 해결할 다른 방법은 없는지 물었다. 남편과 이성적으로 이야기를 나누는 동안(반가워, 내 전전두엽 피질!) 나는 내가 다시 한번 회피 모드에 빠져버렸다는 사실을 깨달았다. '의학 박사만' 가능하다는 소장의 말에 별생각도 없는 일자리에 지원할 준비를 함으로써 반사적으로 대응한 것이다. 분주하게 이직 준비를 하면서 기분은 조금 나아졌지만, 안도감은 순간이었다. 그리고 거기에는 대가가 따랐다. 압력솥이 폭발하면서 온갖 잔해가 널브러지듯이, 나는 (당황해하는!) 동료들을 찾아가 사실은 매사추세츠 종합병원을 떠날 생각은 아니었노라고 해명해야 했다.

이제 잘 알고 있듯이 회피에 맞서기는 힘들다. 그건 나와 같은 '고상한 학자'(커다란 붉은색 안경을 쓰면 정말로 그렇게 보인다!)에게도 마찬가지다. 그래도 나를 믿어주길 바란다. 나는 이 문제를 해결했다. 그래서 다음 장에서는 당신이 이런 상황을 헤쳐나가도록 도움을 주고자 한다. 그러나 그 전에 우리가 반사적 회피에 빠져들게 되는 또 다른 원인을 살펴보자. 바로 애착 불안attachment anxiety인데, 이를 위해 내 고객인 필로메나의 이야기를 좀 더 들어보자.

애착 불안: 안 돼, 떠나지 마!

필로메나가 반사적 회피를 보였던 이유는 좀 다르다. 분노를 느끼거나 소속감이 충족되지 못해서가 아니었다. 필로메나는 자신이 가장 두려워하던 것, 즉 파양의 위협에 반사적으로 대응했다. 앞서 설명했듯이 필로메나는 어릴 적 입양됐고, 많은 입양아처럼 관계 불안을 겪었다.[28] 필로메나가 테드와의 관계에서 안전함을 느낀 것은 그와 물리적으로 가깝게 있을 때뿐이었다. 떨어져 있을 때는 불안을 느꼈고 안전하지 않다는 느낌을 받았다. 그래서 테드와 가까이 있다는 느낌을 잠시나마 얻기 위해 계속해서 문자 메시지를 보냈다.

당신이나 사랑하는 사람이 이런 어려움에 빠진 적이 있는가? 물리적으로 가깝게 있어야만 안전함을 느꼈던 적이 있는가? 그럴 때 필로메나처럼 끊임없이 문자 메시지를 보내지는 않았겠지만, 안전함을 느끼기 위해 다음과 같이 물어보긴 했을 것이다.

날 사랑하니?
괜찮은 거니?
나한테 화가 난 거야?

모든 인생은 불안하다

필로메나도 이런 질문을 던졌다. 그녀는 불편한 감정이 계속되는 상황을 견디지 못했고 테드와의 관계에 문제가 없다는 확신을 얻고자 했다. 확신을 위해 계속해서 이런 질문을 던지는 패턴을 심리학자들은 '재확인 추구reassurance seeking'라는 용어로 설명한다. 재확인 추구는 부드러운 형태로 감정을 회피하는 방식이다. 아주 미묘하게 모습을 드러내기 때문에 그 존재를 파악하기 쉽지 않다.[29] 필로메나는 테드에게 자신을 사랑하는지 계속해서 물었고, 테드가 사랑한다고 말해줄 때마다 기분이 조금 나아지는 것을 느꼈다.

그러나 재확인이 주는 달콤한 안도감이 동기를 부여하는 유일한 요소는 아니다. 필로메나의 행동은 다른 사람들과 관계를 형성하는 (또는 '애착을 느끼는') 방식에서도 영향을 받았다.[30] 최근 '애착 스타일 attachment style'이라는 용어가 널리 유행하고 있다. 아마도 네 가지 애착 스타일에 대해 들어본 사람이 있을 것이다. 네 가지란 '불안한anxious, 회피적인avoidant, 비체계적인disorganized, 안전한secure'을 말한다. 끊임없이 대답을 얻고자 했던 필로메나의 집착을 애착 이론 관점에서는 '저항 행동protest behavior'으로 설명할 수 있다. 저항 행동이란 상대와 관계를 강화하거나 관심을 끌기 위해 하는 모든 행동을 뜻한다.[31] 나는 저항 행동을 반사적 회피라고 생각한다. 필로메나와 비슷한 상황에 처한 고객들은 애착에 대한 욕구를 대단히 절박한 것으로 설명하기 때문이다. 말하자면 저항 행동은 심리적인 차원에서 '삐걱대는 바퀴에 기름을 칠하는' 행동이다. 삐걱대던 바퀴가 다시 부드럽게 돌아가기 시작하면 순간적으로 정서적 안정감이 든다. 고객들은 이런 저항 행동으로 잠시 불안감을 덜지만, 필로메나의 사례에서 확인했듯이 그런 행동은 연애 관계에서 심각한 갈등을 유발한다.

물론 우리의 친구 필로메나는 혼자가 아니다. 132건의 논문을 검토한 연구 결과에 따르면, 필로메나처럼 불안정한 애착 스타일을 가진 이들이 관계에서 느끼는 만족감은 비교적 낮다.[32] 당신도 관계에서 이런 충동을 경험한 적이 있는가? 상대와의 관계를 자주 확인하고 또 확인하려는 급박한 충동을 느낀 적이 있는가? 필로메나처럼 문자를 끊임없이 보내지 않았을 수도 있다. 그 대신 상대를 감시하거나, 의식적으로 무시했을 수도 있다. 또는 상대나 친구의 질투심을 유발하려고 했을 수도 있다.

나는 임상 전문가로서 필로메나의 고통이 어디서 비롯됐는지 이해한다. 동시에 인간으로서 필로메나의 상황에 깊이 공감한다. 나 역시 어릴 적 그런 불안을 느꼈기 때문이다. 나는 열두 살 무렵에 어머니에게 학교에 가지 않겠다고 했다. 학교를 마치고 돌아오면 어머니가 집에 없었기 때문이다. 그러나 이런 상황에서 벗어나기 위해 새로운 길을 발견해야 할 책임은 이제 성인이 된 우리에게 있다. 물론 자신만 그런 고통을 겪는다는 억울한 생각이 들 수도 있을 것이다. 그러나 그런 경험을 더 이상 도움이 되지 않는 과거의 습관을 끊어버리고 건강한 생활 방식을 창조하고 더 용감하게 살아갈 기회로 바라보려는 시도가 필요하다. 구체적인 방법은 다음 장에서 살펴보자.

평생 동안 배우는 정서조절 기술

모두에게 좋은 소식이 있다. 정서조절 기술은 평생에 걸쳐 계속 강화해나갈 수 있다는 것이다. 앞서 우리는 두뇌가 끊임없이 변화한다는 사실을 확인했다.[33] 또한 언제든 정서조절 기술을 배울 수 있다는 사실도 살펴봤다. 과학자들은 정서조절 기술을 배우는 과정에서 젊은 성인과 나이 많은 성인 사이에 아무런 차이가 없다는 점을 밝혀냈다.[34] 다시 말해 나이 많은 개에게도 얼마든지 새로운 기술을 가르칠 수 있다. ACE를 경험했거나 회피 모드로 평생을 살아온 사람들 역시 마찬가지다. 물론 출발점은 저마다 다르고, 일부는 좀 더 유리한 상황에 있다. 그래도 우리는 감정을 효과적으로 제어하는 방법을 배울 수 있다. 이는 몸매를 유지하는 것과 비슷하다. 50세에 멋진 몸매를 유지하기 위해서는 20세 때보다 더 많은 노력이 필요하다. 그러나 올바른 운동 지식과 열정만 있다면 쿼드질라Quadzilla(미국의 프로 보디빌더인 폴 디마요Paul DeMayo의 별명-옮긴이)가 되기에 너무 늦은 나이란 없다. 실제로 나는 연구를 통해 아주 힘든 상황에서도 정서조절 기술을 익힐 수 있다는 사실을 확인했다.

내가 속한 매사추세츠 종합병원 연구팀인 프라이드PRIDE는 2014~2019년에 로카Roca라고 하는 지역 단체와 협약을 맺었다. 로카는 재범과 실직의 위험이 높고 그 밖의 프로그램에 참여할 능력이나 의지가 없는 젊은 남성들을 지원하기 위해 교도소 대체 프로그램으로 설립됐다. 로카는 자신들이 주목하는 대상을 잘 이해했고, 위험이 높은 젊은 남성들에게 정서조절 기술이 꼭 필요하다는 사실도 잘 알고 있었다. 그러나 과학에 기반을 둔, 현실적으로 가능한 교육 프로그램을 마련하지 못했다. 그래서 프라이드와 협력 관계를 맺고 젊은 전문가 인력을 바탕으로 정서조절 기술 교육 프로그램을 공동으로 개발하고자 했다.[35]

우리는 5년간의 협력을 통해 로카가 주목하는, 기본적으로 사법 시스템과 관련 있는 젊은 남성들에게 적합한 교육 프로그램을 개발하고 개선해나갔다.[36] 그리고 그 과정에서 인기가 높고, 실행 가능하고, 효과적인 최종 결과물을 만들어냈다. 2014~2017년 로카의 프로그램에 참여한 980명의 젊은 남성을 대상으로 분석한 결과, 정서조절 기술을 배웠거나 한 번 이상 실천한 경험이 있는 젊은 남성은 이런 기술을 경험하지 못한 젊은 남성에 비해 지원 프로그램을 중단할 위험이 66퍼센트나 더 낮고 고용 안정성은 65퍼센트나 더 높다는 사실이 밝혀졌다.[37] 실제로 로카에 참여한 젊은 남성들은 프로그램을 수행하는 동안에 거리를 방황하거나 교도소로 돌아가지 않았다. 우리는 당연히 그 결과에 흥분했다. 그리고 젊은 남성들이 들려준 변화 과정에 관한 이야기로부터 큰 힘을 얻었다. 한 청년의 얘기를 소개한다.

[그 기술] 덕분에 분노를 어떻게 표현해야 하는지 분명히 배웠습니다. … [그리고] 제 반응에 주목하게 됐습니다. 전 항상 지나치게 충동적인 방식으로 행동했습니다. 그래서 언제나… 말하자면 브레이크를 밟아야 했습니다. 제 생각과 행동… 그리고 감정마저도 붙잡아놓아야 했습니다.

모든 인생은 불안하다

그 청년 외에 다른 이들로부터도 비슷한 이야기를 들었다. 로카에서 일했던 젊은 전문가들 역시 정서조절 기술을 개발함으로써 인생이 바뀐 사례에 관한 목격담을 들려줬다.

제가 담당했던 참가자 중에 심각한 분노조절장애를 겪는 남성이 있었습니다. 종종 물건을 부수곤 했죠. … 여자친구와도 갈등이 있었고 결국 그녀는 그를 떠나버렸습니다. 그는 계속 소리를 질러댔죠. 오늘 그가 제게 전화를 걸어 이렇게 말했습니다. "흐름을 타고 있습니다. 흐름을 타고 있어요."[정서조절 기술과 관련된 표현] 그러고는 전화를 끊었습니다. 그는 여전히 많은 감정 문제를 겪고 있습니다. 그래도 이젠 폭력적인 행동은 하지 않습니다. 여자친구 집에서 물건을 부수지도 않고 창문을 깨트리지도 않습니다. … 사실 폭력을 멈추게 할 수 있으리라고는 기대하지 않았는데, 이런 생각이 들더군요. '좋아. 효과가 있군.'

이처럼 수감 생활로 어려움을 겪은 젊은이들도 감정이 운전석에 앉을 때 브레이크를 밟는 기술을 배울 수 있었다. 우리가 로카와 함께 개발한 프로그램이 이 책에서 내가 소개하는 기술과 똑같은 과학을 기반으로 삼았기 때문이다.

당신이 나처럼 종종 반사적 회피(생각 없이 문자를 보내는 것이든 소셜미디어에 즉각 글을 올리는 것이든)를 한다면, 그 모두가 일시적 기분 전환을 위한 것이라는 사실을 이해해야 한다. 그럴 때 우리의 감정은 불편한 상황을 피하려고 거칠게 운전한다. 이 장에서 살펴봤듯이 운전 방식과 이유는 저마다 다양하지만, 그 아래에는 회피를 위한 반사적 행동이 공통분모로 자리 잡고 있다. 이제 근본적인 과학을 이해했으니 브레이크를 밟아서 사고하는 두뇌를 일깨울 방법을 알아보자. '접근'은 과학을 기반으로 반사적 회피에 맞서는 기술이다. '팔꿈치로 건반을 내키는 대로 두드리는 것'만으로는 피아노를 배울 수 없듯이, '그냥 해보는 것'만으로는 그 기술을 배울 수 없다. 의식적으로 개발해야 한다. 이를 위한 자세한 방법은 다음 장에서 알아보자.

모든 인생은 불안하다

8장

게임 체인저를 소개합니다

고속도로를 달리는데 어떤 차가 위험한 속도로 앞으로 끼어든다. 웹 상에서 누군가가 익명으로 당신을 모욕하는 댓글을 단다. 자녀가 실수로 소파에 불을 낸다. 휴대전화를 만든 회사의 연락처를 알아내려고 한 시간 동안 검색했는데 허탕을 쳤다. 이런 사례들에 한 가지 공통점이 있다면, 웬만한 사람이면 분노를 일으킬 만한 일이라는 것이다. 다음에 벌어질 일은 앞서 소개한 정서조절 기술에 달렸다. 7장을 마무리하면서 설명했듯이 정서조절 기술은 동네 도서관 사서에서 전투기 조종사에 이르기까지 누구든 배울 수 있다. 사실 당신은 정서조절을 위한 한 가지 기술을 이미 배웠다. 바로, '전환'이다.

전환은 힘든 상황에서 자신에게 들려주는 이야기를 바꿈으로써 감정 상태를 변경하는 기술이다. 또한 친구의 이야기를 받아들이는 것처럼 새로운 관점을 취함으로써 어려움을 극복하는 기술이다. 그런데 감정, 특히 여기서 주목하는 불같은 반사적 감정을 조절하는 또 다른 기술이 있다. 이 정서조절 기술은 인지행동치료CBT[1]와 변증법적 행동치료DBT[2]를 근간으로 삼는데, 이들 치료법은 과학의 세상에서 가장 매력적이면서도 강력한 커플이다.

이 기술은 얼핏 잘 이해가 되지 않는다. 감정의 지시와는 반대되는 행동을 함으로써 고통스러운 감정을 회피하지 않고 오히려 '접근'하라고 말하기 때문이다. 이를 '반대 행동opposite action' 기술이라고 부른다. 이 기술에 익숙해지면 힘들거나 짜증 나는 상황에서도 침착함을 유지하고, 파괴적인 방식으로 대응하는 것을 멈출 수 있다. 이를 위해 필요한 것은 약간의 연습뿐이다.

트리거를 확인하고 반사적 회피 극복하기

'쿠키는 비타민이다' 외에도 내가 즐겨 사용하는 주문이 있다. 감정을 DJ들이 사용하는 오디오믹서에 달린 화려한 버튼처럼 우리 몸에 달린 작은 버튼으로 생각하라는 것이다. 그 버튼의 색깔은 파랑, 녹색, 노랑, 오렌지, 빨강으로 다양하다.

파랑 버튼을 누를 때, 우리는 부드러운 감정을 경험하며 두뇌는 온라인 상태이고 활성화되어 있다. 녹색 버튼을 누를 때는 냉소적인 미소나 약간의 짜증처럼 부정적인 감정을 일시적으로 느끼지만, 대부

모든 인생은 불안하다

분 특별한 행동을 하지 않는다. 노랑을 누를 때는 꽤 불편한 감정이 든다. 오렌지를 누를 때는 언성을 높인다. 그래도 아직 반사적 회피로 넘어가지는 않았다. 마지막으로 빨강을 누를 때, 문제가 터진다! 갓난 아기가 빨강 버튼을 계속해서 눌러댄다고 상상해보자. 감정의 불꽃이 튀고(요란한 배경음악과 함께) 몸에서 경고 사이렌이 울린다. 그러면 감정 온도를 낮추기 위해 아이를 데리고 나가야 한다(아니면 '대응'을 하거나). 결론적으로 이런 행동은 반사적 회피다.

자신의 감정적 오디오믹서에서 어떤 상황이 어떤 색깔의 버튼을 누르는지 모른다면 행동 패턴을 바꾸기는 쉽지 않다. 그러므로 먼저 어떤 상황이 녹색 버튼 또는 빨강 버튼을 누르는지 확인해야 한다('생각해보기 9' 참조). 어느 버튼이 부정적인 피드백을 유발하는지 알지 못하면 문제를 해결할 수 없다. 그러므로 자신의 반응을 자극하는 트리거로 작용하는 상황의 목록을 작성해볼 필요가 있다. 사람들이 일상생활에서 '버튼을 누르는' 상황으로 언급하는 사례는 〈그림 8-1〉과 같다.

〈그림 8-1〉 감정 버튼

빨강 버튼을 누를 때, 우리는 비판적인 사고 능력을 잃고 반사적으로 행동한다. 빨강 버튼 또는 녹색 버튼을 누르는 트리거는 사람마다 다르다. 다음은 이런 버튼을 누르는 일반적인 트리거의 사례다. 트리거는 저마다 서로 다르기 때문에 자신만의 트리거를 확인해보는 작업이 필요하다.

파랑	녹색	노랑	오렌지	빨강
"차분하고 신중하다."	"최상은 아니지만 그래도 괜찮다."	"힘들지만 대처할 수 있다."	"열이 서서히 오른다."	"폭발 직전이다."
친구들과 어울리기	집안일하기	자신에게 화가 난 친구와 대화하기	콘퍼런스에서 발표하기	자녀한테 전혀 존중받지 못한다.
독서나 TV 시청	줄 서서 기다리기	사이가 좋지 않은 친척 집 방문하기	승진 누락	해고

모든 인생은 불안하다

자신의 핵심 버튼을 확인하자

접근 기술을 익히기 위한 첫 번째 단계는 반사적 회피를 자극하는 상황을 목록으로 작성해보는 것이다. 이번 과제의 목적은 감정을 자극하는 사건이 대응으로 이어지는 흐름의 속도를 늦추는 것이다. 이와 관련해서 지난주에 있었던 상황을 떠올려보자. 이를 통해 자신의 반사적 대응 패턴을 확인했다면, 해결책을 실행에 옮길 준비가 된 것이다.

• 상황: 자신의 버튼 중 하나를 눌렀던 상황을 생각해보자.

_____

_____

• 감정: 그때 느낀 감정에 이름을 붙여보자.

_____

_____

• 강도: 감정의 강도에 이름을 붙여보자: 파랑, 녹색, 노랑, 오렌지, 빨강

_____

_____

• 감정을 제어하고자 했던 행동: 그런 감정을 느낄 때 어떻게 행동하는가?

_____

_____

- 회피에 해당하는가?(예 또는 아니요)

특정 행동을 반사적 회피로 규정하기 위해서는 그 행동 자체가 불편한 감정을 즉각적으로 해소하기 위한 것이어야 한다. 그러나 이런 행동으로 곤경에 빠지게 된다는 점에 주의하자.

앙가드의 핵심 버튼

앙가드의 사례가 기억나는가? 그는 자신을 다른 이들과 비교했다. 특히 소셜미디어를 통해 그랬다. 불안이나 걱정, 두려움을 느낄 때는 자신에게(그리고 다른 사람에게) 자기가 멋진 사람이라는 사실을 보여주기 위해 사진을 여러 장 올렸다. 그러나 이런 행동은 전적으로 반사적 대응이었고, 그의 기분을 실질적으로 더 좋게 해주지 못했다. 당혹감이 들었다가 곧 불쾌한 감정으로 이어졌다. 나는 앙가드가 자신의 반사적 회피 패턴을 이해할 수 있도록 먼저 그의 개인적인 핵심 버튼을 확인해봤다.

앙가드는 면담을 시작하기에 앞서 내 고객들이 종종 그러듯 한 가지 중요한 질문을 던졌다. "제 핵심 버튼을 확인하면 기분이 더 나빠지지 않을까요?" 잠시 시간을 내서 자신의 핵심 버튼을 확인할 때, 사람들은 불편한 감정이 올라오는 것을 느낀다. 하지만 그 이유는 그들이 더 이상 회피하지 않기 때문이다(회피의 효과는 즉각적이라는 사실을 기억하자!). 그래서 나는 부정적인 감정에 빠져들기보다 그 감정을 객관적으로 관찰해보기를 권한다. 그리고 자신의 핵심 버튼을 종이에 적어본다면, 사고하는 두뇌를 깨울 수 있다. 그럴 때 감정적인 두뇌는 그만큼 통제력을 잃게 된다. 자신의 핵심 버튼을 적다 보면 감정 온도가 떨어지는 멋진 경험을 하게 될 것이다. 자신의 핵심 버튼을 확인하는 동안 회피 패턴에서 벗어나게 되는 것이다. 이제 핵심 버튼을 확인하는 작업만으로 탈출구를 찾을 수 있다는 자신감을 갖자.

핵심 버튼을 확인하는 작업을 시작한 지 2주일 후, 앙가드는 내게 기분 전환을 위해 선택한 반사적 회피가 장기적인 대가로 이어진 여러 가지 이야기를 들려줬다('그림 8-2' 참조). 앙가드는 소셜미디어를 둘러보거나 친구들과 서로 자랑하는 대화를 나누는 동안에 자신의 감정적 두뇌가 활성화되며, 이를 제어하기 위해 특정한 반응을 하게 된다는 사실을 깨달았다. 또한 인스타그램에 여러 장의 사진을 올리거나 사람들이 부러워할 만큼 자신의 인생이 즐겁고 흥미진진하다는 이야기를 마구 늘어놓는 식으로 충동적으로 대응한다는 사실도 깨달았다.

〈그림 8-2〉 앙가드의 핵심 버튼

상황	감정	강도	행동	회피?
친구가 인스타그램에 내가 가보지 못한 여행지 사진을 올렸다.	아쉬움	노랑	지난 휴가 사진을 올렸다.	그렇다.
친구들이 관심을 가질 만한 이야기가 하나도 없었다.	짜증과 우울	노랑	작년 스페인 여행 이야기를 꺼냈다.	그렇다.
최근에 올린 인스타그램 사진에 '좋아요'가 별로 없었다.	우울과 창피함	노랑	사람들의 관심을 자극하기 위해 자막을 수정했다.	그렇다.
인스타그램 팔로워가 10명이나 줄었다.	두려움	빨강	팔로워 수를 늘리기 위해 무작위로 100명을 팔로우했다.	그렇다.

모든 인생은 불안하다

처음에는 자신의 이런 행동이 무해하게 보였지만, 시간이 흐르면서 소셜미디어상에서 계속해서 '활발하게' 활동하지 않으면 만족감을 얻지 못하고 좌절하고 말 것이라는 생각이 들기 시작했다.

앙가드는 불편한 감정을 회피하기 시작하면서 곤경에 빠졌다. 그는 감정 온도가 올라갈 때마다 뭔가를 해야만 했다. 그러나 문제는 이런 행동 자체가 아니다. 진정한 문제는 그가 그런 행동을 한 이유, 즉 부정적인 감정을 회피하기 위해서였다는 점이다. 그런 상황에서 반사적으로 대응하지 않고 자신의 감정을 객관적으로 관찰할 수 있다면, 그 감정과 새로운 관계를 형성할 수 있다.

관찰을 통한 깨달음

앙가드의 사례에서 확인했듯이 우리는 자신의 핵심 버튼을 확인함으로써 반사적 회피가 언제, 어디서, 왜 모습을 드러내는지 이해할 수 있다. 이런 사실을 또 다른 사례에서 확인해보자.

필로메나는 파양에 대한 불안감을 느낄 때마다 난파된 배의 조각이라도 부여잡듯이 관계에 집착했다. 이런 모습은 그녀의 불안한 애착 스타일에서 잘 드러났다.[3] 테드가 자신을 떠날지도 모른다는 생각은 안전함에 대한 인식을 위협했고, 그래서 필로메나는 감정 온도를 최대한 빨리 끌어내리기 위해 끊임없이 문자 메시지를 보냈다. 게다가 필로메나는 테드 외에 가족이나 친구에게도 똑같은 방식으로 행동했다. 결국 그녀는 사랑하는 사람에게 집착함으로써 관계를 오히려 악화시키고 있다는 사실을 깨달았다.

최근 올리버는 사람들이 규칙(사회적, 개인적, 직업적)을 따르지 않을 때, 폭발 직전의 불편한 감정을 느꼈다. 자신의 팀원인 마사가 실수를 저질렀을 때도 그는 불안을 느꼈다. 올리버는 이런 감정에 대처하기 위해 그녀를 함부로 대했다. 잠시 기분이 나아졌지만 곧바로 수치심과 후회가 밀려왔고, 결국 내 사무실을 찾게 됐다. 이런 문제는 단지 직장에서만 일어나지 않았다. 올리버는 집에서도 비슷한 경험을 했다. 저녁 식사가 늦어지는 것처럼 가족들이 약속을 지키지 않을 때마다 그는 언성을 높였다(30분 늦게 저녁을 먹는 게 큰 문제는 아님을 인정하면서도). 그러고 나면 가족들은 다시 제시간에 맞춰 식사를 했지만, 아내에게 언성을 높인 것에 대해 자책과 후회가 밀려왔다. 이런 상황은 딸과의 관계에서도 그대로 일어났다. 그래서 딸들이 농담 반 진담 반으로 배관용 테이프를 선물한 것이다. 가족은 그를 '성미 급한 아빠'로 인식했다. 그 앞에선 조심스럽게 행동해야 하며, 그러지 않으면 언제든 폭발할 것이라는 위험을 느꼈다. 가족들은 올리버의 이런 성격에 대해 농담을 했지만, 그의 태도는 분명히 가족 구성원에게 파괴적인 영향을 미쳤다.

지금까지 살펴봤듯이 우리는 핵심 버튼을 확인함으로써 자신에 관한 중요한 교훈을 얻을 수 있다. 이런 확인 작업을 통해 얻은 깨달음은 이론적인 연구를 넘어선다. 우리는 이를 통해 행동을 바꿔나갈 강력한 동기를 얻는다. 속담에도 있듯이, 측정할 수 없는 것을 바꿀 수는 없다. 걸음 수를 확인해주는 시계나 팔찌를 이용하는 사람이라면 이런 생각을 쉽게 이해할 수 있을 것이다. 자신이 얼마나 많이(또는 적게) 걸었는지 확인할 수 있을 때 우리는 목표 걸음 수를 향해 나아갈 동기를 부여받는다(농담이 아니다). 이는 나만이 깨달은 통찰력이 아니다. 최근 여러 논문을 검토한 연구 결과에 따르면, 자신의 좌식 습관을 모니터링한 성인일수록 몸을 움직이고자 하는 동기가 강해진다.[4] 우리도 자기 관찰을 통해 스스로 동기를 부여받는다면, 접근 기술을 익히기 위한 준비를 마친 셈이다.

확인에서 접근으로

자신의 핵심 버튼을 구체적으로 확인했다면 기본적으로 반사적인 폭발을 일으키는 지뢰를 이해했다고 할 수 있다. 무엇이 시한폭탄 타이머를 작동시키는지(그리고 결국 폭발하게 하는지) 이해했다면 이제 반대 행동을 통해 감정을 제어하는 법을 배울 차례다.

반대 행동이란 무엇일까? 말 그대로 '감정적인 충동과 반대되는 행동'이라고 정의할 수 있다.[5] 다시 말해, 불편한 감정을 회피하려는 충동이 일어나는 상황에서 사고하는 두뇌를 일깨움으로써 불편한 감정에 다가서는 모든 시도를 뜻한다. 반대 행동은 대단히 강력한 정서조절 기술로, 변증법적 행동치료에서 종종 활용된다. 변증법적 행동치료는 마샤 리네한Marsha Linehan 박사가 개발한 치료법으로, 사람들이 강력한 감정에 생산적인 방식으로 대처하고 자신을 곤경에 빠트리는

행동 패턴에서 빠져나오도록 도움을 주는 것이 목적이다. 원래 변증
법적 행동치료는 경계성 인격장애 진단을 받은 환자를 치료하기 위
해 개발됐지만 섭식장애,[6] 분노와 공격성,[7] 약물 사용[8] 등 다양한 문
제를 효과적으로 해결해주는 것으로 밝혀졌다. 또한 다양한 정서조절
문제를 해결해주는 것은 물론 청소년[9]에서 노인[10]에 이르기까지 폭
넓은 연령층에 효과가 있다. 변증법적 행동치료는 다양한 기술을 활
용하는데, 여기서는 특히 반대 행동에 주목해보자.

우리는 반대 행동을 통해 전전두엽 피질이 감정을 제어하도록 준
비시킨다. 강력한 감정은 언제나 우리의 행동을 조종하려 하며, 그 과
정에서 반사적 회피를 선택한다. 우리는 감정을 자극하는 트리거에
직면할 때마다 감정이 지시하는 것과 반대 방향으로 나아가기 위해
미리 계획을 세워둘 수 있다. 다시 말해 불편한 감정에 접근하기 위
한 계획을 세울 수 있다. 우리 두뇌가 무엇을 경험하든, 그리고 그것
이 얼마나 고통스럽든 간에 불편한 감정에 접근함으로써 그게 명백
히 잘못된 경고라는 사실을 깨닫게 된다.[11]

반대 행동의 목적은 강력한 감정을 피하는 게 아니다. 인지행동치
료든 명상이든, 그 목표는 절대 회피가 아니다. 사고와 감정은 생명
활동의 부산물이다. 사고와 감정이 없으면 인간으로서 살아가는 우
리의 경험은 크게 달라질 것이다. 실제로 감정은 그것이 무엇이든 또
는 얼마나 강력하든 간에 고유한 목적이 있다. 하지만 감정이 행동을
조종할 때 우리는 종종 회피를 선택하게 된다. 여기서 우리가 해야 할
일은 운전석을 다시 차지하는 것이다. 다시 말해 감정 자체를 통제하

는 것이 아니라 의식적으로 반대 행동을 실행함으로써 감정에 반응하는 과정에 개입하는 것이다.

저도 노력했다고요, 루아나 박사님

올리버는 분노를 참지 못하고 마사에게 종종 소리를 질렀다(반사적 회피). 그러나 반대 행동을 통해 이런 반응을 막을 수 있다. 예를 들어 올리버는 자신의 감정을 마사와 공유하는(그녀를 공격하는 것이 아니라) 방법을 고려할 수 있다. 내가 올리버에게 반대 행동의 개념을 설명하자 그는 많은 고객이 던지는 질문을 했다. "마사에게 소리치지 않으려고 저도 노력했을 거라고는 생각하지 않으세요?"

물론 내 고객들 대부분이 저마다 '반대 행동'을 시도했다. 나 역시 모르지 않는다! 나 또한 수전과 이야기를 나눈 뒤 이메일에 불같이 답장하는 방식으로 대응하지 않으려고 얼마나 애썼는지 모른다. 이런 점에서 올리버는 틀리지 않았다. 그는 틀림없이 마사에게 소리치지 않으려고 많이 노력했을 것이다. 하지만 올리버가 이해하지 못한 부분은 회피하지 않기 위해 '그냥 노력하는 방식'(강력한 감정의 지시를 외면하기 위한)과 미리 계획한 행동을 통해 반사적 회피에 빠져들지 않도록 자신의 두뇌를 훈련하는 방식은 근본적으로 다르다는 것이다. 이는 투쟁-도주-경직의 본능에 따라 행동하는 방식과 계획된 행동을 바탕으로 의도적으로 노련하게 행동하는 방식의 차이다. 하지만 접근이라는 기술을 익힐 때 처음부터 빨강 버튼 상황에서 시도해서는 안 되며, 의식적으로 행동하는(반사적 대응이 아니라) 두뇌의 능력을 조금씩 키워나가야 한다.

예전에 나는 펠로톤Peloton(실내용 자전거 브랜드-옮긴이) 열풍에 동참했었다. 그리고 첫날 한 시간 동안 죽도록 자전거를 탔다. 당시 유행하던 뱃살 빼기에 합류해서 건강에 접근하고 싶었기 때문이다! 내가 생각하기에 운동을 하지 않는 삶에 대한 반대 행동은 곧 펠로톤이었다! 그런데 결과는 어땠을까? 다음 날부터 며칠간 제대로 걷지도 못했다. 결국엔 전염병을 피하듯 펠로톤을 피하기 시작했다. 나는 2년 동안 전혀 운동을 하지 않다가 당찬 목표를 향해 곧장 뛰어들 수 있다고 생각했다. 그러나 그런 극단적인 접근 방식은 실패로 끝났다! 나의 문제는 신체적 한계였다. 그와 마찬가지로, 많은 고객의 문제는 개인의 감정적 한계를 넘어서서 불편한 감정을 회피하는 습관을 중단하려고 한 것이었다. 이런 문제를 예방하기 위해서는 과학적인 방법을 바탕으로 반대 행동을 '자동 반사'가 아닌 하나의 '기술'로 연습해야 한다.

손쉬운 승리를 거두기 위한 준비 작업

반대 행동은 쉬워 보이지만 사실 꽤 힘들다. 어쨌든 본능을 거슬러야 하기 때문이다. 당신은 아마도 올리버처럼 이 기술을 몇 차례 시도했지만 성공하지는 못했을 것이다. 이 기술을 성공적으로 익히려면 출

모든 인생은 불안하다

발점을 잘 선택해야 한다. 나는 고객들에게 '쉽고 빨리 성공할 수 있는' 핵심 버튼 상황을 확인해보라고 권한다. 이는 기본적으로 내가 펠로톤을 선택했던 것과 반대 방식을 의미한다. 그때 나는 모든 것을 걸었고, 결국 운동 습관을 들이겠다는 목표와 완전히 반대 방향으로 나아갔다. 그리고 결국 자전거를 외면하기 시작했다. 그날의 경험이 너무나 고통스러웠기 때문이다. 그렇다면 손쉬운 승리란 무엇일까? 작게 시작해서 지속적인 실천을 통해 점점 힘을 길러가는 것이다.

이 말은 훈련 방식과 관련해서 무엇을 의미할까? 간단히 말해, '처음에는 빨강 버튼 상황에서 연습하지 말자'는 뜻이다. 빨강 버튼이 켜진 상황에서 우리 두뇌는 투쟁-도주-경직 모드로 쉽게 넘어간다. 충분히 훈련되지 않은 이상, 우리 두뇌는 밀려오는 감정의 파도를 제대로 타고 넘지 못한다. 그러므로 오렌지 버튼 상황에서 훈련을 시작해야 성공 가능성을 높일 수 있다. 다만 반대 행동은 엄연한 기술이며, 그래서 훈련이 필요하다는 사실을 명심하자. 모든 훈련이 그렇듯, 때로는 성공할 것이고 때로는 엉덩방아를 찧을 것이다. 유일한 성공 비결은 계속해서 나아가는 것이다.

반대 행동 연습하기

앙가드의 소셜미디어에 대한 반응

앙가드는 소셜미디어 습관을 바꾸기 위해 반대 행동을 연습하기로 했다. 우선 인스타그램에서 보내는 시간을 하루 30분으로 제한했다. 나는 그가 인스타그램을 시작할 때 타이머를 작동하게 했다. 그리고 30분이 지나면 앱을 닫게 했다. 다음으로 사진을 올리려는 충동이 들면 친구에게 전화를 걸게 함으로써 두뇌 회로를 바꿨다. 이처럼 새로운 습관으로 옛날 습관을 덮어버리는 방법은 지속적인 행동 변화를 위한 효과적인 기술이다. 그리고 감정을 자극하는 주제로 친구들과 대화할 때는 자신의 성공 스토리나 예전 여행 이야기로 맞대응하는 게 아니라 친구의 말에 귀를 기울이게 했다. 불안에 맞서기 위해 친구들을 이기려 하는 순간 앙가드는 감정에 운전석을 양보하게 된다. 앙가드는 전전두엽 피질이 다시 운전석을 차지하도록 만들어야 했다. 그래서 우리는 자신의 삶을 마구 자랑하지 않는(그리고 앙가드가 자신의 어려움을 털어놔도 비판적으로 바라보지 않는) 가까운 친구와 함께 있을 때 반대 행동을 시도해보고, 이후 점차 난도가 높은 상황에 도전해보기로 했다. 다만 그가 도저히 견딜 수 없을 때는 친구에게 양해를 구하고 상황에서 빠져나와(화장실에 가는 것처럼) 평정심을 회복하기로 계획을 세웠다.

여기서 앙가드는 이렇게 물었다. "그런데 힘든 상황에서 빠져나오는 것도 회피가 아닌가요?"

나는 그의 지적에 동의했다. 그러나 힘든 상황에서 잠시 빠져나오는 방법은 긍정적인 변화를 이끌기 위해 거대한 무기고 속의 조그마한 도구를 의식적으로 활용하는 것이다. 내가 말했다. "제가 우려하는 것은 우리의 반대 행동 계획을 실행할 수 없을 정도로 당신의 감정 온도가 지나치게 올라가는 상황이에요. 회피에서 완전히 벗어나기 위해

모든 인생은 불안하다

서는 때로 약간의 계산된 회피가 필요합니다."

　몇 주일에 걸쳐 훈련한 뒤, 앙가드는 소셜미디어에 대한 충동을 제어하는 방법을 터득하기 시작했다. 어느 날 앙가드는 친구가 올린 뉴욕 여행 사진을 보고도 아무런 대응을 하지 않았다며 상기된 표정으로 말했다. 그로서는 결코 쉽지 않은 일이었다. 사진을 올리고 싶다는 마음은 들었지만 실제로 행동에 옮기지 않았다. 어떻게 그럴 수 있었을까? 계획을 충실히 따른 것이다! 이전에 그는 반대 행동을 연습했다. 앙가드는 사진을 올리고 싶다는 충동이 들 때마다 휴대전화의 사진 폴더를 열어서 편집을 하거나 정리를 했다. 그러는 동안에 충동은 시들해졌고, 폴더를 정리하고 나자 사진을 올리고 싶다는 생각이 더는 들지 않았다고 했다. 그런데 그건 내 아이디어가 아니었다. 앙가드의 생각이었다! 그는 그런 방법으로 내적 압력을 어느 정도 해소했고, 또한 반사적으로 사진을 올리지 않을 수 있었다. 이런 점에서 나는 그를 칭찬했다.

　실제로 나는 많은 고객에게서 이런 모습을 본다. 그들은 나와 함께 세운 계획에 따라 반대 행동을 연습했고, 나중에 혼자서 계획을 추가했다. 자신이 직접 세운 계획은 더 효과적일 뿐만 아니라 더 강력한 동기를 부여했다. 고객들은 이런 방식으로 삶에서 진정한 변화를 만들어낼 수 있었다고 했다.

필로메나의 반대 행동

필로메나는 극도의 분리 불안을 느낄 때 테드에게 문자를 보내지 않기 위해 최선을 다했다. 하지만 앞서 살펴본 것처럼 이 방법은 효과가 없었다. 그렇다면 그 대신 무엇을 할 수 있을까? 우리는 필로메나가 테드와 떨어져 있는 상황에 잘 대처할 방법을 목록으로 작성해봤다. 가장 먼저 휴대전화를 들여다보는 것 말고 할 수 있는 다른 일을 찾아봤다. 첫 번째 실험에서 필로메나는 테드가 친구들을 만나는 동안 헬스장에 갔다(휴대전화를 들여다보지 않는 반대 행동!). 그리고 더 오랫동안 떨어져 지낼 상황에 대비해서 미리 반대 행동을 계획함으로써 불편한 감정에 대처하고자 했다. 또한 두 사람이 다시 만났을 때 테드가 그동안 무엇을 했는지 따져 묻지 않겠다고 약속했다. 더불어 또 다른 유형의 회피를 만들어내지 않기 위해서 테드는 자신이 원하는 바를 이야기하고 그녀의 질문에 대답하기로, 그러나 그녀가 다시 관계에 대한 확신을 요구하기 시작하면 대화를 끝낼 수 있도록 동의를 구했다. 이런 방법은 커플들에게 효과가 있다. 다만, 그러려면 양쪽 모두 동의해야 한다. 나는 고객들에게 종종 이렇게 당부한다. "한 번 하는 질문에는 대답하겠지만, 다양한 방식으로 반복해서 묻는 것은 확신을 구함으로써 감정을 회피하는 것이기 때문에 절대 도움이 되지 않습니다." 나는 이점을 필로메나와 테드에게 설명했고 두 사람 모두 잘 이해했다.

그러나 아쉽게도 필로메나가 반대 행동 계획을 실행에 옮기려고 했을 때 테드와의 관계는 소원해졌고, 얼마 후 두 사람은 헤어졌다. 둘의 관계는 이미 돌이킬 수 없는 상태였고, 필로메나는 아무리 노력해도 테드가 자신을 경계했다고 말했다. 그녀는 절망에 빠졌다. 내 사무실을 찾아온 그녀는 울면서 말했다. "문제를 더 일찍 알았더라면 관

모든 인생은 불안하다

계를 회복할 수 있었을 거예요."

우리 두뇌는 항상 상황을 파악해서 부조화를 최소화하는 방식으로 결론을 내린다. 그러므로 그녀의 자책은 충분히 이해할 만한 것이라는 점에 대해 우리는 이야기를 나눴다. 실제로 필로메나는 틀리지 않았다. 그녀는 자신의 회피 패턴을 알지 못해서 관계가 힘들어졌다고 했고, 나는 동의했다. 하지만 나는 연애 관계에서 어려움을 겪는 고객들에게 탱고를 추려면 두 사람이 필요하다는 사실을 주지시킨다. 필로메나의 사례에서 테드 역시 관계가 망가지는 데 일정 부분 원인을 제공했을 것이다.

이후 필로메나는 부모와의 관계를 포함해서 자신이 버림받을지 모른다는 두려움이 들 때마다 반대 행동을 실행에 옮겼다. 나는 얼마 전 필로메나에게서 받은 이메일에서 희망을 발견했다. 그녀는 갓난아기와 함께 행복한 결혼 생활을 하고 있다고 했다. 그녀의 설명에 따르면, 연애 생활은 한동안 힘들었지만 마침내 회피 패턴을 멈출 수 있게 됐고 진정으로 만족스럽고 (결과적으로) 편안한 연애 관계를 유지할 수 있게 됐다.

올리버의 반대 행동

성미 급한 올리버는 분노 탓에 반사적으로 대응했다. 그의 분노 수치는 0에서 60으로 순간적으로 상승했다가 결국 폭발했다. 변증법적 행동치료는 분노와 관련해서 몇 가지 확실한 반대 행동을 알려준다. 그중 한 가지는 매우 간단하다. 분노가 가라앉을 때까지 분노를 유발한 사람을 멀리하는 것이다. 예를 들어 마사가 저지른 실수로 분노를 느끼자마자 올리버가 취한 반대 행동은 운전석에서 편도체를 밀어낼 때까지 그녀와 거리를 두는 것이었다(무심결에 폭력적인 언사로 상처를 주지 않기 위해). 이런 반대 행동은 그에게 때로 너무 힘들었다. 그럴 때 그는 생각을 잠시 멈추고 '주변 산책'으로 '마구 소리 지르기'를 대체했다.

나는 당신이 분노가 폭발하기 전에 취할 행동을 미리 계획해놓길 당부한다. 상대를 물어뜯으려는 순간에 이성적인 계획을 세우기란 현실적으로 불가능하니 말이다. 계획의 종류는 분노의 강도가 어느 정도인가에 달렸다. 올리버에게는 부하 직원의 실수로 촉발된 분노가 가라앉기까지 기다리는 30분은 평생처럼 느껴질 수 있다. 그에 비해 가족 때문에 분노를 느꼈을 때 마음을 가라앉히기 위한 30분은 훨씬 더 짧게 느껴진다.

마지막으로, 변증법적 행동치료에서는 대단히 극단적인 반대 행동도 효과가 있다고 본다. 올리버의 경우에 극단적인 반대 행동은 상대에게 친절을 베풀거나 그의 입장을 이해하는 것이다. 내가 이 말을 했을 때 올리버는 나를 머리가 세 개 달린 괴물인 듯 쳐다봤다.

"화가 날 때 친절하게 대하라고요?"

"그렇습니다!"

"그게 가능할까요? 힘들 것 같은데요!"

"아내를 떠올려보세요. 당신은 아내에게 화를 낼 때도 아내를 사랑합니다. 그 순간에 아내에게 친절한 모습을 보여줄 수 있지 않을까요?"

모든 인생은 불안하다

올리버는 여전히 의심의 눈초리로 나를 바라봤다.

"글쎄요. 사실 아내가 요리를 잘하긴 하죠."

"그렇군요. 그러면 평소보다 저녁 시간이 늦어져서 아내에게 화가 났다면, 언성을 높이거나 빈정대기보다 아내의 요리 솜씨에 대해 이야기를 할 수 있겠네요."

"하지만 그건 가식이 아닐까요?"

"진심으로 그렇게 생각한다면 가식이 아닙니다. 아내의 요리 중에서 무엇을 좋아하시나요?"

올리버는 아내의 다양한 요리에 대해 구체적으로 이야기했고, 그러면서 긴장이 좀 풀린 듯했다. 나는 그의 이런 모습을 지적하면서 새로운 행동을 취하면 새로운 감정을 느끼게 된다는 사실을 설명했다. 예를 들어 상대에게 웃어 보이거나 그를 칭찬하면 우리의 생리적 작용은 실제로 달라진다.[12] 친절한 행동을 하면 행복감이 높아진다.[13] 반면 폭력을 휘두르면 분노가 높아진다.[14] 분노는 우리의 사고 패턴에 강력한 영향을 미친다. 분노를 객관적으로 바라보면서 감정에게서 통제권을 넘겨받으면 분노가 금방 사라지는 현상을 쉽게 확인할 수 있다. 분노를 유지하는 데 효과적인 방법은 자신이 얼마나 화가 났는지 생각하면서 통제를 벗어난 방식으로 반응하는 것이다. 당신이 그 방법을 선택했다면 할 말은 없다. 하지만 나는 우리 모두 감정의 명령에 끌려다니길 원치 않는다고 확신한다. 개가 다람쥐나 다른 개를 보고 사납게 짖는 것과 우리가 사랑하는 사람을 비참하게 만들면서 평생을 살아가는 것은 완전히 다른 이야기다.

올리버는 몇 달에 걸쳐 집에서 분노를 느낄 때마다 아내를 칭찬하는 반대 행동 계획을 실행에 옮겼다. 그리고 마침내 반사적인 대응을 제어할 수 있게 됐다. 그는 딸들이 선물한 배관용 테이프에 적힌 원래의 글을 지우고 '친절해지자BE KIND'라고 적어 넣었다. 그리고 그 테이프를 사무실 문에 붙여서 직원들에게 달려가려 할 때마다 자기 눈에 띄게 했다. 그가 그렇게 한 것은 반대 행동 계획을 완전히 잊어버리고 팀원들을 충동적이고 불쾌한 방식으로 대한 사건이 몇 차례 더 있고 나서였다. 또한 올리버는 화가 난 상태에서도 직원의 장점을 떠올리고 이를 소재로 이야기를 이어나가는 연습을 했다. 그래도 빨강 버튼을 눌렀을 때는 도저히 친절한 행동을 할 수 없다는 사실을 깨달았다. 그래서 이런 경우에는 감정이 가라앉을 때까지 잠시 그 직원을 피하는 것을 반대 행동으로 삼았다. 나는 올리버와 같은 고객에게는 빨강 버튼 상황에 대처할 조언을 해준다. 그러나 일반적인 분노조절장애일 때는 기본적인 반대 행동이 대단히 중요한 역할을 한다.

올리버를 비롯해서 나의 많은 고객은 나를 '회피 경찰'이라고 생각한다. 그러나 사실 나는 회피와 관련해서 그리 엄격하지는 않다. 이성적인 두뇌를 일깨우기 전에 편도체가 진정할 수 있도록 시간적 여유를 주는 것이 중요하다고 생각할 뿐이다. 그렇다면 올리버는 그 시간에 무엇을 했을까? 그는 내가 좋아하는 또 다른 정서조절 기술을 연습했다. 그 기술을 시스템 재부팅이라고 생각해도 좋겠다. 올리버는 빨강 버튼을 누를 때마다 얼음 조각을 손바닥에 올려놓는 연습을 했다. 그렇다. 우리가 아는 얼음 조각 말이다. 과학은 냉기가 실제로 심

모든 인생은 불안하다

박수를 낮춰준다고 말한다.[15] 심박수를 낮추는 것은 투쟁-도주-경직 반응에서 대단히 중요하다. 그러므로 얼음 한 조각을 구할 수 있다면, 반사적으로 대응하기 전에 감정을 재빨리 누그러뜨려 주는 효과적인 도구를 확보한 셈이다.

면담이 끝나갈 무렵, 올리버는 딸들이 자신의 노력을 인정하고 그가 보여준 변화에 고마워했다는 이야기를 들려줬다. 예전에 업무적으로 자주 갈등을 빚었던 직원인 마사도 그가 얼마나 나아졌는지 인정했다. 그는 마사에게 사과하고 변화하기 위해 많은 노력을 기울였다고 했다. 물론 자기 잘못을 인정하고 변화하기 위해 노력하고 있다는 사실을 알리기 위해서는 상당한 용기가 필요하다. 그런데 이보다 더 효과적인 방법은 다른 사람의 호의에 마음을 여는 것이다. 올리버와 마사는 이제 아주 긴밀하게 협력하는 사이가 됐다. 올리버는 마사의 사소한 실수에 화를 내기보다 상사로서 감정 폭발을 예방하는 자신만의 방법을 전수하고 있다. 그는 도전과 실패의 과정을 몸소 체험하는 과정에서 남을 가르치는 것이 자신에게도 큰 도움이 된다는 사실을 발견했다. 남을 가르치는 동안에는 분노 괴물로 변신하는 게 아니라 이성적인 두뇌를 더 많이 사용하기 때문이다.

또 다른 반대 행동 사례

반대 행동 계획과 관련해서 면담을 시작할 때, 고객들 대부분 '완벽한' 반대 행동을 찾는 데 몰두한다. 그들은 완벽한 반대 행동을 찾아내기만 하면 모든 회피 문제를 없애버릴 수 있다고 생각한다. 하지만 삶에서 어려움을 겪는 와중에 완벽한 반대 행동을 찾기 위해 필사적으로 노력하는 것은 또 하나의 회피에 불과하다. 그 이유는 뭘까? 반대 행동을 실행할 때 우리가 선택한 행동은 사실 그리 중요하지 않기 때문이다. 그러므로 이런 사실을 염두에 두고 창조적인 방식으로 다양하게 시도해보길 권한다. 여기서 우리의 목표는 감정으로부터 달아나는 것이 아니라 감정을 경험하는 것이다. 변화하기까지 시간이 필요하긴 하지만, 투자할 만한 가치는 충분하다. 머지않아 당신은 힘든 상황을 회피하는 것이 아니라 오히려 다가가게 될 것이다. 명심하자. 우리는 쉽게 회피 패턴에 빠진다. 그리고 회피 패턴을 중단하는 것은 처음엔 어색하게 느껴지지만, 의도하지 않은 자기파괴에서 벗어남으로써 엄청난 보상을 얻게 된다.

이런 훈련을 시작하는 데 도움을 주고자 변증법적 행동치료에서 활용하는 몇 가지 기술을 소개하겠다. 이를 통해 스스로 반대 행동 계획을 세워볼 수 있다('생각해보기 10' 참조).

〈그림 8-3〉 반대 행동 사례

감정	반사적 회피 행동	반대 행동
분노	소리 지르기	감정적인 대화에서 말을 자제하기
당황	고립	사람들과 어울리면서 대화를 시작하기
수치	드라마를 잇달아 보기	산책 등 신체적 활동을 하기

모든 인생은 불안하다

반대 행동 계획 세우기

감정이 지배하면 우리는 계획을 세우지 못한다. 그러므로 반대 행동 계획을 미리 세워둘 필요가 있다. 아래 여백에 자신의 반대 행동을 적어보자. 명심하자. 처음에는 빨강 버튼 상황을 피하자. 쉬운 승리를 통해 계속해서 훈련하자.

핵심 버튼

반사적 회피 행동

반대 행동

정서조절 능력 강화하기

한 가지 기억해야 할 사실이 있다. 접근 기술을 개발하기 위해 자신에게 도전할 때는 종종 '더' 불편한 감정을 느끼게 된다는 것이다. 이런 상황을 헤쳐나가려면 '불편함을 편안하게' 받아들이는 법을 배워야 한다. 근력 운동을 떠올려보자. 데드리프트에서 40킬로그램이 편안하게 느껴진다면 계속해서 그 중량에 머물러 있지 않을 것이다. 당연히 무게를 올리지 않겠는가. 계속 발전하려면 자신의 신체에(우리의 경우에는 자신의 마음에) 도전해야 하니 말이다. 여기서 비결은 적절한 수준의 도전 과제를 찾는 것이다. 너무 쉬우면 성장을 위한 자극을 느끼지 못하고, 반대로 너무 힘들면 자세가 흐트러지거나 부상을 당하기 쉽다. 이런 공식이 있다. '최적의 스트레스 + 최적의 휴식 = 최적의 발전.' 이는 내가 고객들에게 당부하는 말이기도 하다. 당신도 틀림없이 많은 도움을 얻게 될 것이다.

한 가지 언급하고 넘어가야 할 사항이 있다. 최대한 자제했음에도 어쩔 수 없이 감정 버튼을 누르는 바람에 반사적으로 대응하게 되는 상황이 언제나 있다는 사실이다. 그래도 낙담하지 말고 자신에게 몇 가지 질문을 던져보자. 첫째, 그 상황이 핵심 버튼을 누르는 트리거가 될 수 있다는 사실을 알고 있었는가? 몰랐다면, 그 상황을 핵심 버튼 목록에 추가하자. 다음으로, 반대 행동 계획을 세워뒀던가? 그러지 않았다면, 자신이 선택할 수 있는 행동을 떠올려보자.

반대 행동 훈련은 처음엔 힘들지만 장기적으로 다양한 보상을 준다. 앞서 소개한 몇몇 고객 사례로부터 우리는 그 사실을 이미 확인했다. 앙가드는 소셜미디어와 건전한 관계를 형성할 수 있었다. 그리고 필로메나는 비록 당시 남자친구와는 헤어졌지만 지속적인 연습을 통해 행복한 결혼 생활을 유지하고 있다. 마지막으로 올리버는 부하 직원인 마사와의 관계를 개선했다. 이 모두 실제 일어난 일이다. 당신도 삶을 바꾸는 접근 기술의 위력을 틀림없이 경험하게 될 것이다.

접근은 불편한 감정에 다가섬으로써 자신의 반사적 회피를 확인하는 기술이다. 그리고 나면 구체적인 반대 행동을 계획해둠으로써 감정을 제어하고 삶의 만족감을 높일 수 있다. 물론 접근은 내가 좋아하는 기술이지만, 여기서 소개하는 유일한 기술은 아니다. 우리는 회복탄력성을 높이기 위해서 자신에게 중요한 가치를 향해 계속해서 나아가야 한다. 이제 이 책에서 소개하는 마지막 기술인 '정렬'로 넘어가 보자.

4부

정렬: 원하는 인생을 살기 위해
필요한 가치관

9장

불안을 회피하기 위해
선택한 머무르기

나는 보스턴 도심에서 15년을 살면서 화려하면서도 고풍스러운(어쨌든
미국으로서는) 그 도시의 모든 도로와 골목, 사람들이 잘 모르는 지름길
까지 섭렵했다. 하지만 교외로 이사하고 나서는 방향 감각을 완전히
잃어버리고 말았다. 전혀 모르는 동네 지리를 처음부터 새롭게 익히
는 일은 내게 무척 생소한 경험이었다. 한동안 어디가 어딘지 감을 잡
지 못했고, 누가 길을 물어도 대략적인 방향조차 알려주지 못했다. 다
행히 내 차에는 내비게이션이 달려 있었다. 요즘에는 심지어 휴대전
화나 세련된 스마트워치에도 들어 있다. 내비게이션은 참으로 놀라운
장비다. 단, 고장 나지 않는 한 말이다.

교외로 이사하고 몇 주일 후, 나는 말 그대로 또는 은유적으로 교차
로에 이르게 됐다. 회의를 위해 보스턴으로 향하는 길이었는데, 늦게

모든 인생은 불안하다

출발하는 바람에 마음이 조급했다. 갑자기 내비게이션 화면에 보스턴으로 가는 I-90 이스트 구역에서 사고가 발생했다는 알림이 뜨더니 우회 경로를 안내했다. 나는 그 길을 따라갔고, 한 사거리 신호등에 멈췄을 때 내 뒤로 많은 차가 줄지어 있는 모습이 눈에 들어왔다. 아마도 그들의 내비게이션 역시 나와 똑같이 새로운 경로를 알려준 모양이었다. 신호등이 녹색으로 바뀌길 초조하게 기다리는데, 내비게이션이 갑자기 오프라인 상태로 바뀌었다! 나는 본능적으로 두려움을 느꼈다. 내비게이션 화면에는 '재탐색, 재탐색, 재탐색'이라는 메시지만 잇달아 떴다.

가슴이 두근대면서 온갖 생각이 휘몰아쳤다. 나는 신호가 바뀌기 전에 어느 방향으로 가야 할지 결정을 내려야 했다. 그런데 문제는 그때까지 아무 생각 없이 내비게이션 지시만 따랐기 때문에 내가 어느 방향으로 가고 있는지 알 수 없다는 사실이었다. 보스턴이 어느 쪽에 있는지 감을 잡을 수 없었다. 좌회전? 우회전? 아니면 직진? 어떻게 해야 할지 몰랐다. 그 순간 내 두뇌는 얼어붙었다. 나는 정신을 차리고 재빨리 머리를 굴렸다. 내비게이션이 온라인 상태로 돌아올 때까지(여전히 화면은 먹통이었지만) 잠시 정지해 있을 수도 있었다. 이런 생각이 들었다. '통행을 가로막게 되겠지만 잠깐이면 된다. 그런데 바쁜 출근 시간에 그래도 될까?' 마음을 진정시키려 했지만, 불안은 가라앉지 않았다.

그렇게 시간이 흐르는 동안, 문득 '나침반이 있으면 얼마나 좋을까?' 하는 생각이 들었다(내 아이폰에 나침반 앱이 있었지만, 나는 아마도 그 사실을 이 세상에서 가장 늦게 깨달은 인간일 것이다). 내가 왜 여기서 나침반 이야기를 꺼냈는지 궁금할 것이다. 나는 나침반이 인류가 개발한 가장 용감한 장비라고 생각한다. 그 이유를 설명하기에 앞서, 내비게이션과 나침반의 차이가 무엇인지 그리고 그날 내가 왜 내비게이션 대신 나침반을 원했는지 잠시 살펴보자.

내비게이션의 위험성

앞서 지적한 문제와 더불어, 내비게이션으로 목적지를 검색했을 때 그곳이 내가 생각하는 장소가 아닐 위험도 있다. 실제로 이런 문제 탓에 보스턴 도심에 있는 내 사무실을 처음 찾아오는 고객들은 종종 약속 시간에 늦곤 한다. 그들은 대개 내비게이션 검색창에 '케임브리지 스트리트'라고 입력한다. 그런데 어떤 내비게이션은 이를 '매사추세츠 보스턴, 케임브리지 스트리트'가 아니라 '매사추세츠 케임브리지, 케임브리지 스트리트'로 인식한다. 그들이 다른 곳으로 가고 있다는 사실을 깨달을 때면, 이미 케임브리지에서 강을 건넌 이후다. 결국 그들은 45분짜리 면담에 30분 늦게 도착한다. 이런 상황이 다섯 번이나 일어나고 난 후, 나는 처음 방문하는 고객들에게 정확히 검색하는 방법을 이메일로 알려주기 시작했다.

　반면 나침반은 지구 자기 극의 방향을 파악하는 데 도움이 되도록 설계된 항해 도구다. 나침반은 우리를 대신해서 생각하지 않기 때문에 항상 어디로 가는지(혹시 절벽이나 숲속 또는 협곡을 향해 가고 있는 것은 아닌

　　　　　　　　　　　　　　　　　　　　　　　모든 인생은 불안하다

지) 주의 깊게 살펴야 한다. 나침반은 '항해를 안내하기 위해' 개발됐으며, 따라서 그 불행한 날에 나침반이 더 유용했으리라는 것을 알 수 있다. 물론 목적지에 도달하기까지는 시간이 더 걸리겠지만, 그래도 먹통이 된 내비게이션보다는 낫다.

회피를 위한 머무르기

나는 운전 중에 얼어붙은 안타까운 경험을 소개했다. 이 사례는 우리가 내비게이션의 지시에 따라서만 운행할 때 얼마나 심각한 상황에 처할 수 있는지 잘 보여준다. 내가 보기에, 내비게이션이 먹통이 된 상황은 그대로 머무르는 방식으로 회피하는 상황과 같다. 우리는 위협을 인식했을 때 종종 그대로 얼어붙고 만다. 지금 상태가 아무런 도움이 되지 않는다는 사실을 잘 알지만, 완전히 경직돼서 어떤 시도도 하지 못한다. 일반적으로 이런 상황에 처한 사람들은 에너지가 고갈된다는 느낌을 받으면서도 똑같이 행동한다. 지금부터는 이렇게 머무르는 방식으로 회피 패턴에 갇혀버린 몇몇 고객의 사례를 살펴보고자 한다.

머무르기

우리 몸은 위협에 직면해서 때로 얼어붙는다. 그때 우리 두뇌는 사고하지 못하고 감정을 인식하지 못하며, 어떤 행동을 취해야겠다고 상상조차 하지 못한다. 다음은 머무르기의 몇 가지 사례다.

- 대화에 참여하지 않는다.
- 정신적인 관계든 연애 관계든 자신에게 피해를 주는 관계를 지속한다.
- 상사의 질문에 대답하지 못한다.
- 비참함을 느끼면서도 직장을 옮기지 않는다.
- 아무 일도 하지 않고 오랫동안 멍하니 앉아 있다.
- 허공을 한참 쳐다본다.
- 경력과 관련된 중요한 결정을 계속해서 미룬다.
- 건전하지 못한 삶의 단계에서 벗어나지 못한다.

머무르기는 불편한 감정을 느끼면서도 아무런 행동도 취하지 않고 기존 상태를 그대로 유지하는 것을 말한다. 그래서 머무르기는 쉽게 드러나지 않는다. 물론 머무르기를 선택한 사람들은 자신이 곤경에 빠졌다는 사실을 잘 알고 있다. 다만 무엇을 해야 할지 알지 못할 뿐이다. 머무르기는 '헤드라이트 불빛에 갇혀버린 사슴'의 반응과 같다. 우리는 삶의 다양한 영역에서 머무르기를 발견할 수 있다. '생각해보기 11'을 통해 자신이 어떤 방식으로 머무르기를 선택했는지 확인해보자.

모든 인생은 불안하다

회피하기 위한 머무르기

자신을 둘러싼 환경을 잠시 생각해보자. 만족감을 느끼지 못하는데도 지금 상황에 그대로 머물러 있는 것은 아닌가? 혼란스럽고 진이 빠지는 상황인데도 얼어붙어 있어서 변화를 시도하지 못하는 것은 아닌가? 우리는 삶의 특정 영역에서 머무르기를 선택한다. 예를 들면 다음과 같은 경우를 생각해보자.

- 더 이상 도움이 되지 않는다고 생각하면서도 정말로 끝내야 할지 또는 어떻게 끝내야 할지 모르는 연애 관계에 머물러 있는가?
- 더 이상 만족감을 얻지 못하지만, 새로운 세상으로 나가는 것보다 그냥 머물러 있는 게 더 합리적인 선택으로 보여서 직장을 옮기지 못하고 있는가?
- 친구들에게 똑같은 불만을 계속해서 토로하면서도 아무런 행동도 취하지 않는 것은 아닌가?
- 자녀가 학교에 입학한 뒤 새로운 일을 찾아보는 등 자신의 삶을 바꿔보고 싶지만, 어떻게 시작해야 할지 모르고 있는가?

이상의 질문을 깊이 생각해본 후 제자리에 갇힌 상황에 대해 글을 써보자.

회피는 용감한 삶을 앗아간다. 잠시 시간을 들여 자신이 마비 상태를 극복할 수 있다고 상상해보자. 삶이 어떻게 달라질 수 있을까?

_____

_____

_____

_____

_____

내면의 나침반

'생각해보기 11'을 통해 내비게이션의 지시에 따라 살아가는 삶의 영역을 확인할 수 있다. 내비게이션만 믿고 따라가다가는 결국 곤경에 빠지고 만다(첨단 기술도 우리를 당황하게 하듯이). 우리가 꼭 그렇게 살아가야 하는 것은 아니다. 우리 모두는 언제나 내면의 나침반, 즉 '자신의 가치'를 들여다볼 수 있기 때문이다.

가치는 우리가 삶을 헤쳐나가도록 도움을 주는 놀라운 항해 도구다. 가치의 정확한 의미에 대해 생각할 때마다 나는 수용전념치료 ACT[1]를 개발한 스티븐 헤이스의 연구를 떠올리곤 한다. 임상심리학자인 헤이스는 47권(지금도 계속 늘어나고 있다)의 책을 쓴 저자이기도 하다. 수용전념치료의 목적은 사람들이 피할 수 없는 고통을 감내하면서 의미 있는 삶을 추구하도록 도움을 주는 것이다. 수용전념치료가 활용하는 주요 기술로는 탈융합diffusion(생각과 감정을 구분하거나 분리하는 방법)과 수용(생각과 감정을 있는 그대로 바라보는 방법), 지금 이 순간에 집중하기, 자아 관찰하기, 전념 행동committed action 그리고 이 장의 주제와 밀접한 관련이 있는 가치[2] 등이 있다. 몇 년 전 학술대회에 참석한 적이 있는데, 그 자리에서 헤이스 박사는 가치를 "우리가 마치 내면의 비밀처럼 지키며 살아가는 존재와 행동의 특성"이라고 설명했다. 다시 말해 가치란 '판단과 태도, 행동에 지침을 주는 내면의 고유한 나침반'이다. 예를 들어 어떤 이는 겸손을 자신의 가치로 꼽고, 또 어떤 이는 성취를 가치로 꼽을 수 있다.

온라인으로 검색해보면 수많은 가치의 목록을 발견하게 된다. 놀랍게도(또는 인간의 독창성을 고려할 때 놀랍지 않게도) 우리가 살아가는 세상은 한정적인 가치 목록에 만족하지 않는다. 그래도 샬롬 H. 슈워츠Shalom H. Schwartz와 여러 대륙에서 활동하는 그의 연구팀은 30개국에 달하는 나라를 대상으로 한 연구에서 열아홉 가지 공통 가치를 확인했다.[3] 나도 고객들과 면담하는 과정에서 이런 가치를 확인하곤 한다('공통적인 가치' 참조).

공통적인 가치

가족	감사	개방성
개성	건강	결단력
겸손	경제적 자유	공감
공동체	공정	관대함
끈기	낙관주의	다양성
단순함	도전	명예
모험	민감성	믿음
부	사랑	생산성
성장	성취	소속
솔직함	신뢰성	실용주의
아름다움	안전	야망

모든 인생은 불안하다

열정	영향력	용기
용서	우정	원칙
유머	인내	인정
자기표현	자존감	전통
절약	정의	정직
즐거움	지속 가능성	지혜
진정성	참여	창조성
충성심	친절	카리스마
탁월함	평등	포용
헌신	협력	호기심

이 목록을 잠시 살펴보자. 공감이 되는 가치가 있는가? 자신이 가장 중요하게 여기는 가치가 있는가? 별로 관심을 두지 않았던 가치도 있는가? 지금까지 생각하지 못했던 가치도 있는가? 곤경에 빠졌다고 느낄 때마다 내면의 나침반으로 삼아야 할 가치가 있는가?

결론적으로 목록상 가치에 공감하든 아니든 중요하지 않다(가치는 개인에게 고유한 것이라는 점에서). 여러 가치에 눈이 가더라도 괜찮다. 오직 '하나의' 가치만 중요하게 여기는 사람은 없다. 일반적으로 우리는 다양한 가치를 중요하게 생각하며, 각각이 서로 밀접하게 연결되어 있기도 하다. 내면의 나침반을 확인하고 삶을 헤쳐나가기 위해서는 특정한 순간에 어느 가치가 중요한지 판단해야 한다.

물론 자신의 가치를 확인하는 것만으로 삶이 달라지지는 않는다. 많은 이들에게 가치는 집에 걸어놓은 그림과 같다. 우리는 가치를 바라보며 이에 대해 곰곰이 생각하지만, 가치가 일상생활에 적극적으로 개입하지는 않는다. 우리는 자신이 중요하게 여기는 가치를 대략 알고 있다(적어도 그 느낌은 알고 있다). 그러나 그런 가치를 실제로 입 밖에 내는 일은 거의 없다. 우리가 자신의 가치를 외면할 때, 삶은 내비게이션의 지시에 따라 흘러간다. 그럴 때 우리는 외부 원천(문화나 사회, 친구, 가족)이 들려주는 이야기에 주목한다. 그래서 자신이 어떤 행동을 하는 이유를 정확하게 알지 못한다. 그렇게 우리는 길을 잃어버린다.

어쩌다가 길을 잃었나

새내기 학자 시절에 내겐 개인적으로, 그리고 직업적으로 행동의 지침이 되어준 분명한 가치가 있었다. 바로, 야망이었다. 나의 야망은 열심히 연구해서 성공하는 것이었다. 그리고 그 야망을 추구하면 빈곤의 수렁으로 다시 떨어지지 않으리라고 믿었다. 나처럼 어려운 환경에서 자란 사람들이 무엇보다 바라는 것은 힘든 과거에서 확실하고 영구적으로 빠져나오는 것이다. 정신적으로 고양된 상태까지는 아니라고 해도, 밑바닥의 삶에서 벗어날 수 있다는 점에서 우리는 돈으로 행복을 살 수 있다. 직업적으로 성공하면 적어도 가족을 부양할 수 있다. 이런 점에서 야망은 나의 에너지이자 나를 미국으로 이끈 원동

모든 인생은 불안하다

력이었다.

야망은 훌륭한 가치다. 연구 결과에 따르면, 자신의 가치를 추구하는 삶을 살아갈 때 스트레스와 불안과 우울감이 낮아진다.[4] 나 역시 대학원 시절에 그런 경험을 했다. 나는 열심히 공부하면서 희열을 느꼈고, 더 높은 야망을 추구할수록 더 긍정적인 기분을 경험했다. 내가 달리기 선수는 아니지만, 그 느낌은 아마도 장거리 육상 선수들이 경험하는 그 유명한 러너스하이runner's high와 크게 다르지 않을 것이다. 나는 야망이라는 횃대에 앉아 '박사 과정 밟기'나 '미국에서 가장 권위 있는 정신의학부에서 일하기'와 같은 확고한 목표를 세웠다. 야망은 그렇게 내가 현실적인 목표에 집중하게 해줬다. 그리고 학자로서 초창기 시절에 내가 품은 야망은 회피와는 거리가 멀었다. 나는 나만의 가치에 따라 살았다. 적어도 그때는 그랬다.

그런데 언젠가부터 상황이 달라졌다. 나는 어떻게 '가치를 추구하는 삶'에서 회피로 넘어간 것일까? 그 시점을 정확하게 지목할 수는 없지만, 아마도 내 경력의 중반부였을 것이다. 나는 언젠가부터 '왜'('가치') 지금의 일을 하는지에 더 이상 주목하지 않았고, 단지 '무엇'('목표')을 성취하고 싶은지에만 집중했다. 그리고 내가 추구하는 가치가 아니라 사람들이 중요하게 생각하는 목표에 따라 살아가기 시작했다. 나는 다른 이들이 만든 사다리를 타고 올라가면서 내 꿈은 더 이상 거들떠보지 않았다.

결론적으로 나는 경로를 이탈했다. 내 가치를 외면한 채 삶을 헤쳐나가고자 했다. 그러나 내면의 나침반을 외면하면 자신이 정말로 소중하게 여기지 않는 목표를 향해 나아가게 된다. 자신의 가치와 조화를 이루지 못하는 여정은 불편하다. 예를 들어 솔직함을 중요하게 여기면서도 거짓말을 한다면, 불편한 감정이 들 것이다. 마찬가지로 창조성을 무엇보다 중요하게 여기는데 관행에 따라 일해야 한다면, 만족감을 얻지 못할 것이다. 또한 건강이 핵심 가치인데도 과식하면서 운동을 게을리한다면, 끔찍한 기분이 들 것이다.

이처럼 익숙한 불편함을 느낄 때, 우리는 그대로 머무른다. 지금껏 해왔던 대로 한다. 그리고 그게 자신이 선택할 수 있는 유일한 방식이라고 생각한다. 심지어 자신을 그 방향으로 더 강력하게 밀어붙이기도 한다. 그렇게 해야 기분이 더 나아질 것으로 기대한다(나도 그랬다!). 그러고는 상황이 좋아지길 기대하지만, 그럴 가능성은 희박하다. 이것이 바로 '머무르기를 통한 회피'의 핵심이다. 즉, 우리는 자신이 원하는 삶에서 더 멀어지면서도 그대로 머무른다. 달아나거나 맞서 싸우지 않고 과거의 패턴을 고수한다. 물론 머무르기는 기분을 잠시 좋게 해준다. 머무르기는 회피의 한 가지 형태이며, 앞서 살펴봤듯이 회피는 단기적으로 효과가 있기 때문이다. 어디가 북쪽인지 알지 못할 때, 우리는 신체적 및 심리적으로 대가를 치른다. 이런 상황은 누구에게나 일어날 수 있다. 실제로, 가장 중요하게 생각하는 가치를 외면한 채 목표를 향해 무작정 내달리던 내게도 일어났다.

모든 인생은 불안하다

나는 그런 삶에 감정적인 대가가 따른다는 사실을 깨달았다. 그 깨달음은 어느 날의 고요하고 쓸쓸한 꼭두새벽에 찾아왔는데, 그때 나는 목표를 향해 쉼 없이 달리는 고독한 삶의 실체를 들여다보게 됐다. 나는 잠들지 못한 채 침대에 누워 천장을 멍하니 바라봤다. 생각의 파도가 두뇌의 해안가로 밀려왔다.

대체 뭘 하고 있나?

계속 이렇게 살아간다면 불안에서 벗어나지 못하는 게 아닐까?

다른 길이 없어. 이 일을 계속해야 해!

연구비 지원서를 쓰면 기분이 좀 나아질 거야.

왜 이 일을 하고 있을까?

누구를 위해 하고 있을까?

많은 걸 성취하고도 왜 비참한 기분이 들까?

내가 얼마나 운이 좋은 사람인지를 고려하면 이런 기분은 사치에 불과하지.

이 일을 그만두면 나는 뭐가 될까?

장기적인 스트레스는 신체적 증상으로도 나타난다. 미국심리학회 American Psychological Association에 따르면, 스트레스는 근골격계·심혈관계·호흡기계·내분비계·소화계·신경계·생식기계에 직접적인 영향을 준다.[5] 괜히 걱정을 자극하는 말이 될 수도 있겠지만, 스트레스가 사망으로도 이어질 수 있다는 사실에 주목할 필요가 있다. 영국에서 이뤄진 연구들에 따르면, '낮은' 수준의 스트레스도 사망률의 20퍼센트 증가와 관련이 있다.[6]

2021년 초, 이런 스트레스의 신체적 증상이 내게도 찾아오고 말았다. 당시 나는 연구 보조금을 받아 재택근무를 하고 있었다. 그런데 갑자기 안면 근육의 감각이 사라지기 시작했다. 이런 생각이 들었다. '스트레스가 심한 모양이군. 심리적인 문제일 거야. 마음을 가라앉히자. 별일 없을 거야. 불안해서 그래.' 그러나 몇 분 후 한쪽 얼굴이 완전히 마비되면서 나는 공황 상태에 빠졌다. '이런…, 이건 뇌졸중이야!' 나는 눈물을 흘리면서 어떻게든 얼굴 감각을 되살리기 위해 애썼다. 이런 생각이 들었다. '불안해서 그건 건가, 아니면 정말로 뇌졸중이 오고 있는 건가?' 아직 남아 있는 사고하는 두뇌의 끝자락을 붙잡고 병원에 전화를 걸었다. 그리고 간호사에게 오른쪽 얼굴이 마비되고, 팔다리가 저리고, 심박수가 150(앉아 있는 상태에서)으로 치솟았다고 설명했다. 간호사는 나를 진정시키려 했지만, 그녀의 목소리도 떨린다는 것을 느낄 수 있었다. 나는 완전히 이성을 잃어버렸다….

'뇌졸중이다! 그렇게 열심히 연구했는데, 모든 게 사라질 거야. 이제 끝이라고!'

간호사와 어떻게든 대화를 이어가려고 안간힘을 쓰는 와중에도 눈물이 계속해서 흘러내렸다. 그녀는 최대한 빨리 병원으로 오라고 했다. 머리가 어지러웠다. 나는 데이비드에게 병원으로 가자고 했다. 차

모든 인생은 불안하다

를 타고 가는 동안에도 생각의 소용돌이는 멈추지 않았다. 내 인생 전체가 눈앞으로 지나갔다.

주치의는 내 상태를 즉각 확인했다. 뇌졸중 가능성이 있다면서, 확실한 것은 두뇌를 스캔해봐야 안다고 했다. 그날 저녁 나는 다른 병원으로 이송돼 거대한 MRI 속으로 들어갔다. 그때 떠오른 생각이 아직도 생생하다. '정신적으로 파탄에 이르고 말았어. 이제 돌이킬 수 없어!'

그렇게 멍하니 20시간이 흘러갔다. 내 두뇌는 최악의 시나리오를 부지런히 써 내려가고 있었다. 그래도 아들 앞에서는 침착함을 유지하려고 안간힘을 썼다. 천만다행으로 뇌졸중은 아닌 것으로 판명이 났다. 정확한 이유는 끝내 찾지 못했는데, 신경과 전문의는 극심한 편두통 때문일 수도 있다고 했다. 하지만 그날 내 몸에서 일어난 일과는 상관없이, 나는 심리적 전환점을 맞이했다. 그동안 목표를 향해 정신없이 달려왔고, 이로 인해 치명적인 대가를 치르고 있다는 사실을 더는 외면할 수 없게 됐다.

가치를 외면한 대가

그날 내가 겪었던 극심한 불안과 스트레스, 두려움은 내 고객들이 경험한 바로 그것이었다. 자신의 가치를 외면하면서 스트레스가 극한에 달했던 고객들의 상황과 다르지 않았다. 일반적으로 고객들은 잠을 잘 자지 못하고, 퇴근 후에 짜증이나 분노를 느꼈으며, 스트레스가 계속 이어졌다. 그리고 무엇보다 그런 문제가 일어나는 정확한 이유를 알지 못했다. 그러나 이런 상황은 나침반 없이 항해한 결과다. 우리는 대가를 맞닥뜨리고 나서야 비로소 상황을 인식하게 된다. 그리고 더는 예전의 삶으로 돌아가지 못한다.

일반적으로 머무르기를 통한 회피는 탈진으로 이어진다. 직군 간 협력과 조화를 위한 유럽 네트워크The Network on the Coordination and Harmonisation of European Occupational Cohorts는 최근에 광범위한 논문 검토 작업을 통해 다음과 같이 탈진을 정의했고, 29개국 전문가들이 이를 승인했다. "탈진이란 업무와 관련된 문제 상황에 장기간 노출됨으로써 나타나는 '감정적 고갈emotional exhaustion' 상태를 말한다."[7] 탈진이 업무와 관련해서만 모습을 드러내는 것은 아니다. 일상생활의 장기적인 스트레스 요인(육아나 간병 등)으로도 탈진을 겪는다. 세계보건기구 WHO에 따르면 일반적인 탈진 증상으로는 녹초나 피로감, 업무에 대한 부정적인 느낌, 업무와의 심리적 거리감, 생산성 저하 등이 있다.[8]

한 가지 아이러니한 사실은 탈진(머무르기에 따른)을 경험할 때마다 일부(나 자신을 포함해서)는 지금껏 해왔던 방식을 그대로 이어나가면서 다른 결과를 기대한다는 것이다. 그들은 계속해서 회피한다! 그리고 삶의 극적인 변화를 만들어내는 미지의 영역을 살펴보지 않고 익히 알고 있는 악마를 선택함으로써 잠재적인 불편한 감정으로부터 도망치려 한다. 자신에게 이렇게 물어보자. '어려움을 겪는데도 예전 방식을 그대로 고수했던 적이 있나?' 만약 그랬다고 해도 당신은 혼자가

모든 인생은 불안하다

아니다. 대부분 사람에게 그런 경험이 있다. 전 세계적으로 수천 명의 직원을 고용한 다수의 기업이 얼마나 많은 근로자가 탈진을 겪는지 알아보기 위해 조사를 실시했다. 그 결과, 매킨지앤컴퍼니McKinsey & Company는 49퍼센트가 어느 정도 탈진의 느낌을 보고했다고 발표했다.[9] 그리고 딜로이트Deloitte는 77퍼센트가 기존 업무에서 탈진을 경험했다고 언급했다.[10]

탈진을 겪을 때, 사람들은 대개 잠시 회피한다. 가장 중요하게 여기는 가치를 외면하는 과거의 습관으로 돌아가서 점점 더 부정적인 감정을 느낀다. 부정적인 감정이 고조될수록 정상 궤도로 돌아가기는 더 힘들어지고, 여러 가지 장애물을 만날 때 극복은 불가능한 일처럼 느껴진다.

기준이 없다면 선택은 힘든 일이다

우리는 여러 가치가 충돌하고 선택을 해야 하는 전환점에 종종 이르게 된다. 예를 들어 아침 9시에 팀 회의가 잡혀 있는데 아이가 포옹과 키스를 포함해 당신의 모든 관심을 요구한다. 아이 때문에 회의에 지각할 것인가, 아니면 아이를 실망시키더라도 일에 집중할 것인가? 많은 이들에게서 가정과 일은 종종 충돌한다. 그리고 그 순간 우리는 즉각적으로 기분을 더 좋게 해주는 것(즉, 회피)을 선택한다.

동쪽으로 가는 동시에 서쪽으로 갈 수는 없다. 마찬가지로 두 가지 일을 동시에 처리할 수 없을 때가 있다. 특히 일과 가정, 건강과 관련해서 하나에 집중할 때는 다른 하나에 집중하지 못한다. 우리의 시간, 관심, 에너지는 일종의 제로섬 게임이다. 제한된 자원을 쓰고 나면 다른 곳에 쓰지 못한다. 10달러로 샌드위치와 피자를 '동시에' 사지 못하는 것처럼, 우리는 때로 삶에서 하나를 선택해야 한다. 그런데 스트레스와 불면으로 고통을 겪거나 오랫동안 회피에서 빠져나오지 못할 때, 우리는 순간의 감정에 따라 선택을 한다. 그 선택은 아마도 장기적인 차원에서 자신에게 최선은 아닐 것이다. 단지 즉각적으로 기분이 나아지길 원하기 때문에 그런 선택을 하는 것이다.

내 고객인 리카르도 역시 그런 삶을 살았다. 그는 자신을 지극히 가정적인 남자라고 소개했다. 리카르도는 처음 만난 자리에서 두 자녀와 아내, 가족과 함께했던 날들, 소중한 가족 여행에 관한 이야기를 들려주면서 환한 미소를 보였다. 그러고는 휴대전화를 꺼내 당시 일곱 살과 다섯 살이던 자녀들의 사진을 보여주면서 뿌듯한 표정을 지었다. 가족은 리카르도에게 가장 소중한 가치였다. 그는 가정이 삶의 중심이라고 했다. 그러나 그토록 가정적인 남자인 그가 다음에 들려준 이야기는 무척 당황스러운 것이었다. 나를 찾아오기 얼마 전, 그는 아내에게서 이혼 서류를 받았다고 했다. 나는 대체 어떻게 된 영문이냐고 물었다.

리카르도는 한숨을 쉬면서 지난 금요일 오후에 있었던 일을 들려줬다. 그의 삶이 왜 곤경에 처하게 됐는지 잘 보여주는 사건이었다. 정신없이 일하다가 불안한 마음에 시계를 봤는데 4시 30분이었다. 아

모든 인생은 불안하다

이를 데리러 학교에 가야 할 시간이었다. 아내가 이혼을 요구한 뒤에도 두 사람은 여전히 한집에 살았고 아이의 양육을 50:50으로 분담하고 있었다.

리카르도가 금융 기업의 부사장이라는 사실에 주목하자. 그는 자신의 직급에 대해, 그리고 힘든 분야에서 성공할 가능성에 대해 자랑스럽게 생각했다. 그 금요일 오후에 리카르도는 새로운 고객과 유망한 거래를 놓고 협상을 벌이는 중이었다. 그는 그 고객(마크라고 부르자)을 유치하기 위해 몇 년 동안 노력했고, 마침내 마크가 자신의 투자금 전부를 리카르도의 회사로 옮기기로 했다. 이번 계약은 대단히 중요한 성과가 될 것이고, 그래서 리카르도는 엄청난 연말 보너스를 기대하고 있었다. 그 돈은 이혼을 앞둔 그에게 꼭 필요했다.

리카르도는 아이를 데리러 가려고 서둘러 퇴근 준비를 했다. 그런데 그때 전화가 울렸다. 마크였다. 심장이 철렁했다. 혹시 그가 생각을 바꾸는 바람에 다시 설득해야 한다면? 전화를 받지 않으면 마크의 계약을 놓칠 위험이 있었다. 그러나 전화를 받으면 제시간에 아이를 데리러 갈 수 없었다. 재빨리 머리를 굴렸다. 그리고 아내에게 아이를 데리러 갈 수 있는지 문자 메시지를 보내면서 마크의 전화를 받았다. 그로선 힘든 부탁이었다. 두 사람의 관계가 냉랭한 상태여서 사소한 문제도 심각한 다툼으로 이어질 수 있기 때문이었다. 일을 선택한다면 아내와의 갈등을 감수해야 했다. 하지만 마크는 잠재적으로 대단히 중요한 고객이었기에 다른 선택지가 없었다. 그는 일을 선택해야 했다. 발등에 떨어진 불이었다. 마크의 전화를 받으면서 그는 두려움을 느꼈다.

내가 물었다. "그래서 어떻게 됐나요?"

"나중에 알게 됐지만 아내는 회의 중이라 제 메시지를 보지 못했습니다. 아이들은 학교에 남아 있을 수밖에 없었죠. 다행히 선생님들이 20분 동안 함께 기다려줬어요. 하지만 내가 도착했을 때 아이들은 이미 화가 나 있었죠." 그 말을 하는 리카르도의 표정은 너무나 슬퍼 보였다.

리카르도는 눈물을 글썽였다. "의식적으로 가족 대신 일을 선택한 게 아니었어요! 피치 못할 사정이 종종 생기는데, 저는 언제나 당시 가장 급박하게 느껴지는 쪽을 선택했습니다. 솔직히 말해서, 그게 아내가 저를 떠나려 했던 이유라고 생각합니다. 아내는 제가 진정한 파트너가 아니라고, 자신이 믿고 의지할 사람이 아니라고 말합니다. 그리고 이제 8년이 흘러 완전히 지쳐버렸다고 합니다. 아내의 마음을 돌릴 수 있을 거라고는 생각하지 않아요. 그래도 저는 달라지고 싶습니다. 그동안 저는 가족을 가장 중요하게 생각했는데, 아내와 아이들은 그렇게 느끼지 않았나 봅니다. 그렇게 생각하면 미칠 것 같습니다."

직장에서 성공할 것인가, 아니면 가족의 든든한 버팀목이 되어줄 것인가를 선택하는 과정에서 리카르도는 고통을 느꼈다. 줄곧 가정을 희생하고 직장을 선택했기 때문이다. 아내가 이혼을 요구했을 때, 리카르도는 아내를 여전히 사랑하면서도 아내가 왜 그런 결정을 내렸는지 충분히 이해할 수 있었기에 깊은 절망감을 느꼈다. 지금까지 아내가 자신의 행동에 대해 느꼈던 실망감을 이해할 수 있었다! 그는 달라지고 싶었다. 그러나 지금까지 지속해온 회피 패턴을 어떻게 멈춰야 할지 알지 못했다.

나도 리카르도와 같은 곤경에 종종 빠진다. 그리고 이 책을 읽는 많은 이들 역시 마찬가지일 것이다. 나는 매일 아침 이렇게 다짐한다. '오늘은 꼭 운동을 하자!' 하지만 나보다 먼저 일어난 디에고가 나를 끌어안으면서 아름다운 미소를 지으며 이렇게 묻는다. "엄마, 같이 놀아줄 거지?" 그러면 내 심장은 녹아내린다. 그리고 평생의 모든 순간을 아이와 함께 보내는 게 내가 가장 바라는 삶이 되어버리면서 실내 자전거나 역기와 함께 아침을 맞겠다는 희망은 창밖으로 사라지고 만다. 그 순간(그리고 모든 순간) 나는 아이를 선택한다. 그러면 잠시나마 기분이 좋아진다. 하지만 조만간 불편한 회피의 입김이 느껴진다. 그 선택은 언제나 나를 곤경에 빠트리기 때문이다. 항상 하던 대로 하고, 여전히 20킬로그램을 빼야 하고, 체력은 바닥나고, 몸은 힘들다. 시간이 흘러도 어느 것 하나 나아질 기미가 보이지 않는다.

다행스럽게도 우리는 가치들이 충돌하는 삶의 영역을 확인하기 위해 이런 전환점을 기다릴 필요가 없다. 이런 영역은 대개 회피로 가득 차 있다. 이제 '생각해보기 12'를 통해 삶의 어느 지점에서 교차로를 만나게 되는지 확인해보자.

가치가 충돌하는 교차로 확인하기

가치가 충돌하는 스트레스를 경험한 사람이 리카르도와 나만은 아닐 것이다. 우리 모두는 언제나 이런 상황에 직면한다. 문제는 충돌 자체가 아니다. 진정한 문제는 스트레스 상황에서 선택을 해야 할 때, 의식적인 의사결정을 내리는 것이 아니라 회피에 빠져든다는 것이다. 앞서 확인한 자신의 가치들을 되돌아보고 그중 두 가지가 충돌했던 최근 상황을 떠올려보자. 그리고 다음 질문에 답해보자.

• 가치들이 충돌할 때 어떤 행동을 취했는가?

_____

_____

_____

• 그 행동 후에 어떤 느낌이 들었는가?

_____

_____

_____

• 그 행동은 계속해서 반복했던 것이었나?

_____

_____

• 행동에 따른 단기적인 결과는 무엇인가?

_____

_____

• 그 선택이 장기적인 차원에서 나를 곤경에 빠트리고 있는 것은 아닌가?

_____

_____

머무르기는 언제나 회피일까?

우리가 회피의 한 가지 형태로 머무르기를 선택한다는 사실을 설명하면 이런 질문이 종종 나온다. "그렇다면 가정 폭력에 시달리는 사람도 '회피'를 하고 있다는 말씀인가요?" 가정 폭력은 심각하고 복합적인 문제다. 나는 그 사실을 트라우마를 겪은 사람들과 면담을 나눈 지난 20년간의 경험으로, 그리고 어머니의 삶을 오랫동안 목격한 경험으로 잘 알고 있다. 삶과 죽음의 문제와 관련해서 한 가지 분명한 것이 있다. 바로, 안전이 최우선이라는 점이다. 지금 자신이 그런 상황에 처해 있다고 판단된다면, 도움을 줄 만한 사람이나 가까운 친구를 찾아서 가장 먼저 자신의 안전을 확보하라고 강력히 권고한다. 물론 그런 상황에서 빠져나오기는 결코 쉽지 않다는 사실을 잘 안다. 그러나 우리 어머니가 안전을 되찾은 이후로 삶이 어떻게 달라졌는지도 잘 안다. 내 말을 오해하지 말자. 물론 힘든 일이지만, 그 선택은 우리를 틀림없이 더 좋은 방향으로 안내할 것이다.

머무르기를 선택했지만 회피라고는 말할 수 없는 또 다른 사례를 살펴보자. 어느 날 내 고객인 케이트가 전화를 걸어 자신이 지금 회피하고 있는 것이냐고 물었다. 처음 만났을 때 케이트는 대단히 고압적이고 만족감이 낮은 업무 환경에서 일하고 있었다. 그런데도 그녀는 그 직장을 떠나지 못했다. 그녀는 몇 년 동안 체중이 45킬로그램이나 늘자 비참한 기분이 들었다. 케이트는 나와 면담을 한 이후 다른 직장으로 옮길 수 있었다. 그녀는 새 직장에서 한동안 만족스럽게 일했지

모든 인생은 불안하다

만, 1년쯤 지나자 상황이 다시 나빠졌다. 케이트는 첫 번째 직장에서처럼 좀 더 버텨보기로 했지만 한 가지 궁금증이 일었다고 한다. '내가 회피하고 있는 것은 아닐까?' 나는 케이트에게 왜 버티기로 마음먹었는지 물었고, 그녀의 대답은 이랬다.

"이상적인 직장은 아니지만 6개월만 더 버티면 상당한 보너스를 받을 수 있거든요. 대출을 갚으려면 그 돈이 꼭 필요해요. 그래서 그때까지는 있으려고요. 지금 하고 있는 일에 최선을 다하고, 그때가 오면 다른 직장을 알아볼 생각이에요."

"그렇게 결정했을 때 어떤 느낌이 들었나요?"

"지금 직장을 좋아하지는 않지만, 그래도 그렇게 결정하고 나니 지루한 업무를 버티기가 한결 수월해졌어요. 이제 계획을 세웠고 실행에 옮겨야 해요. 불편함을 편안하게 받아들이려고 노력하는 거죠!"

그때 나와 케이트는 그건 회피가 아니라고 결론을 내렸고, 그녀는 상황이 나아질 때까지 자신의 선택을 고수하기로 했다. 삶은 힘들다. 그리고 당장 좋은 선택을 할 수 없는 상황도 있다. 그럴 때 머무르기를 선택했다고 해서 꼭 회피인 것은 아니다. 자신의 상황과 행동이 심리적 회피에 해당하는지 궁금하다면 〈그림 2-4〉를 다시 보며 확인해보자.

익숙하다고 해서 안전한 건 아니다

자신의 삶에 도움이 되는지 판단하지 않고서 한 가지 목표에만 매달리면 스트레스와 탈진의 끝없는 순환으로 빨려 들어간다. 앞서 살펴본 것처럼 학자로서 다람쥐 쳇바퀴를 달렸던 내 삶이 바로 그랬다. 내가 원하는 삶이 아니라는 사실을 알면서도 멈출 수 없었다. 옛말에도 있듯이, 우리는 잘 아는 악마와 싸우는 게 더 안전하다고 생각한다. 어느 정도 예상할 수 있기 때문이다. 자신이 익히 아는 악마와 함께 춤을 추는 상황이라면 힘들지만 어떻게 대처해야 할지, 무슨 일이 일어날지 예상할 수 있다. 그래도 춤의 상대가 악마라는 사실에는 변함이 없다. 그리고 악마가 우리를 곤경에 빠트리면 장기적으로 부정적인 결과가 나타난다. 나도 뇌졸중을 겪을 뻔하고 나서야 정신을 차리고 그 악마에게 '회피'라는 이름을 붙였다.

과로는 심각한 대가를 요구하지만, 우리는 회피하기 위해 머무르기를 선택한다. 그리고 또 다른 방식으로 곤경에 빠지기도 한다. 개인의 가치들이 서로 충돌할 때 그런 일이 벌어진다. 예를 들어 리카르도는 가족을 사랑하면서도 많은 시간을 함께하지 못했다. 매번 일을 선택했기 때문이다. 또는 나처럼 가족을 우선시하면서 본인의 건강은 챙기지 못할 수도 있다. 회피의 방식으로 선택한 머무르기가 장기적으로 큰 피해를 준다면, 우리는 왜 머무르는 것일까? 그 이유를 이해하기 위해 다음 장에서는 회피를 선호하는 성향 뒤에 숨은 과학을 들여다보자.

모든 인생은 불안하다

10장

스스로 만든 생각의 감옥에서 탈출하라

왜 우리는 내면의 나침반(가치)을 외면하고 회피를 선택할까? 세상을 헤쳐나가면서 자신이 가장 중요하게 여기는 가치에 따라 판단을 내리는 것은 지극히 합리적인 행동이다. 그러나 우리는 때로 잠재적인 불편함을 회피하려는 오랜 습관에 빠져든다. 전 세계 수많은 고객과 면담을 나눈 내 경험에 비춰볼 때, 사람들은 내면의 나침반 대신에 세 가지 공통적인 기준을 따른다. 감정과 목표, 그리고 다른 사람이다. 이런 문제 있는 기준이 우리 삶을 어떻게 이끄는지 이해하기 위해, 잠시 개인적인 이야기를 해볼까 한다.

처음 미국에 왔을 때 대화를 하다가 입을 다물면 사람들은 내게 "무슨 생각을 하고 있어요?"라고 물었다. 나는 그게 무슨 뜻인지 이해하지 못했다. '감정'이 아니라 생각에 집중한다는 말이 낯설었기 때문이다. 남미 국가에서 자라난 나에게 감정은 곧 나 자신이었다. 감정은 문화와 인간, 그리고 세상에 대처하는 모든 방식을 정의했다. 우리는 가슴을 따른다. 그게 무슨 말인지 모르겠다면, 월드컵 경기를 보는 브라질 팬들의 모습을 살펴보자. 그들은 눈물을 흘리고, 강력한 감정을 분출하고, 크게 소리를 지른다. 그게 바로 우리의 모습이다(사실 축구 경기를 보면서 눈물을 흘리는 것은 브라질 사람들만이 아니다. 이탈리아인들 역시 마찬가지다).

교환학생으로 미국에 와서 첫 학기에 참여했던 토론 수업(무슨 날벼락인가!)이 생각난다. 그 수업에서 나는 논리적이라고 '느낀' 주장을 했다. 나는 이렇게 말했다. "여성과 남성이 평등하게 급여를 받아야 한다고 강하게 '느낍니다!'" 지금도 나는 여성과 남성이 평등하게 급여를 받아야 한다고 생각한다. 하지만 그날 내 주장은 감정에만 치우치는 바람에 설득력이 없었다. 까다로운 토론 주제에서 중요한 요소를 많이 빠트리고 말았다. 이제 성인이 되어 그때를 떠올리면 과거의 나 자신에게 웃음이 난다. 요즘 나는 고객들은 물론 아들에게도 하루에도 100만 번은 얘기한다. "감정은 정당하지만 사실은 아니다." 그러나 열여덟 살 교환학생 시절의 나는 감정이 사실이 아니라는 말에 '절대' 동의할 수 없었다. 나는 감정을 생생하게 느꼈고, 그래서 그건 사실이어야만 했다. 그날 교수님은 내게 데이터에 기반을 둔 '논리적인' 주장을 하라고 친절하게 말씀하셨지만, 내 감정이 토론을 위한 충분한 데이터 포인트가 아닌가? 정치 토론에서 감정을 배제하고 오로지 논리와 객관적인 증거, 데이터만을 활용하도록 요구했다면 지난 몇 년간 수많은 정치 토론은 시작조차 되지 못했을 것이다. 추수감사절에 논쟁을 벌일 일도 없을 것이다!

그날 토론 수업은 지금 생각하면 우습지만 당시에는 대단히 혼란스러웠다. 나는 브라질을 떠나 미국에 오기 위해 영어를 배워야 했다. 영어는 내가 정말로 많은 관심을 기울인 과제였다. 그러나 미국에 도착하고 첫 학기부터 좌절을 경험했다. 단어와 문장이 머릿속에 떠올라도 그것을 입 밖으로 끄집어내기는 쉽지 않았다. 인생이 달린 중요한 순간에도 그랬다. 한번은 아주 귀엽게 생긴 러시아 남학생과 함께 토론을 한 적이 있다. 교수님은 우리 두 사람을 강의실 앞으로 나오게 했다. 나는 간밤에 친절한 하숙집 주인의 도움을 받아 작성해놓은 메모장을 꺼내 들었다. 그날 아침 나는 자신만만했다. 하숙집 사람들의 도움으로 충분히 연습했기에 토론을 잘 해낼 수 있으리라 믿었다. 그러나 토론이 시작되자마자 세상은 내게 문을 닫아버렸다.

단지 가슴이 두근거렸다는 말로는 그때의 심정을 제대로 표현할 수 없다. 마치 옛날 만화 속 장면처럼 심장이 가슴 밖으로 튀어나오는 느낌이었다. 아마도 다들 내가 얼마나 긴장했는지, 그리고 투쟁-도주-경직 반응으로 얼마나 얼어붙었는지 알아챘을 것이다. 감정이 사고하는 두뇌를 납치해서 어떤 논리적인 생각도 할 수 없었다. 그래서 어떻게 됐을까? 그렇다. 나는 그 자리에서 거의 아무 말도 하지 않고 회피했다. 그리고 그 잘생긴 소년과 눈을 마주치지 않으려고 다른 학생들 얼굴만 멀뚱히 둘러봤다! 토론이 끝나고 자리로 돌아왔을 때 비로소 숨을 쉴 수 있었다. 교수님은 나를 측은하게 여기시고 합격점을 주셨다 (사실 합격과 불합격으로만 평가했기 때문에 합격이 칭찬을 의미하는 것은 아니었다).

오늘날 과학자로서 나는 그날 내 머릿속에서 무슨 일이 일어났는지 이해한다. 편도체가 전전두엽 피질을 쫓아내고 두뇌를 인질로 삼았다. 그래서 나는 논리적인 주장을 펼칠 수 없었다. 그때 나는 그 모든 일 뒤에 과학이 존재한다는 사실을 알지 못했다. 단지 '기분이 좋지 않다'고만 느꼈고 회피를 통해 감정을 추슬러야 했다.

감정의 고삐가 풀리다

감정은 강력하다. 강력한 감정을 재빨리 누그러뜨릴 수 있는 가장 보편적인 방법은 회피다. 이런 반사적 행동을 일컬어 심리학자들은 '감정 기반 행동emotion-driven behavior'이라고 부른다. 감정 기반 행동은 현재 감정 상태에 직접적인 영향을 미치는 행동을 말한다.[1] 다시 말해 기분이 나쁘거나 스트레스를 받을 때, 우리는 즉각적으로 기분을 더 좋게 하기 위해 나중에 후회할 일을 선택한다.

감정에 따라 행동할 때는 사고하는 두뇌를 활용하지 않는다.[2] 그래서 생각했던 것보다 더 많이 술을 마시고, 과식하고, 책임을 외면한다. 그리고 사랑하는 사람에게 신뢰를 잃어버릴 행동을 한다.[3] 이런 반응은 당시에는 문제가 없어 보이지만, 장기적인 대가가 따른다. 충동적이고 반사적인 행동 패턴은 만성적인 약물 사용, 체중 증가, 실직, 이혼, 경제적 궁핍, 직무 태만의 결과로 이어진다. 이런 문제는 우리가 감정에 따라 살아갈 때 일어난다. 그런데 한 가지 딜레마는 이런

모든 인생은 불안하다

문제가 애초에 우리가 누그러뜨리려 했던 강력한 감정을 더욱 강화한다는 사실이다!

리카르도는 직장에서 스트레스를 받을 때마다 더 오래 일했다. 퇴근하는 길에도 통화를 했고, 일이 남아 있으면 퇴근하지 않았다. 그는 사무실에 남아 있는 방식으로 회피를 했다. 이런 방식은 그에게 잠시 위안을 줬다. 하지만 가족과의 저녁 시간에 매번 늦으면서 아내와 말다툼이 잦아졌고 아이들에게 실망감을 안겼다. 그 모든 순간에 리카르도는 자신의 감정을 따랐고, 일을 선택했다. 의식적으로 그렇게 한 것은 아니지만, 그 순간에 불편한 감정을 다스리는 유일한 방법이었다. 이런 회피 패턴은 결국 이혼으로 이어지고 말았다.

나 역시 감정 기반 행동 탓에 때로 어려움을 겪는다. 앞서 고백했듯이 나는 디에고와 함께하는 시간을 소중하게 여긴다. 참으로 사랑스러운 순간이기는 하지만, 솔직히 말해서 그건 기분을 좋게 하기 위한 선택이다. 매일 아침 아이의 사랑스러운 눈동자와 미소를 마주하고 키스와 포옹을 나누는 일은 내게 너무나 큰 기쁨을 가져다주기 때문에 나는 기꺼이 아이와 함께하기를 선택한다. 어떻게든 시간을 내서 헬스장에 가는 게 장기적으로 더 좋다는 사실을 잘 알면서도 말이다. 하지만 고백하건대 그건 너무 힘든 일이다. 선택의 순간에 나는 종종 감정의 희생양이 된다. 그러다가 등이 쑤시거나 바지가 들어가지 않을 때면 그런 선택을 했던 나 자신에게 화를 낸다. 내 두뇌는 이렇게 다그친다. "위선자! 사람들에게는 그렇게 떠들어대고선 대체 뭐 하는 거야?"

그 순간 리카르도와 나는 자신이 소중하게 여기는 가치가 아니라 감정에 따라 행동했다. 그래서 감정 기반 행동이 문제가 되는 것이다. 감정에 따라 행동할 때는 자신이 가장 중요하게 여기는 가치를 잃어버린다. 이런 점에서 나는 감정 기반 행동을 종종 소화기에 비유한다. 소화기를 사용하면 가까이에 있는 불을 더 빨리 끌 수 있다. 하지만 그렇게 하면 자신이 가장 중요하게 여기는 것을 구할 기회를 놓치게 된다.

감정은 모두 나쁜 것일까?

절대 그렇지 않다! 감정은 중요한 기능을 한다. 유명한 픽사 애니메이션 〈인사이드 아웃〉을 봤다면, 내가 무슨 이야기를 하는지 알 것이다. 감정을 억압하면 풍요롭고 충만한 삶을 살아가지 못한다. 인간답게 살기 위해서는 모든 감정에 문을 열어놓아야 한다. 게다가 감정은 자신을 보호하기 위한 주변 정보를 담고 있다. 예를 들어 들판에서 사자를 만났을 때 두려움이라는 감정은 우리에게 빨리 도망치라는 정보를 전한다. 냉장고에서 꺼낸 우유에서 역한 냄새를 맡았다면, 그 우유를 마셔서 끔찍한 위통에 시달리지 않도록 역겨움이라는 감정이 우리를 보호한다.

또한 감정은 자신만이 아니라 타인에게도 도움을 준다. 한 사람이 감정을 표현할 때 다른 사람은 그 감정으로부터 반응을 선택하기 위한 세부적인 정보를 얻는다. 예를 들어 아이가 길에서 울고 있다면 지나가던 사람이 아이를 달래기 위해 뭔가를 할 것이다. 회의에 지각했

모든 인생은 불안하다

는데 친한 동료가 놀란 눈으로 경고 신호를 보낸다면, 당신은 상사의 눈에 띄지 않도록 조심스럽게 자리에 들어가 앉을 것이다. 누군가가 거세게 문을 두드리면서 알아들을 수 없는 소리를 외친다면, 대답을 해야 할지 한 번 더 생각하게 될 것이다.

이들 모두는 감정이 우리에게 정보를 전달하는 사례다. 그렇다면 '감정은 정당하지만 사실은 아니다'라는 주장으로 돌아가 보자. 강력한 감정을 경험하는 것은 우리 삶의 일부다. 그리고 감정은 우리에게 중요한 정보를 전달한다. 하지만 '모든' 정보를 전달해주지는 않는다. 예를 들어 누가 놀란 표정으로 숨을 몰아쉬며 방으로 들어올 때, 우리는 두려움을 느낀다. 그리고 가슴이 빠르게 뛰면서 근육이 긴장된다. 하지만 두려움만으로는 그 사람이 뭔가를 피해 도망치고 있는지, 좋은 소식을 전한다는 생각에 잔뜩 흥분해 있는지, 아니면 장거리 달리기를 마치고 탈진한 상태인지 알지 못한다. 그래서 사고하는 두뇌를 활용하고자 하지만 매번 그러지는 못하며, 특히 강력한 감정을 경험할 때는 더더욱 그렇다. 감정 자체는 좋지도 나쁘지도 않다. 다만 문제는 우리가 불편한 상황을 회피하기 위해 감정에만 의존한다는 것이다.

목표, 엿이나 먹어라

감정은 대단히 쓸모 있고 꼭 필요한 것이지만, 때로는 행복한 삶을 누리지 못하도록 가로막는다. 물론 감정이 우리가 자신의 가치를 외면하게 하는 유일한 이유는 아니다. 많은 이들이 곤경에 빠지는 한 가지 이유는 가치와 목표를 혼동하기 때문이다. 목표는 우리가 성취하려는 대상이다. 반면 가치는 행동에 지침을 주는 내적인 동기부여자다. 전세계적으로 많은 문화는 목표의 성취를 중요하게 여긴다.[4] 그리고 많은 부모는 자녀에게 목표를 달성하기 위해 노력하라고 가르친다. 예를 들어 축구팀에 들어가고, 열심히 공부해서 좋은 대학에 가고, 야근을 불사해서 승진하라고 말한다. 그러나 일반적으로 이런 목표는 개인의 가치에서 비롯된 것이 아니다. 나 역시 스스로 야망을 좇아 살아간다고 말했지만, 사실 다음번 목표에만 집중해서 살았다. 이런 방식은 단기적으로 효과가 있다. 하지만 끊임없이 다음 목표를 추구하면서 그런 삶의 방식에 따른 감정적인 대가를 외면한 채 살았다.

나는 목표를 맹목적으로 따르는 삶을 살아감으로써 막대한 대가를 치렀다. 이런 문제를 과학 논문 속에서 찾아볼 수 있다. 예를 들어 유명 학술지인 〈정신의학 연구Psychiatry Research〉에 실린 2017년의 한 논문은 목표를 자존심과 연결하고 이를 달성하기 위해 수단과 방법을 가리지 않는 사람들이 우울증을 더 많이 경험한다고 밝혔다.[5] 그 이유는 뭘까? 나는 이 연구에서 주목한 사람들이 '왜'는 무시하고 '무엇'을 위해서만 살아왔기 때문이라고 생각한다. 목표 달성은 항상 만족감을 준다. 그러나 그 목표가 자신이 중요하게 여기는 가치와 조화를 이루지 못한다면 만족감이 얼마나 오래갈 수 있을까? 사람들은 오랫동안 기다려온 승진을 이뤄냈을 때도 그 기쁨을 만끽하기보다 이렇게 생각한다. '이제 다음 목표는 뭐지?' 공허함은 목표에만 집중해서 또는 여정이 아닌 목적지에만 주목하는 내비게이션을 따라 삶을 살아간 심리적 결과물이다.

당신은 어쩌면 이런 생각을 했을 것이다. '목표가 더는 내가 정말로 원하는 것이 아니라는 사실을 잘 알면서도 왜 나는 계속해서 쫓아가는 것일까?' 나 역시 여러 번 그렇게 자문했다. 우리가 목표를 포기하지 않는 한 가지 이유는 모든 가능한 부정적 결과를 '회피'하기 위해서다.[6] 이미 들어선 길은 미지의 길보다 더 안전하게 느껴진다. 나의 예를 보자면, 학문 세상의 사다리를 오르는 것은 익숙한 일이었다. 물론 힘들지만 그래도 내가 잘 아는 도전 과제다. 학계가 아닌 다른 분야를 찾아 떠나는 것은 내게 무척 위험한 일이었다. 한 번도 도전해본 적이 없기 때문이다.

그래서 나는 내 가치는 치워두고 다음 목표에만 집중했다. 그러나 이런 삶의 방식은 양날의 검이었다. 더는 만족감을 주지 못하는 목표를 쫓는 과정에서 불편한 감정에 직면해야 했다. 우리는 이 사실을 너무 늦게야 깨닫는다. 나도 건강에 이상을 느끼고 나서야 비로소 다른 선택지가 없다는 사실을 깨달았다.

동양과 서양이 만나다

우리가 따르는 세 번째 공통적인 기준은 자기 자신의 가치가 아닌 다른 사람의 가치다. 이런 경우는 특히 실질적인 환경 변화(다른 나라로 이주하거나, 경력을 바꾸거나, 결혼을 하는 등)에 직면할 때 자주 발생한다. 이런 변화는 쉽지 않은 도전 과제다. 개인적인 가치와 집단적인 가치가 충돌하고, 이로 인해 관계 측면의 갈등이 발생하기 때문이다. 이 말을 이해하기 위해 스테파니를 함께 만나보자.

스테파니는 몇 년 전 나를 찾아왔던 젊은 중국 이민자다. 그녀의 중국 이름은 쯔한梓涵이지만 집 밖에서는 스테파니로 불리길 원했다. 사실 그건 부모님에겐 비밀이었다. 스테파니의 설명에 따르면, 그녀의 부모님은 어떤 '미국화'도 용납하지 않았다.

스테파니는 중국 본토에서 태어났고, 그녀가 아주 어릴 적에 온 가족이 보스턴으로 이민을 왔다. 스테파니의 부모님은 영어를 거의 하지 못했고, 그래서 집안에서는 만다린어로 대화했다. 반면 스테파니의 영어는 완벽했다. 처음 만난 자리에서 그녀는 자신의 영어 실력을 자랑스럽게 이야기했다. 그리고 부모님은 미국 사회가 제공하는 기회(엄밀히 말해서 그건 아메리칸드림은 아니었다. 그들은 딸이 진정한 미국인이 되는 것을 원치 않았다)를 자신에게 열어주고자 한 사랑스러운 분들이라고 말했다. 그녀의 부모는 중국 문화에 대단히 엄격해서 일테면 주요한 중국 명절을 모두 지키도록 요구했다.

어릴 적 스테파니는 부모님의 바람을 잘 따랐고, 많은 수고를 들여 명절 전통을 지켰다. 그러나 스무 살에 대학에 들어가면서(집에서 통학하면서) 반항심을 느꼈고 "미국 친구들"과 함께 있는 시간을 더 좋아하게 됐다. 여기서 큰따옴표를 사용한 것은 스테파니의 표현을 그대로 보여주기 위해서다. 그녀의 부모는 중국인이 아닌 친구를 인정하지 않았고 사람들을 노골적으로 분류했다. 그 때문에 스테파니는 대학 친구들과 어울릴 때 가족을 배신한다는 느낌을 자주 받았다. 그래도 스테파니는 친구들과 어울리고 싶었다. 어떻게 나를 만나러 올 결심을 했는지 물었더니 친한 교수한테 상담을 권유받았다고 했다. 그 교수는 그녀가 학교생활에서 점차 고립되어가고 있으며 학업 성적도 떨어지고 있다고 했다.

첫 면담에서 스테파니는 최근 들어 분노가 치솟는 것을 종종 느낀다고 했다. 그 분노가 어디서 비롯된 것인지는 모르지만, 내가 "분노를 없애주기만 하면" 자신은 다시 행복해질 것이라고 확신했다. 나는 내가 좋아하는 증상-감염 비유를 들려줬고, 우리가 함께하는 동안 분노를 해결하는 데 시간을 허비하지는 않을 것이라고 이야기했다. 우리의 면담 목표는 분노의 원인을 제거하는 것이었다.

나는 스테파니에게 집에서 어떻게 시간을 보내는지 물었다. 그녀는 내게 부모가 강조한 가치에 대해 설명한 후 그 가치를 따르기 위해 자신이 얼마나 열심히 공부하고, 중국 문화를 존중하고, 무엇보다 가족을 중요하게 생각하는지 이야기했다. 그 가치는 미국에서 흔히 찾아볼 수 있는 개인주의와는 반대되는 집단적인 세계관을 그녀에게 심어줬다.[7] 정체성 혼란을 겪는 젊은이로서 스테파니는 많은 성취를 했다. 그러나 가정교육과 자신의 삶에 대해 감사함을 느끼면서도 동시에 심한 압박감을 느끼고 있었다.

"집에 있을 때는 최대한 중국인처럼 행동해야 해요. 그게 제가 할 수 있는 전부예요."

나는 좀 더 자세히 설명해달라고 했다. 스테파니는 잠시 뜸을 들였다. 마치 이제 가족을 배신해야 할 때가 됐다는 표정으로 말이다.

"예를 들어 TV를 보는 것처럼 일상적인 행동에서도 중국인이 되어야 합니다. 부모님은 제가 미국 프로그램을 보는 것을 좋아하지 않아요. 그래서 만다린어가 나오는 프로그램만 보죠. 친구들이 보는 프로그램을 보고 싶지만 집에서는 그럴 수 없어요. 사소한 문제처럼 보이겠지만, 학교에 가면 아웃사이더처럼 느껴져요."

"학교생활은 어떤가요?"

"학교에 가서 화장을 하고 머리를 손질해요. 제가 원하는 대로 꾸미고 행동하죠. 전 미국인이 되기를, 적어도 제가 원하는 만큼 미국인처럼 보이기를 원해요. 하지만 부모님은 언제나 '자제하라'고 말씀하시죠. 그런 말을 들으면 좌절감이 들어요."

그런데 여기서부터 스테파니는 자신도 모르게 만다린어로 이야기하기 시작했고, 자신과 부모 사이에 있었던 언쟁에 대해 장황하게 설명했다. 나는 5분 동안 한마디도 알아듣지 못한 채 가만히 기다렸다 (나로 말할 것 같으면, 화가 날 때 포르투갈어로 넘어가곤 한다).

결국 스테파니는 내가 자신의 이야기를 알아듣지 못한다는 사실을 알아챘고, 우리는 동시에 웃음을 터뜨렸다. 나는 그녀에게 그래도 어떤 느낌인지 알겠다고 했다. 언어를 넘어선 뭔가가 전해졌다. 그중 하나는 가족이 때로 우리를 미치게 할 수도 있다는 사실이었다. 아무리 가족을 사랑한다고 해도 어쩔 수 없는 일이다.

모든 인생은 불안하다

"서로 다른 문화적 가치 사이에 끼어 있군요. 어느 쪽 문화에도 완전히 적응하지 못했어요. 그래서 학교생활이 어렵고 행복감도 느끼지 못하는 거고요."

"맞아요! 하지만 정답이 보이지 않아요. 가족을 선택하면 행복을 포기해야 하고, 행복을 선택하면 가족에게 등을 돌려야 해요."

나는 국제적인 대학들이 자리 잡은 보스턴에서 오랫동안 살고 일하면서 스테파니와 같은 경우를 많이 접했다. 가정에서 비롯된 문화적 가치(고향이 어디든 간에)가 미국에서 경험한 새로운 문화적 가치와 충돌한다. 그리고 그 충돌은 관계 측면의 갈등으로 이어진다. 새로운 용어를 만들어내는 데 분주한 연구 공동체가 이런 현상을 설명하는 용어도 만들어냈는데, 바로 '문화적응 스트레스acculturative stress'라는 것이다.[8] 새로운 문화에 적응하는 과정은 스트레스 수준에 직접적인 영향을 미친다. 한 연구(마침 아시아계 미국인 대학생을 대상으로 한)에 따르면, 문화적응 과정에서 나타나는 가정 내 갈등은 스트레스 증가와 직접적인 관련이 있다.[9]

사실 문화적 가치 충돌은 내게 익숙한 주제다. 처음 미국에 도착했을 때, 나 역시 무엇보다 미국인이 되길 원했다(동료가 내게 라티나처럼 보인다고 했을 때 내가 두려움을 느꼈던 상황을 떠올려보자). 한동안 나는 상대방이 내 억양을 듣고 스페인어로 말하기 시작하면 짜증을 냈다. 그들이 잘못된 언어를 선택했을 뿐만 아니라, 무엇보다 내가 미국인으로 받아들여지지 않는다고 여겼기 때문이다! 그런 일이 있을 때마다(사실 자주 있었다) 나는 생각의 소용돌이를 느끼며 이렇게 소리치고 싶었다. "전 미국인이라고요. 알겠어요?!"

나의 문화적응 과정은 몇 년이 걸렸다. 보스턴 생활을 시작할 때 있었던 한 가지 웃긴 이야기가 떠오른다. 브라질 정체성을 새로운 미국 정체성과 통합할 정도로 어느 정도 자신감이 붙기 시작한 시절의 내 모습을 잘 보여주는 사례다. 그때도 나는 여전히 미국인이 되기 위해 애쓰고 있었다. 매사추세츠 종합병원에 들어오고 처음 맞이한 겨울의 어느 화창한 오후, 사람들과 문화적 정체성에 관한 이야기를 나누게 됐다. 쉽게 예상할 수 있듯이 그 무렵 나는 그런 대화를 나눌 마음의 준비가 되지 않았고, 그래서 끼어들려고 하지 않았다. 2005년 초였던 당시만 해도 나의 민족적 정체성을 제대로 이해하지 못했다. 그런데 우리의 교육 프로그램을 담당하던 책임자가 돌아가면서 각자의 민족적 정체성을 묻기 시작했고, 나는 불안을 느꼈다. 마침내 내게 물었을 때, 나는 그저 "저는 라티나예요!"라고만 답했다. 내 좋은 친구이자 훌륭한 신경심리학자인, 그리고 가장 가깝게 지내던 사람인 몰리 콜빈 Molly Colvin 박사는 나를 보고 이렇게 말했다. "루아나, 오늘 기분 나쁜 일이라도 있었어? 넌 스스로 라티나라고 생각하지 않잖아!" 그녀의 지적은 옳았다! 그때 나는 나 자신의 문화적응 여정에 올라야 한다는 사실을 알게 됐지만, 새로운 문화에 어떻게 적응해야 할지 막막했다.

그런 경험이 있기에 스테파니와 같은 이들에게 쉽게 공감할 수 있다. 스테파니와 나는 각자의 방식으로 문화적 충돌에 대응했고, 그 충돌은 우리가 소중하게 생각하는 가치로부터 멀어지게 했다. 그래서 우리는 문화에 따라 행동을 결정했고, 그 과정에서 '이유'를 묻거나

모든 인생은 불안하다

내면의 가치를 들여다보지 않았다. 이제 회피와 관련해서 중요한 질문에 대해 생각해보자. 무엇이 스테파니가 회피를 선택하게 했을까? 문화가 자신의 가치를 가로막을 때, 스테파니는 부모가 요구한 중국 문화의 규범을 따랐다(나는 소속감을 느끼기 위해 미국 문화를 따랐다). 그런 선택은 기분을 좋게 해줬을까? 그렇다. 하지만 이로 인해 우리는 가치에 기반을 둔 삶에서 멀어졌다. 그것은 우리가 자동항법장치에 따라 행동했기 때문이다. 즉, 더 이상 '자신의' 가치가 아닌 문화적 가치를 따랐기 때문이다. 다른 사람의 나침반인 문화는 때로 우리가 자신의 가치와 조화로운 삶을 살아가지 못하도록 가로막는다.

자신의 가치를 따르라

감정과 목표 또는 다른 사람을 기준으로 살아가는 삶의 반대편에는 가치를 기반으로 살아가는 삶이 있다. 가치에 기반을 둔 삶이란 가치가 우리를 '앞으로' 나아가게 하는 내면의 나침반으로 기능하면서 일상적인 목표를 정의하도록 도움을 주는 삶을 말한다. 가치 기반의 삶을 살아가는 것은 때로 감정이나 목표 또는 다른 사람을 따라 살아가는 것보다 훨씬 더 힘들다. 자신의 회피를 있는 그대로 들여다보고, 자신이 가장 중요하게 여기는 가치를 기준으로 삶을 끊임없이 조율해야 하기 때문이다. 그러려면 불편하지만 장기적으로 충족감을 높여주는 의사결정을 해야 한다. 나의 예를 보자면, 매일 아침 헬스장에

가려는 결심과 디에고와 함께 보내고 싶은 마음이 항상 충돌한다. 솔직히 말해서 헬스장을 선택하는 것은 아이의 키스보다 즉각적인 만족감은 낮지만, 일상적인 행동을 건강이라고 하는 내 가치와 '정렬'함으로써 더 나은 삶, 디에고와 더 오랜 세월을 함께하는 삶을 가져다준다. 실제로 수용전념치료ACT의 사례를 분석한 100건 이상의 연구는 가치 기반 행동의 긍정적인 효과를 입증했다.[10] 가치 기반의 삶을 살아가는 이들은 불안과 우울, 약물 사용 및 신체적 고통에서 더 낮은 위험을 보인다. 가치 기반의 삶은 당장은 힘들지만, 장기적으로 봤을 때 더 충만한 삶으로 이어진다. 우리는 용감한 삶을 살아가기 위해서 가치를 행동과 정렬해야 한다. 이것이 다음 장의 주제다.

모든 인생은 불안하다

11장

내면의 가치관을 실현하는 삶

이제 마지막 장을 향해 달려가면서 한 가지 털어놓을 게 있다. 지금의 일을 시작하고 몇 년 동안 내 가치에 대해 많은 고민을 하면서 고객들과 그들의 가치에 대해 많은 이야기를 주고받았다. 나는 오늘날 심리학에서 인지행동치료의 '두 번째 물결'[1]이라고 하는 분야에서 훈련을 받았고, 그래서 무엇보다 고객들의 생각과 행동에 주목한다. 그리고 고객들의 두뇌가 잘못된 경고에 반응하지 않도록 구체적인 계획을 세우고(2부와 3부 참조), 이런 기술을 뒷받침하는 다양한 연구 결과를 확인했다(실제로 많은 고객의 상태가 호전됐다).[2] 하지만 뭔가 중요한 것이 빠졌다는 느낌을 지울 수 없었다. 마치 식단이나 수면은 제외한 채 운동을 통해서만 건강을 개선하도록 가르치는 듯한 느낌이었다.

좀 더 자세히 설명하자면(앞의 은유를 망칠 위험을 감수하고서), 나는 고객들과 무엇을 먹고, 얼마나 운동하고, 얼마나 잠을 자는지에 대해 많은 이야기를 나눴다. 신체적 건강을 개선함으로써 심리적 건강도 개선할 수 있다고 믿었기 때문이다.[3] 정신건강 분야에서 세계 3대 학술지 중 하나로 손꼽히는 〈랜싯 정신의학The Lancet Psychiatry〉에 실린 한 논문에 따르면, 120만 명에 달하는 미국인 성인에 대한 조사에서 규칙적인 운동을 실천한 사람들이 정신건강에서 어려움을 겪는 위험이 43퍼센트나 더 낮은 것으로 나타났다.[4] 그 조사를 한 연구원들이 추가적인 분석 작업을 통해 정신건강의 이득을 높이는 최적점을 발견했는데, 30~60분 운동을 일주일에 3~5회 하는 것이다. 햇볕을 받으며 하는 아침 산책 또한 큰 도움을 준다고 한다. 획기적인 삶의 지혜가 아닌가!

규칙적인 식습관과 수면 및 운동을 고객들에게 권장하는 것 외에 나는 지금 이 순간에 집중하면서 마음을 살펴보는 방법에도 많은 관심을 기울였다. 그리고 고객들이 모든 판단을 내려놓고 지금 이 순간에 집중하는 법을 배울 수 있도록 도움을 줬다.[5]

나는 1998년부터 명상 연구에 많은 관심을 기울였고, 존 카밧진Jon Kabat-Zinn이 주최하는 모든 워크숍에 오랫동안 참여해왔다. 오늘날 명상이 정서적 건강에 얼마나 도움이 되는지 과학적으로 밝혀졌다는 점에서 그간의 노력에 자부심을 느낀다. 142건의 무작위 통제 실험(다시 말해, 환자를 무작위 방식으로 선별해서 명상 기반의 훈련이나 그 밖의 치료법을 제공하는 실험)에 대한 검토 및 분석 작업 역시 명상 기반의 치료법이 과학적인 다른 정신건강 치료법만큼 효과가 있다는 사실을 확인시켜줬다.[6]

모든 인생은 불안하다

멀티태스킹이 습관이 된 이들은 이런 연구 결과에 별로 놀라지 않을 것이다. 주의력이 두 가지 활동에 분산되어 있을 때는 더 많은 일을 한다고 느끼지만 실제 성과는 떨어진다.[7] 이런 사실을 분명하게 확인할 수 있는 곳이 바로 강의실이다. 수업 시간에 문자를 보내고, 웹서핑을 하고, 소셜미디어를 확인하는 학생들의 시험 성적과 학점은 그러지 않는 학생들보다 더 낮다.[8]

그러나 고객들이 사고를 '전환'하고, 회피가 아니라 '접근'을 선택하고, 건강한 습관을 실천하면서 지금 이 순간에 집중하도록 도움을 주는 동안에도 나는 뭔가 중요한 것이 빠졌다는 느낌을 지울 수 없었다. 그래서 수용전념치료를 더 깊이 들여다봤다[9](앞서 설명했듯이 수용전념치료는 필연적으로 따르는 고통과 불편함을 받아들이는 가운데 의미 있는 삶을 추구하도록 도움을 주는 증거 기반의 치료법[10]을 말한다). 구체적으로 말해서, 나는 가치를 통해 고객과의 면담 과정을 보완할 수 있을지 관심을 기울였다.

결론적으로, 면담 과정에 가치를 포함할 때 치료가 더 빨리 끝난다는 사실을 발견했다. 성공을 거둔 것이다! 어쨌든 나는 내 사명이 고객들이 더 나아지게 하는 것이라고 이해했다. 나는 가치 기반의 프로그램으로 증상을 더 빨리 완화하는 것은 물론, 미래의 난관을 헤쳐나갈 역량도 강화할 수 있다는 사실을 확인했다. 그리고 지금 이 글을 읽는 당신도 그런 도움을 받을 수 있길 기대한다.

가치가 내면의 나침반으로 기능할 때 우리의 목표는 가치와 행동이 최대한 정렬된 삶을 살아가는 것이다. 그러면 스트레스를 줄일 수 있을 뿐 아니라 삶에서 더 많은 의미를 발견하게 된다. 고객에게 '정럴'이라는 개념을 설명할 때, 나는 종종 테니스 용어를 빌려 쓴다. 다만 '게임game, 세트set, 매치match' 대신 '네임name, 세트, 매치'라는 용어를 쓴다. 가장 먼저 삶이라는 게임에서 자신의 가치에 '이름'을 붙인다(네임). 확실한 나침반 없이는 앞으로 나아갈 수 없기 때문이다. 다음으로 내면의 나침반에 따라 용감한 비전을 '세운다'(세트). 이를 통해 우리는 영감을 얻으며 두뇌가 기존 궤도에서 벗어나게 하고, 자신의 가치를 기반으로 나아가고자 하는 방향을 확인한다. 마지막으로 자신의 가치와 일상적인 행동을 '일치'시킨다(매치).

두뇌 근육에도 운동이 필요하다

네임, 세트, 매칭. 여기에도 노력과 훈련이 필요하다. 테니스를 배운다면(정서적 건강을 위한 기술을 배우는 대신) 어떻게 시작해야 할지 알 것이다. 우리는 다양한 운동법을 안다. 어떤 유형의 훈련을 해야 하는지, 얼마나 오랫동안 해야 하는지, 얼마나 자주 해야 하는지에 관한 수많은 지침이 나와 있다(쓸모 있는 정보와 그렇지 못한 정보가 마구 뒤섞여 있기는 하지만).

세상은 우리에게 더 강하고 건강하게, 그리고 약점을 보완하면서 의식적으로 몸을 움직이라고 가르친다. 그러나 오늘날 우리 문화는 신체적 건강과 정서적 건강을 따로 분리해놓고 있다.

우리 문화는 '두뇌가 또 하나의 기관'이라는 사실을, 그래서 '운동'이 필요하다는 사실을 무시하는 경향이 있다. 물론 두뇌를 가지고 팔

모든 인생은 불안하다

굽혀펴기를 할 수는 없지만, 이 장에서 소개하는 기술을 연습한다면 '인지적 유연성'을 강화할 수 있다. 하지만 개념이나 이론을 공부한다고 해서 그런 기술을 하룻밤 새에 익힐 수 있는 건 아니다. 우리는 이런 기술을 배우는 것을 데드리프트나 외국어를 배우는 것처럼 생각해야 한다. 물론 나도 안다. 기다림은 힘들다. 그래서 나 역시(어쩌면 당신도 그랬겠지만) 지름길을 시도한 적이 있다.

대학원에 들어간 2000년 무렵, 내 훌륭한 친구인 버글린드가 내게 요가를 소개하면서 얼마나 많은 도움이 되는지 설명해줬다. 그리고 초심자 요가 강의를 함께 듣자고 했다. 나는 처음부터 요가가 마음에 들었고, 이내 내 삶의 중심이 됐다(20여 년이 흐른 지금도 마찬가지다). 그런데 첫 수업을 마치고 나는 강사를 찾아가 이렇게 물었다. "다음 단계로 넘어가려면 어떻게 해야 할까요? 학기말까지 가능할까요?" 일테면 이렇게 말한 셈이다. "저는 '지금 당장' 깨달음과 강철 같은 코어 근육, 그리고 체조 선수의 운동 역량을 원합니다!"

친절하고 상냥한 강사는 나를 보며 이렇게 말했다. "요가는 목적지가 아니라 여정입니다." 하지만 내가 원한 것은 그런 흔한 주문이 아니었다. 당시만 해도 나는 삶을 수단과 방법을 가리지 않고 달성해야 하는 목표라고 생각했다. 그런데 목적지가 아닌 여정이라니! 나는 포기하지 않았고 조금씩 열심히 파고들었다. 그건 내가 대학원 생활을 헤쳐나간 유일한 방식이기도 했다. 비록 학기가 끝날 무렵에 공중부양 기술을 익히지는 못했지만, 물구나무서기(처음에 너무나 무서웠던)와 같은 자세를 편안하게 할 수 있을 만큼 뚜렷한 발전이 있었다.

내가 이 이야기를 하는 것은 당신이 이 책을 읽을 때만이 아니라 삶의 모든 과정을 헤쳐나가는 순간에 영감을 불어넣기 위해서다. 내 이야기가 부디 삶의 중요한 교차로나 전환점에서 도움이 되길 바란다. 요가 강의실에서 하는 평범한 말처럼 들릴 수도 있겠지만, 정말로 중요한 것은 여정이다. 그럴 수 있다면, 결과보다 여정을 선택하자. 그리고 나아가자.

가치에 이름 붙이기

'이름 붙이기'는 가치와 일상적인 행동이 조화를 이루는 삶을 살아가기 위한 첫 번째 단계다. 간단한 목록을 통해 자신의 가치를 쉽게 확인해볼 수도 있지만, 이보다 더 강력하고 과학적으로 입증된 방법이 있다.

자신이 가장 중요하게 여기는 가치를 적어보는 것이다.[11] 다음에 소개하는 두 가지 가치 훈련법은 수용전념치료에서 종종 활용하는 방법이다.[12] 우리는 이를 '달콤하고 쌉쌀한' 훈련법이라고 부른다. 나는 이 방법을 임상적인 차원에서 응용해 당신이 곧바로 시도해볼 수 있도록 만들었다.[13]

한 가지는 기쁨의 순간을 떠올려봄으로써 자신의 핵심 가치를 확인하는 방법이다('달콤한' 훈련법). 그리고 다른 하나는 고통스러운 순간을 떠올려봄으로써 그 원인을 확인하는 방법이다('쌉쌀한' 훈련법). 이 두

모든 인생은 불안하다

가지 방법을 통해 가장 깊이 관심을 기울이는 가치에 이를 수 있다. 이 방법들은 동전의 양면과 같다. 즉, 자신의 핵심 가치를 확인하기 위해 반드시 두 가지 방법 모두가 필요한 것은 아니다. 어떤 방법을 선택할지 결정하기 위해 무엇에 관심이 가는지 생각해보자. 잘 모르 겠다면 달콤한 훈련법으로 시작해보자. 그리고 그것이 자신을 어디로 데려가는지 관찰해보자.

가치를 따르는 삶은 얼마나 달콤한지

달콤한 삶의 순간에는 자신의 가치가 숨어 있다. 지난 두 달간 기쁨을 느꼈던 구체적인 상황에 주목해보자('생각해보기 13' 참조). 그러나 최근 삶이 너무 힘들어서 기쁨의 순간이 하나도 떠오르지 않는다면, 쓸쓸한 삶의 순간에서 가치를 확인하는 '생각해보기 15'로 곧장 넘어가자.

달콤함 맛보기

지난 두 달간 삶의 달콤함을 맛봤던 구체적인 순간을 떠올려보자. 기쁨의 순간은 일시적인 것일 수도 있고, 온종일 이어진 것일 수도 있다. 그건 중요하지 않다. 그 순간을 눈앞에 펼쳐지는 영화처럼 떠올리고 핵심을 파악해보자. 자신의 두뇌를 검열하거나 그 순간을 분석하려 하지 말자. 다만 모든 감각을 동원해서 그 순간 속으로 깊이 뛰어들어 보자. 마음속 영화가 상영을 시작했다면 10분 동안 그 장면을 종이에 적어보자. 본격적인 작업을 위해 타이머를 맞춰놓자. 멋지게 쓸 필요는 없다. 자유롭게 써보자. 멋진 삶의 순간에 떠오르는 모든 생각을 적어보자. 시작이 힘들다면 다음 질문을 참조하자.

- 무슨 일을 하고 있었나?
- 누구와 함께 있었나?
- 어떤 느낌이 들었나?
- 이후의 기분은 어땠나?
- 그 순간을 친구에게 어떻게 설명할 수 있을까?

나중에 자신의 핵심 가치를 파악하는 데 도움이 될 수 있도록 이 이야기를 적는 데 많은 시간을 투자하기 바란다.

리카르도의 달콤한 순간

리카르도의 사례로 돌아가서 그가 어떻게 이 훈련을 통해 자신의 가치를 발견했는지 살펴보자. 리카르도는 고통스러운 이혼을 앞둔 상태에서 이 훈련을 시작했고, 그 과정에서 자신의 가치를 더 잘 이해하게 됐다. 그는 아들딸인 가브리엘과 줄리아, 아내 마리아와 함께 떠났고 살아 있음을 느꼈던 휴가의 순간을 적었다. 다음은 그 글의 일부다.

가브리엘과 줄리아의 손을 잡고 마이애미 해변을 걷는다. 날씨는 화창하고 해변은 사람들로 북적인다. 마리아를 쳐다보자 그녀는 함박웃음을 짓는다. 삶이 그대로 멈춘 것 같은 완전한 느낌이 든다. 내가 원하는 모든 것을 얻었다. 얼굴에 햇볕을 쬐면서 살아 있음을 느낀다. 지금 더 중요한 것은 없다. 발바닥으로 모래를 밟을 때, 세상이 천천히 움직이는 느낌이 든다. … 내 농담에 가브리엘이 웃음을 터뜨릴 때, 이 순간이 얼마나 소중한지 그리고 가족과 함께 있는 시간을 내가 얼마나 사랑하는지 깨닫게 된다.

리카르도는 그날 마리아와 무슨 이야기를 나눴는지, 아내가 여행을 얼마나 소중하게 생각하는지, 그날 아침 어떻게 일에 방해받지 않고 가족에게 집중함으로써 자신이 그토록 원했던 아버지와 남편이 될 수 있었는지 들려줬다.

리카르도가 자신이 쓴 글을 읽은 뒤, 우리는 함께 몇 가지 질문을 중심으로 그가 어떤 가치를 가장 중요하게 여기는지 확인해봤다.

다음은 그날 우리가 생각해본 몇 가지 질문이다.

그때 나는 무엇을 소중하게 생각했는가?
그 순간은 내가 원하는 삶에 관해 어떤 이야기를 들려주는가?
그 순간은 내가 원하는 삶의 어떤 모습을 보여주는가?

리카르도는 가족으로서의 '소속감', 가족과 '연결'되어 있다는 느낌
을 정말로 중요하게 여긴다고 말했다. 그 순간은 리카르도에게 가족
과 '함께'하는 삶이 어떤 것인지 보여줬고, 자신이 최고의 아버지이자
최고의 남편이라는 느낌을 가져다줬다. 그날 아침 리카르도는 휴대전
화를 호텔 방에 두고 나왔다. 그래서 그 순간을 그토록 특별하게 경험
할 수 있었다. 물론 그에게는 대단히 드문 일이었다(많은 이들 역시 그럴 것
이다). 보통 가족과 함께 있을 때 그의 관심은 가족과 끊임없이 울려대
는 휴대전화로 분산되어 있었다.

리카르도는 평소에도 한 번에 한 가지 일에 집중하지 못했다. 나와
면담을 할 때도 성공하기 위해서는 어떻게든 멀티태스킹을 해내야
한다고 말했다. 그러나 여행의 기억은 이런 믿음과는 상반된 것이었
다. 그날 리카르도는 '순간에 집중'함으로써 더 많은 행복감과 더 적
은 불안감을 느꼈고, 이런 사실에 자신도 놀랐다. 우리는 리카르도가
그 순간에 달콤함을 느끼게 했던 가치를 함께 들여다보면서 그가 '연
결'을 핵심 가치로 여긴다는 사실을 확인했다. 그리고 리카르도는 스
트레스는 낮고 의미는 충만한 삶을 살아가려면 가족과의 연결을 지

모든 인생은 불안하다

속해야 한다는 사실을 깨달았다. 특히 그 가치는 자녀와의 관계에서 더 중요했다. 리카르도는 자신의 가치를 확인하기 위해 달콤한 순간을 선택했지만, 거기에는 슬픔도 묻어 있었다. 그가 자신의 핵심 가치와 더불어 살아오지 않았기 때문이다. 리카르도는 결혼 생활이 파탄에 이른 이유가 아내 및 자녀와 연결을 유지하지 못했기 때문이라는 사실을 깨달았다. 그렇다. 그는 연결을 소중하게 여기면서도 감정이 고조될 때(이런 일은 종종 있었다) 가치가 아닌 감정에 따라 살았고, 이로 인해 깨어 있는 대부분의 시간을 고통 속에서 보냈다.

이제 당신 차례. '생각해보기 13'으로 돌아가 달콤함을 맛본 순간을 적어보자. 그런 다음에는 다음 페이지의 '생각해보기 14'를 통해 그 순간을 깊이 들여다보자. 달콤한 훈련법의 목적은 자신이 정말로 소중하게 여기는 가치를 발견하는 것이다.

가치 확인하기: 얼마나 달콤한지

달콤한 순간을 떠올리고 다음 질문을 통해 자신의 가치를 구체적으로 확인해보자.

• 그 순간에 내게 가장 중요한 것은 무엇이었는가?

_____

_____

• 그 순간은 내가 원하는 삶에 대해 무슨 이야기를 들려주는가?

_____

_____

• 그 순간은 내가 원하는 삶의 어떤 모습을 보여주는가?

_____

_____

이 질문에 대해 생각해보면서 자신에게 소중한 몇 가지 가치를 발견해보자. 그런 가치에 이름을 붙이기가 쉽지 않다면, 9장의 '공통적인 가치' 목록을 참조하자.

〈라밤바〉에서 가치로

나는 몇 주 동안 글을 쓰지 못했다. 정확하게 말해서, 내가 말한 것을 실행에 옮기지 못했다. 솔직히 말하자면, 나는 건강과 관련하여 나 자신의 달콤한 순간을 쓰는 단계에서 나아가지 못하고 있었다. 최근 나는 건강 문제로 어려움을 겪었다. 그래도 리카르도에게서 영감을 얻어 건강과 관련된 달콤함 순간을 떠올려보려고 했다. 하지만 결국 아무것도 떠올리지 못했다(내가 사람들에게 하는 이야기는 정작 내가 기쁨의 순간을 떠올리는 데는 별 도움이 되지 못했다).

결국 나는 회피하고 있다는 사실을 깨달았다! 그 순간 나는 자신에게 이렇게 물었다. "여기서 장애물은 뭐지?" 그리고 머릿속에서 조그마한 불평의 목소리를 들었다. "지금 내 건강 상태는 엉망이야! 돌아가는 길은 멀고 힘들어! 건강과 관련해서 어떻게 기쁜 순간을 떠올릴 수 있겠어?" 그래서 "이런 상황에서 내 친한 친구는 뭐라고 말할까?"라고 질문을 던졌고(전환의 기술!), 이런 결론에 도달했다. "'지금' 건강 상태가 좋지 않다고 해서 건강과 관련하여 기쁨을 느낄 수 없는 것은 아니야." 그러자 불편한 느낌이 사라지면서 마침내 과제를 완수할 수 있었다. 다음은 그때 내가 쓴 글이다.

4월의 어느 날 아침, 잠에서 깬 디에고가 침대로 달려와 같이 펠로톤을 타자고 조른다(물론 디에고는 펠로톤을 타지 못한다. 내 펠로톤 옆에 있는 조그마한 실내 자전거를 탄다). 나는 놀란 눈으로 아이를 바라본다. 아침 7시에 운동을 하자고? 디에고는 내가 로스앤젤레스로 출장을 갔을 때 남편과 매일 운동을 했다고 말한다. 그리고 오늘은 나와 함께 운동해야 한다고 한다. "커피를 좀 마시고 하자꾸나." 나는 디에고의 요구를 외면하려 하지만 이 싸움에서 이길 것 같지는 않다. 결국 펠로톤을 선택했다! 펠로톤이 있는 지하실로 내려가면서 디에고는 의기양양한 표정을 짓는다. 그러고는 곧장 역기(크리스마스 선물로 사준 장난감)로 달려간다. 아이는 거울을 쳐다보고 웃음을 지으며 더 건강해질 거라고 말한다. 디에고의 미소를 보자 기쁨과 함께 살아 있다는 느낌이 든다. 아이를 안고 영원히 이 순간을 만끽하고 싶다. 그런데 디에고는 계속 함께 운동하자고 말한다. 결국 나는 억지로 펠로톤에 올라가 앉는다(두려운 마음으로). 그래도 정말로 운동을 사랑하는 아이의 모습을 보니 나도 힘이 난다. 내가 좋아하는 남미 코스를 선택하고 음악을 크게 튼다. 얼마 후 〈라밤바〉가 흘러나온다. … 디에고는 춤을 추고 나는 웃으면서 페달을 밟는다. 내 신경은 음악과 아들이 주는 기쁨에 온통 쏠려 있다. … 나는 지금 살아 있고, 이 순간에 존재하고 있으며, 연결되어 있다. 디에고는 음악을 좋아한다. 특히 펠로톤에서 음악이 나오면 따라서 춤을 춘다. 그렇게 20분이 순식간에 흘러간다. 나는 땀을 흘리며 행복감과 놀라움에 감사한다.

그날 아침 나는 건강과 관련해서 정말로 중요하게 여기는 가치가 가족과의 연결, 행복감, 부모로서의 책임감이라는 사실을 깨달았다. 그리고 운동을 자주 하고 건강을 중요하게 여기는 모습을 보여줌으로써 디에고에게 건강한 모범이 될 수 있다는 사실을 배웠다. 나는 이런 점을 특히 중요하게 생각한다. 나는 건강을 우선시하며 살아가길

모든 인생은 불안하다

원한다. 신체적인 행복을 누리려면 최대한 오랫동안 건강을 유지해야 한다. 그래야만 나 자신과 주변 사람에게 더 많은 것을 줄 수 있다.

부모로서 자신의 삶은 온전히 자기 것이 아니다. 부모는 자녀의 행복을 위해 산다. 나 역시 디에고를 지키고, 사랑하고, 삶에서 성공하기 위한 최고의 기회를 선사하기 위해 강해져야 한다. 그날 아침 나는 디에고와 함께 운동하면서 건강과 가족 중 하나만 '선택'해야 하는 것은 아니라는 사실을 깨달았다. 어쩌면 둘을 하나로 묶을 수 있다는 생각이 들었다. 그리고 '행복'을 무엇보다 소중한 가치라고 생각할 때 내 삶은 어떤 모습이어야 할지 돌아보게 됐다. 내가 단 하나의 가치만 선택해야 한다면, 그건 행복이다. 행복을 더 근본적인 '이유'와 통합하면 가치 안에 가치를 집어넣을 수 있다. 그렇다. 나는 건강을 원하지만, 행복은 단지 나를 위한 것만이 아니다. 행복은 가족에게 더 많은 것을 주기 위해 '최고'의 내가 되는 것을 의미한다. 이는 기부를 더 많이 하기 위해 돈을 더 많이 벌려는 것과 같다.

고통 속에서 소중한 가치를 찾다

인간은 당연하게도 고통과 불편한 감정을 최대한 줄이고자 한다. 그래서 회피가 우리 삶을 지배하는 것이다. 회피는 행동을 바꾸려는 우리의 의지마저 꺾는다. 그러나 고통은 부정적인 느낌을 주변서도 우리 삶에서 신체적으로, 정서적으로 중요한 정보를 전달한다. 이렇게 생각해보자. 고통을 느끼지 못한다면 우리 삶은 어떻게 될까? 실제로, 영국에 사는 조 캐머런Jo Cameron이라는 사람은 고통을 느끼지 못한다고 한다(인터넷으로 검색하면 그녀의 흥미로운 이야기를 확인할 수 있다). 예를 들어 손에 통각 수용체가 없는 요리사를 상상해보자. 뜨거운 주물 냄비를 손으로 잡았을 때 어떤 느낌이 들까? 아무 느낌도 없을 것이다! 그러나 그의 몸은 여전히 화상에 취약하다. 이런 상황에서 고통은 비록 불쾌한 느낌을 준다고 해도 대단히 중요한 역할, 우리를 보호하는 역할을 한다.

정서적 고통도 비슷한 역할을 한다(물론 이별 후에 침대에 누워 흐느낄 때는 그 역할을 이해하기가 쉽지 않겠지만). 정서적 고통은 우리에게 잠재적인 위험이나 피해를 알려준다. 우리는 이런 정서적 고통으로부터 도망치려 하지만, 자신이 중요하게 여기는 가치를 이해하기 위한 기회로 활용할 수 있다. 임상심리 전문가들은 수용전념치료 관점에서 고통 뒤에 숨겨진 가치를 확인하기 위해 이런 질문을 던진다. "이런 상황일 때 고통에서 벗어나려면 어떤 가치를 포기해야 할까요?" 스스로 소중하게 여기는 가치가 위협받을 때 우리는 정서적 고통을 느끼고 상처를 받는다.

리카르도에게 이 질문을 하자 그는 눈물을 흘리며 이렇게 말했다. "이혼에 따른 고통에서 벗어나려면 아내와 아이들을 생각하지 말아야 합니다. 하지만 그건 불가능합니다. 가족을 사랑하는 제겐 너무 힘든 일입니다." 마찬가지로 이 질문을 나 자신에게 던졌을 때, 나는 불편한 감정에서 벗어나기 위해 행복이라는 가치를 포기해야 했다. 내

모든 인생은 불안하다

눈에도 눈물이 고였다. 지금 신체적 건강에 투자하지 않는다면, 디에고와 함께할 소중한 미래의 시간을 빼앗기리라고 생각했기 때문이다.

우리는 정말로 소중하게 여기는 가치와 관련해서만 정서적 고통을 느낀다. 그래서 고통을 통해 가치를 발견할 수 있다.[14] 다음 페이지의 '생각해보기 15'를 통해 커튼 뒤에 숨은 자신의 소중한 가치를 들여다보면 고통에 다가설 수 있다. 그래야만 비로소 삶을 새롭게 정렬할 계획을 세울 수 있다.

통증 반창고 : 고통에서 가치로

지난 두 달 동안 심한 고통을 느꼈던 상황을 떠올려보자. 괴로움, 슬픔, 불편함, 불쾌감을 느낀 다양한 순간에 주목해보자. 그 순간을 영화처럼 눈앞에 떠올리며 핵심을 파악해보자. 자신의 생각을 검열하거나 온갖 이론으로 분석하지 말자. 다만 오감을 모두 활용해서 그 순간으로 뛰어들어 보자.

영화 상영이 끝났다면 10분간 그 이야기를 적어보자. 효과적인 작업을 위해 10분 알람을 맞춰놓자. 멋지게 쓸 필요는 없다. 자유롭게 적어보자. 힘들었던 순간에 대한 생각을 떠오르는 대로 적어보자. 이제 그 이야기를 바탕으로 자신의 핵심 가치를 확인해보자. 어렵다면 다음 질문을 참조하자.

- 신체적으로 어떤 느낌이 들었는가?
- 고통이 들어오도록 허락할 때, 어떤 느낌이 들었는가?
- 그때 자신에게 무슨 이야기를 했는가?
- 고통의 순간을 회상했을 때 어떤 기억이 떠올랐는가?

고통을 통해 위협받은 가치를 확인하기: 스테파니의 가치

스테파니는 '생각해보기 15' 과제에서 최근 가족과의 다툼을 떠올렸다. 그리고 자신의 고통에 다가서기 위해 만다린어를 사용했다. 연구 결과로도 뒷받침되듯이, 모국어가 아닌 언어를 사용할 때 주제와 정서적 거리감을 느끼게 되기 때문이다.[15] 의심이 든다면, 익숙하지 않은 언어로 힘들고 감정적인 순간에 관해 글을 써보자! 아마도 그 글에서 당시의 감정을 느끼기는 쉽지 않을 것이다. 스테파니는 미국 및 중국의 정체성과 관련해서 얼마 전 분노와 충격을 느꼈던 이야기를 적었다. 이런 주제로 가족이 이야기할 때, 부모와 스테파니 모두 상대가 자기 말을 듣지 않거나 자신이 존중받지 못한다는 느낌을 받았다. 세대와 문화 간 충돌이 발생할 때마다 스테파니는 정서적 고통을 겪었다. 그래서 이를 주제로 선택했다.

스테파니의 글을 그대로 소개하고 싶지만, 앞서 말했다시피 만다린어는 내게 익숙한 언어가 아니다. 그래서 이 과제를 통해 스테파니와 함께 발견한 내용을 간략하게 소개한다. 스테파니는 부모가 중국 문화를 따르라고 강요할 때마다 분노와 좌절과 거부감을 느꼈다. 그 이유는 뭘까? 그녀의 고통 뒤에는 무엇이 있었을까? 스테파니는 자신이 부모에게 관심이 없고 그들을 그토록 사랑하지 않았다면 그들의 주장이 자신에게 그리 중요하지 않을 것이라는 사실을 깨달았다고 했다. 즉, 부모를 사랑하지 않는다면 그들의 소망을 외면하고 얼마든지 자기 방식대로 살아갈 수 있었으리라고 생각했다. 스테파니는 부모와 말다툼을 할 때마다 그들을 향한 자신의 사랑이 위협받는다는 느낌이 들었다. 그리고 마음이 아팠다.

스테파니가 이번 과제를 하기 전에 치료 과정을 통해 많은 일을 나와 함께했다는 사실에 주목하자. 우리는 문화적응 과정에서 내적·외적 압박을 받는다. 스테파니가 가치의 관점으로 가족 간 갈등을 바라보게 하기 위해 나는 그녀가 느끼는 압박감에 주목했다. 나는 그런 압박감을 들여다봄으로써 그녀가 '사랑'을 핵심 가치로 여긴다는 사실을 확인했다. 이를 통해 스테파니는 긍정적인 감정을 더 많이 느끼고 분노를 제어할 수 있게 됐다. 그리고 부모와 대화를 나누면서 자신의 다양한 정체성을 통합하기 시작했다.

이제 당신 차례다. '생각해보기 15'에서 자신의 힘든 순간을 적었다면, 이제 다음 질문으로 넘어가자. '이 고통에서 벗어나려면 어떤 가치를 포기해야 할까?' 우리는 이를 통해 고통스러운 상황에서 자신의 어떤 가치가 위협받는지 확인할 수 있다. 그리고 그것이 자신이 정말로 소중하게 여기는 가치라는 사실을 알 수 있다. '생각해보기 16'을 통해서 자신의 생각을 정리해보자.

모든 인생은 불안하다

통증에서 가치를 발견하기

고통스러운 순간에 관한 자신의 이야기를 떠올리면서 이렇게 질문을 던져보자.

• 이 고통에서 벗어나려면 어떤 가치를 포기해야 할까?

_____

_____

_____

• 내가 소중하게 여기는 어떤 가치가 위험에 처했을까?

_____

_____

_____

이 질문에 대답하면서 자신이 중요하게 여기는 몇몇 가치를 확인해보자. 그런 가치에 이름을 붙이기가 쉽지 않다면, 9장의 '공통적인 가치' 목록을 참조하자.

고통을 떠올리는 고통

'생각해보기 16' 과제를 하는 동안 자신의 두뇌를 차분하게 하는 데 어려움을 겪었다고 해도 당신은 혼자가 아니다. 나 역시 가치를 확인하기 위해 고통을 들여다보는 방법이 대단히 유용하다는 사실을 수없이 확인했음에도 종종 회피하려 든다. 한번은 내 고객 미리엄이 이렇게 말했다. "제 인생에서 지금 당장 큰불이 났는데, 불길 너머에 뭐가 있는지 확인해야 하니까 불을 끄지 말고 그냥 내버려두라는 말씀처럼 들려요." 나는 그 말을 부정할 수 없었다. 사실 고통을 떠올리는 것은 문화적으로도 생물학적으로도 우리의 직관에 반하는 일이다. 그래도 고객들이 자신의 고통을 들여다볼 때마다 가치라는 차원에서 그 효과는 분명했다.

가치와 목표를 정렬하는 단계인 '세트'로 넘어가기에 앞서, 내가 이 책을 쓰기까지 여러 가지 측면에서 동기를 부여했던 나의 고통스러운 순간에 관한 이야기를 해볼까 한다. 고통을 받아들이지 않았다면, 지금도 나는 목표를 향해 무작정 달려가면서 야망을 추구한다고 자신에게 거짓말을 하고 있을 것이다. 그러면서 뭔가 잘못됐다는 느낌을 내내 떨쳐버리지 못했을 것이다. 앞서 말했듯이 나는 어느 순간에 경력의 여정이 순조롭게 흘러가지 않는다는 사실을 깨달았다. 그런데도 심각한 고통의 순간에 이를 때까지 변화를 시도하지 않았다. 마침내 나 자신의 가치와 내가 몸담은 조직을 이끄는 이들의 가치가 충돌하면서 고통이 찾아왔다. 그때 나는 더 이상 이 조직에 적합한 사람이

모든 인생은 불안하다

아니라고 생각했다. 이제 고통의 순간에 위험에 처한 가치를 분명히 확인할 수 있다는 사실을 잘 보여주는 사례를 소개하겠다.

나는 까다로운 상사 밑에서 오랫동안 일했다. 그를 로버트라고 부르자. 로버트는 의사이자 내가 근무하는 병원의 고위 간부였다. 그는 의학계에서 아주 중요한 인물이었고, 나는 그런 그를 10년 넘게 존경해왔다. 몇 년 전 로버트는 내게 그와 함께 일할 수 있는, 힘들면서도 대단히 매력적으로 보이는 자리를 제안했다. 그를 존경했던 나는 그 기회를 덥석 받아들였다. 그런데 시간이 흐르면서 로버트의 말에 상처받는 일이 자주 벌어졌다. 비록 내 영혼을 짓밟는 말을 한 것은 아니었지만, 종이에 베인 듯 작은 아픔들을 느끼면서 나는 점점 지쳐갔다. 그는 성에 관한 고정관념과 미묘한 차별로 가득한 특정 연령대의 남성이 무의식적으로 내뱉는 말을 자주 했다. 예를 들어 이런 식으로 말했다. "좀 더 부드럽고 여성스럽게 행동해." 그런 상황은 계속됐고 마침내 나는 한계점에 도달했다.

이런 경험은 비단 나만의 고통이 아니다. 많은 남성과 여성, 그리고 다양한 유형의 사람이 살아가는 동안 다양한 차별과 편견을 경험한다. 그런 문화적 충돌을 깊이 고민해보지 않은 사람들은 미묘한 차별을 통해 비주류 집단에 속한 이들을 언어적·행동적·상황적 차원에서 모욕하고, 그들의 존재를 인정하지 않는다.[16] 이런 경험은 고통스럽고 실질적이며, 정서적 건강에 피해를 준다.[17] 로버트의 이런 언어적 공격이 계속되면서 나는 그 자리를 결국 그만두고 말았다. 그러면서도 나는 그 이유를 밝히지 않았다. 다만 관계를 완전히 끊어야 한다고 생각했다. 로버트에게는 그저 그가 듣고 싶어 하는 대답을 했다. "맞아요. 아이가 생기는 바람에 상황이 힘들어졌어요." 물론 그 말은 사실이 아니었다. 지금 생각해도 왜 내가 그렇게 말했는지 당혹감이 든다.

나는 그렇게 정리하는 게 더 쉽고 덜 고통스러울 것으로 믿었다. 사실 나는 로버트의 제안을 받아들이기 전에 부서의 선임 심리학자에게서 이런 경고의 말을 들었다. "뭘 하든 간에 로버트를 화나게 하면 안 돼." 그때는 그게 무슨 말인지 몰랐다. 또는 내가 그를 화나게 할 거라고 상상조차 하지 못했다. 하지만 나는 그렇게 하고 말았다.

그만두겠다는 나의 말에 로버트는 화를 냈다. 그리고 몇 주 동안 나는 지옥을 경험했다. 우선 금전적인 문제가 있었다. 구체적으로 말해서, 로버트는 내가 잘못된 방식으로 급여를 지급받는 바람에 예산이 바닥 났다고 했다. 학계에 있는 사람이 아니라면 이런 문제를 이해하기는 쉽지 않을 것이다. 학자들은 다양한 원천에서 급여를 받는다. 예를 들어 X 보조금에서 50퍼센트, Y 보조금에서 25퍼센트 등등을 받는다. 그런데 이런 방식은 관리가 쉽지 않아서 문제가 자주 발생한다. 어쨌든 핵심만 설명하자면, 나는 로버트 밑에서 일하는 동안 특정 계좌(그의 계좌)에서 급여 전부를 받겠다고 동의했다.

그런데 그 일을 그만두고 며칠 후에 로버트에게서 이메일이 날아왔다. 그는 착오가 있었고, 그래서 내가 급여의 상당 부분을 반환해야 한다고 했다. 그 돈은 1년 치 연봉과 맞먹는 금액이었다! 나는 수많은 이메일과 전화 통화로 논쟁을 벌였고, 그 일은 내 오랜 경력에서 최악

모든 인생은 불안하다

의 사건으로 남았다. 나는 몇 주일 동안 잠을 제대로 자지 못했다. 불안감이 종일 지속되면서 감정적으로 탈진을 겪었다. 참으로 힘든 시간이었다!

이제 내 두뇌가 그 상황을 어떻게 받아들였는지 살펴보자.

1월 초 어느 날, 새벽 4시에 잠에서 깼다. 더 이상 잠들 수 없었다. 수많은 생각이 밀려들었다.

왜 이렇게까지 하는 걸까?

내가 무슨 잘못을 했나?

급여와 관련해서 합의했지.

이건 부당해.

나는 오랫동안 열심히 일했고 그를 믿었어. 대체 왜 내가 그 돈을 훔쳤다고 생각하는 걸까?

나를 믿지 못하는 건가?

돈을 내놓으라는 요청이 계속되면 어떻게 해야 할까?

내겐 돈이 없어!

가족과 생계에 어떤 문제가 생길까?

오늘 많은 고객을 만나야 해. 하지만 이미 너무 지쳤어. 더는 일할 수 없을 것 같아.

당시의 고통을 떠올리면서 나는 다시 눈물을 흘렸다. 2년이 다 된 일인데도 또 눈물이 났다. 가슴이 조여오면서 호흡이 가빠졌다. 그리고 그 기억으로부터 도망치고 싶어졌다. … 그래도 나는 고통 속에 머무르면서 많은 기억을 떠올렸다. 억압적인 상황에서 명시적이든 암묵적이든 주류 문화에 경의를 표해야 한다는 말을 들었던 기억이 났다. 그때 함께했던 사람들의 얼굴이 떠오르자 더 많은 눈물이 흘렀다. 목에 뭐가 걸린 것처럼 소리도 낼 수 없었다.

그 경험은 내게 상당히 고통스러웠다. 아침 일찍 자리에 앉아 깊이 생각해보면서 고통을 느끼기까지 수개월이 걸렸다. 내 고객인 미리엄이 말했던 '큰불'처럼 처음에는 고통스럽고 눈물만 흘렀다. 어떤 날은 울었고, 어떤 날은 화가 났다. 그러나 감정 온도가 조금씩 내려가면서 나는 고통의 이면을 들여다보며 이렇게 물을 수 있었다. '이 고통에서 벗어나려면 어떤 가치를 포기해야 할까?'

나는 계속 물었다. '왜 아직도 마음이 아픈 걸까?' 그리고 결국 대답을 찾았다. 그건 '신뢰' 때문이었다. 신뢰는 나의 핵심 가치이자 정말로 쉽지 않은 가치다. 나는 성인이 되어서 아버지를 신뢰할 수 없다는 사실을 깨달았다. 반면 내 훌륭한 어머니는 언제나 내 곁에 있어줬고 신뢰를 위한 내 모델이 되어줬다. 어릴 적 나는 어머니가 아버지를 신뢰하지 못한다는 것을 알았다. 그래서 신뢰는 아주 가까운 사람과만 공유할 수 있는 보석처럼 느껴졌다. 이는 어릴 적 트라우마를 겪는 이들에게 일반적으로 나타나는 모습이다.[18] 내가 로버트와의 경험에서 큰 상처를 받은 이유가 바로 이것이었다. 어느 순간 그를 더는 신뢰할 수 없다고 느꼈고, 당시의 모든 기억은 신뢰가 위협을 받았다는 사실과 밀접한 관련이 있었다.

모든 인생은 불안하다

내가 아무런 고통 없이 "로버트와 보낸 시절은 악몽 같았다. 그는 선을 넘었다!"라고 말하기 위해서는 신뢰를 포기해야 했다. 그러나 그건 더 이상 내가 아니었다. 나는 내가 돌아다니는 세상이 안전하다고 느끼기 위해서 주변 사람을 신뢰해야 했다. 그 때문에 로버트와의 경험이 큰 상처가 된 것이다. 고통 뒤에 숨어 있는 가치를 확인한 후, 나는 비로소 치유되기 시작했다. 그리고 나중에 이와 비슷한 갈림길에 들어섰을 때 내가 취해야 할 행동에 대해 생각해볼 수 있게 됐다.

당신이 이런 상황에 직면했을 때, 위험에 처한 가치는 신뢰가 아닐 수도 있다. 진정성이나 진실, 공정함과 같은 또 다른 가치일 수도 있다. 나의 사례에서 위험에 처한 가치는 신뢰였다. 그것은 나만의 고유한 가치였지만, 근본 원리는 모두에게 똑같다. 예를 들어 성장을 중요하게 여기는데 업무 성과가 계속해서 낮거나 자신에게 어울리지 않고 발전을 가로막는 업무를 계속하고 있다면, 업무적으로 스트레스를 받을 것이다. 마찬가지로 정의를 중요하게 여기는데 주변에서 부당한 일이 계속해서 벌어진다면, 강한 분노를 느낄 것이다. 여기서 문제는 감정이 아니다. 감정은 다만 무슨 문제가 있다고 우리에게 알려줄 뿐이다. 진정한 문제는 자신의 가치가 위협을 받는다는 사실이다. 그럴 때 깊이 생각하면서 그 고통을 들여다보면, 감정 온도가 점차 낮아질 것이다. 그리고 나처럼 고통스러운 감정 뒤에 숨어 있는 가치를 발견하게 될 것이다.

에둘러 말하지 않겠다. 고통스러운 순간을 추적하는 일은 힘들다. 좀 생소한 비유지만, 나는 고통을 추적하는 일을 정서적 수술이라고 생각한다. 그렇다. 우리는 고통을 덜기 위해 진통제를 계속 복용할 수 있다. 그런데 그것이 정말로 원인을 해결해줄까, 아니면 증상만 완화할까? 고통을 추적하는 일은 불쾌한 감정을 불러일으키기 마련이지만, 나는 임상심리 전문가로서 훈련을 통해 그런 감정을 멀리서 바라볼 수 있다는 사실을 잘 안다. 우리는 감정에 얽매이지 않고 객관적으로 관찰하는 법을 배울 수 있다. 내가 이 말을 하는 이유는 부정적인 감정을 최소화하려는 게 아니다. 오히려 자신의 감정에 적극적으로 다가섬으로써 자신이 가장 소중하게 여기는 가치를 발견하도록 도와주려는 것이다.

용감한 비전 세우기

자신의 가치를 확인했다면, 다음 단계는 가치 기반의 삶을 받아들이는 것이다. 가치 기반의 삶을 살아가는 것은 인지적 유연성을 키우는 데 핵심이다.[19] 그리고 인지적 유연성은 힘든 상황에서도 목표를 향해 달려 나가게 하는 핵심이다.[20] 다시 말해, 가치는 우리가 장애물에 직면해서도 목표를 향해 계속해서 나아가도록 힘을 실어준다.

가치 기반의 삶을 위한 비전을 세워야 한다고 말하면, 많은 고객이 나를 회의적인 눈빛으로 바라본다. 그들은 그게 이론적인 훈련에 불과하며, 혼란이 가득한 현실에 적용하는 것은 차원이 다른 일이라고 생각한다.

모든 인생은 불안하다

그렇다면 우리는 이 작업을 어떻게 실현 가능한 훈련법으로 만들 수 있을까? 이렇게 생각해보자. 가치를 내면의 나침반으로 삼으면, 가치에 기반을 둔 의미 있는 삶을 살아가기 위한 전체적인 방향을 확인할 수 있다(구체적인 목적지까지는 아니라고 해도). 우리의 핵심 과제는 (대단히 중요하게도) '내면의 동기를 부여하는, 가치에 기반을 둔 용감한 비전'을 세우는 일이다. 여기서 말하는 '용감한 비전'이란 소셜미디어에 올리고 나서 금방 잊어버리는 사소한 성취가 아니다. 자신이라는 존재에서 근간을 이루는, 그리고 자신의 가치와 긴밀하게 연결되는 중요한 이정표를 말한다. 용감한 비전을 세울 때, 우리는 그것이 우리가 세상에서 완수해야 할 임무라는 확신을 얻는다. 용감한 비전은 다른 이들이 보기에 멋지거나 강한 인상을 주는 비전이 아니다. 다만 자신에게 의미를 주는 비전이어야 한다.

용감한 비전에 대해 말할 때, 가슴이 뛰는가? 나는 분명히 그렇다. 그러나 동시에 위압감도 느낀다. 두려움이 든다! 고통과 여정, 실패 가능성에 대한 걱정이 된다. 그리고… 나는 충분하지 않다는 두려움을 느낀다. 그러나 당신이 지금 읽고 있는 이 책은 회피에 관한 책이 아니다. 이 책을 읽는 이유는 용감한 삶을 살아가기 위해서다. 그러나 그런 삶에는 반드시 고통이 따른다.

때로 '내 두뇌는 너무 겁을 먹어서 꼼짝도 하지 않아'라는 생각이 들기도 할 것이다. 사고하는 두뇌가 끼어들어서 거대한 '도로 폐쇄' 표지판을 걸어놓고 우리가 원대한 포부를 품지 못하도록 방해할 때 일어나는 일이다. 내 두뇌도 내가 용감한 비전을 세우려고 할 때마다 찬물을 끼얹는 소리를 속삭이곤 한다.

넌 아마 못 할 거야.

예전에도 용감한 비전을 세웠는데 이루지 못했잖아!

대체 왜 큰 꿈을 꾸는 거야?

사람들이 무엇 하러 네 이야기에 귀를 기울일 거라고 생각해?(이 책을 쓰는 동안 숱하게 들은 얘기)

당신의 두뇌도 이처럼 움직이기 시작한다면, 2장에서 소개한 TEB 주기로 돌아가서 마음속에서 무슨 일이 벌어지는지 적어보자. 이를 통해 잠시 숨을 돌리고 본격적인 시작에 앞서 사고하는 두뇌를 깨울 수 있다.

용감한 비전을 '세우기' 위해 내가 고객과의 첫 만남에서 주로 사용하는 방법을 시도해보길 권한다. 나는 면담을 시작하면서 고객들에게 우리가 함께하는 여정에서 성공은 어떤 모습일지 물어본다. 그러면 대개 각자의 소망에 관한 이야기를 들려준다. 그들은 불안과 우울감, 두려움이 사라진 상태에 대해 말한다. 물론 이런 성과는 우리의 여정이 앞으로 나아가고 있다는 사실을 말해주는 중요한 지표다.

그러나 내가 정말로 궁금해하는 건 이런 것이다. 우리가 성공을 거둔다면, 당신의 '새로운' 삶은 어떤 모습일까? 물론 '적은' 고통도 충분히 의미 있는 목표이지만, '적은'이 아니라 '많은'이라는 표현으로 삶의 비전을 그려보는 방법이 더 효과적이다. 더 많은 연결? 더 많은 개

모든 인생은 불안하다

방성? 더 많은…?

다음 페이지의 '생각해보기 17'에서는 '많은'과 더불어 '가장'이라는 표현으로 대답해보길 권한다. 자신에게 가장 중요한 가치를 실현한다면 삶은 어떤 모습일까? 다시 말해, 자신의 가치를 온전히 구현하는 삶은 과연 어떤 모습일까? 모험적일 것인가, 아니면 겸손할 것인가? 주변 모두로부터 신뢰와 투명함을 느낄 것인가? 자신의 핵심 가치를 항상 우선시하며 살아가는 삶은 어떤 모습일까? 힌트를 주자면, 아마도 달콤한 순간과 비슷할 것이다(동시에 씁쓸한 순간과는 멀 것이다). 우리의 마법 지팡이인 다음 과제를 통해 이런 질문을 잠시 고민해보자.

마법 지팡이

고통스러운 순간을 통해 확인했던 가치에 대해 생각해보자. 그 가치와 관련된 모든 고통을 없애주는 마법 지팡이가 있다고 상상해보자. 그리고 삶을 자신에게 중요한 가치와 정렬하기 위해 무엇이 필요한지 다음 질문을 통해 생각해보자.

• 어디에 도달할 것인가?

_____

_____

• 삶은 어떤 모습인가?

_____

_____

• 무엇을 하고 있는가?

_____

_____

• 누구와 함께하는가?

_____

_____

• 용감한 삶을 실현할 핵심 가치는 무엇인가?

자신의 생각을 검열하지 말자. 내가 여기서 바라는 바는 현실적인 계획이 아니다(아직 다음 단계가 남았다). 그 대신 용감한 비전을 성취한 자신의 모습을 떠올려보자. 아직 나는 '어떻게'에 주목하지 않는다. 다만 '무엇'을 바라본다. 당신의 용감한 비전은 어떤 모습인가?

스테파니와 나의 용감한 비전

스테파니의 용감한 비전은 부모님에 대한 사랑보다 자신의 문화적응 과정과 더 많은 관련이 있다. 스테파니는 자신의 자아 전반을 위해 문화의 다양한 부분을 내면에서 통합하기를 원했다. 우리가 함께 더 깊이 들여다봤을 때, 스테파니의 용감한 비전은 '진정성'과 관련이 있는 것으로 드러났다. 내가 진정성이 무슨 의미인지 물었을 때, 스테파니는 자신의 문화적 정체성 안에 동과 서를 모두 포용하고, 겉으로 보이는 삶의 방식에 집착하지 않는 것이라고 답했다. 예를 들어 만다린어로 방영하는 TV 프로그램을 보고 싶다면 얼마든지 그럴 것이다. 그러나 그건 부모님의 인정을 받기 위해서가 아니라 자신이 좋아하기 때문이다. 또한 좀 더 '미국적'으로 옷을 입길 원한다면 그렇게 할 것이고, 자기 내면에 존재하는 두 가지 문화를 모두 받아들일 준비가 된 친구들을 사귈 것이다. 나아가 문화적 규범의 지시에 수동적으로 따르지 않고 내면의 나침반에 따라 선택할 것이다.

문화적응은 힘든 과정이다. 나 역시 그 과정을 거쳤기 때문에 모순적으로 보이는 다양한 정체성을 그대로 인정하면서 진정한 자아를 드러내려는 스테파니의 소망을 이해할 수 있었다. 그런데 내겐 한 가지 비밀이 있다. 나는 지금도 직장인의 유니폼이라고 할 수 있는 회색 정장을 즐겨 입는다. 조직에 적응하고 싶어서가 아니라 학자로서 내 자아와 잘 어울리기 때문이다. 여기에다가 빨간 스카프로 남미의 느낌을 추가하는 것도 잊지 않는다.

행복을 향해 마법 지팡이를 휘두를 때, 내 삶은 아주 달라 보인다.

모든 인생은 불안하다

나는 혼란은 줄이고 행복한 시간은 더 오래 누리면서 균형 잡힌 삶을 살아가길 원한다. 혼자서 또는 가족과 함께 신체적 활동을 더 많이 하고, 하이킹이나 장거리 산책 또는 자연과의 교류를 통해 삶의 즐거움을 키워갈 것이다. 용기는 이 마법 같은 삶에서 내가 스스로를 정렬할 가치다. 용기는 회피의 순간에 내가 건강을 선택하도록 힘을 줄 것이다. 마법 지팡이를 한 번 더 휘두르면, 직업 세상에서 나를 이끌어줄 또 다른 가치가 모습을 드러낸다. 그것은 바로 영향력이다. 구체적으로 설명하자면, 나는 이 책에서 다양한 기술을 소개함으로써 세계적인 정신건강 위기에 대처하는 과정에서 내 책임을 다하고, 이를 통해 전 세계 많은 이들에게 영향력을 미치고 싶다.

용감한 비전을 용감한 계획으로 바꾸기

가치를 확인하고 그것을 온전히 반영하는 새로운 삶을 상상하는 과제는 정렬의 처음 두 단계에 해당한다. 하지만 이것만으로는 게임을 바꿀 수 없다. 이제 우리는 가치를 행동으로 바꿔야 한다! 어쩌면 이런 생각이 들 것이다. '이제 용감한 비전을 떠올렸다. 하지만 어디서 시작해야 할지 모르겠다…. 정말로 도전해야 할까? 성공할 수 있을까?'

부조화 파티에 온 당신을 환영한다! 앞서 언급했듯이 우리 두뇌는 비전과 실현을 요구한다. 두려움과 자기 의심을 이겨내기로 마음먹을 때, 우리는 그 두 가지를 얻는다. 어쨌든 가치 기반의 삶을 살아가기 위해서는 '불편함을 편안하게' 받아들여야 하기 때문이다. 불편한 감정이 들 때 우리 두뇌는 두려움을 느끼면서 우리를 회피로 밀어 넣는다. 그러나 걱정할 필요는 없다. 이제 행동과학의 도움을 받아 분명하고 현실적인 계획을 세울 수 있기 때문이다. 이를 통해 내면의 세상을 외부로 확장할 수 있다.

가장 먼저, 용감한 비전을 세부적인 단계로 구분해야 한다. 그 이유는 뭘까? 한 번에 모든 것을 하려고 들면 실패 가능성이 크기 때문이다. 상투적인 말이지만, 로마는 하루아침에 이루어지지 않았다. 우리 삶 역시 마찬가지다. 이렇게 생각해보자. 어떤 마을에 처음 방문했는데 길을 잃어버렸다. 그래서 누군가에게 길을 물었는데 알아듣기 어려운 말로 빠르게 설명한다.

"선셋대로를따라가다가두번째사거리에서우회전하면밥스피자가나오고거기서좌회전하면수지스하우스테이크가나오는데거기서좌회전해서몇블록더가면도로폐쇄표지판이나오는데그냥무시하고우회전하면왼쪽에나오는첫번째집이에요."

맙소사! 대체 무슨 소린가? 그의 안내에 따른다면 아마도 목적지에 도착하지 못할 것이다. 여기서 도무지 알아들을 수 없는 이 말이 용감한 비전으로 우리를 안내하는 지침이라고 상상해보자. 거기에 도달할 수 있겠는가? 당신의 두뇌는 거의 혼돈 상태에 빠질 것이다. '수지가 누구지? 몇 블록을 더 가라는 거야? 도로가 정말 폐쇄됐다면?' 그리고 이런 의심으로 시작조차 하지 못할 것이다. 또는 자신의 가치와 반

모든 인생은 불안하다

대 방향으로 나아갈지도 모른다. 그건 우리가 원하는 게 아니다! 그러므로 자신이 가장 중요하게 생각하는 곳에 '언제, 어디서, 어떻게' 도착할 것인지를 말해주는 구체적인 계획이 필요하다.

가치를 행동으로 바꾸기

용감한 비전을 구체적인 계획으로 바꾸기 위해 몇 년 전에 나온 가장 획기적인 방법을 활용하고자 한다. 바로 사이먼 시넥Simon Sinek의 골든 서클Golden Circle이다. 시넥은 세계적으로 유명한 연설가이자 저자, 그리고 확고부동한 낙관주의자다.[21] 그는 자신의 책《스타트 위드 와이》에서[22] 행동을 자극하는 동심원으로 '왜, 어떻게, 무엇'의 중요성을 설명했다.

이 책은 비즈니스 세상의 사례에 주목하지만, 골든 서클을 삶의 다양한 영역에 적용함으로써 주제를 폭넓게 다룬다. 나는 이 개념을 바탕으로 나의 일과 삶, 그리고 야망의 많은 부분을 구축했다. 사실 이 책의 구성도 그렇게 탄생했다! 가장 먼저 나는 '왜'로 시작했다(회피는 지긋지긋하므로!). 다음으로 각각의 영역(전환, 접근, 정렬)에서 우리가 '어떻게' 회피하는지 들여다봤다(회피의 3R: 대응, 후퇴, 머무르기). 그리고 마지막으로 이에 대해 '무엇'을 할 것인지 고민했다(그건 바로 과학이다!).

고객들이 용감한 비전을 실현하기 위한 계획을 세우도록 도움을 주면서 활용했던 방법이 바로 이것이다. 나는 용감한 계획을 수립하는 단계에서 무엇보다 네 가지를 고려해야 한다는 사실을 깨달았다.

첫째, 정렬되어 있는가(왜)?

둘째, 구체적인가(무엇)?

셋째, 실천 가능한가(어떻게)?

넷째, 일정을 잡았는가(언제)?

우리는 이 질문을 통해 관리 가능한 단계에 이른다. 그리고 관리 가능한 단계를 통해 자신의 가치와 정렬된 계획을 기반으로 삶을 헤쳐 나갈 수 있다. 또한 그 과정에서 결과(목표)뿐만 아니라 애초에 왜 이 일을 시작했는지(가치)에 집중함으로써 길을 잃어버릴 위험(내가 그랬던 것처럼)을 없앨 것이다.

리카르도와 스테파니의 가치 실행

리카르도와 스테파니의 이야기로 되돌아가 용감한 계획이 어떻게 모습을 드러내는지 살펴보자. 리카르도의 계획은 실행에 옮기기가 쉽지 않았다. 자녀와 관련된 것이었기 때문이다. 그는 자신이 세운 모든 단계를 실행에 옮기기 위해 이혼 과정에 있는 아내와 관계를 깨끗이 정리해야 했다. 리카르도는 상황이 너무 힘들어서 관계를 완전히 정리하기란 불가능하다고 했다. 여기서 리카르도는 회피하고 있었다. 면담을 진행하는 동안, 우리는 그가 자녀와 함께하면서 연결에 집중할 수 있는 순간(정렬된 순간)이 있었다는 사실을 분명히 이해했다. 이런 순간을 미리 일정으로 잡기는 힘들었지만, 그래도 완전히 불가능하지는 않았다. 그래서 우리는 리카르도가 통제할 수 있는(실천 가능한) 범위 내에서 그가 할 수 있는 일에 집중했고, 결국 놀라운 해결책을 발견했다.

그는 일주일에 두 번, 정확하게 화요일과 목요일에(일정을 정한) 자녀들과 45분 동안(구체적인) 저녁을 함께 먹으면서 업무용 휴대전화를 받지 않기로 했다. 그는 그 일정을 달력에 기록했다(확실한 정렬). 스트레스 없이 이 계획을 실천하기 위해 이메일로 '부재중' 알림을 설정해놓고 휴대전화를 확인하려는 충동을 억제했다. 이런 방법은 관리 가능한 단계를 스트레스 없이 실행하는 데 대단히 중요했다.

스테파니의 경우에는 진정한 삶과 '정렬된' 관리 가능한 단계를 확인하고자 했다. 스테파니는 진정성과 같은 추상적인 개념에서 어떻게 '구체적인' 행동으로 나아가야 할지 알지 못했다. 그래서 나는 스테파니에게 진정성을 어떻게 생각하는지 행동적인 관점에서 설명해보라고 했다. 그녀는 중국 문화든 미국 문화든 자신을 둘러싼 문화에 적응하려고 집착하지 않는 태도가 진정성이라고 생각한다고 했다. 스스로 진정하기만 하다면, 자신의 존재와 생각을 있는 그대로 드러내기만 하면 된다. 그건 중국 자아도, 미국 자아도 아니다. 그저 스테파니일 뿐이다.

스테파니는 면담을 하는 동안 패션을 통해서도 진정성을 드러낼 수 있다고 했다. 구체적으로 말해서, 평일에는(일정을 정한) 어디서든 자신의 문화적 정체성(정렬된)을 잘 드러내는 원피스(구체적인)를 입겠다고 했다. 스테파니는 진정성이 자신에게 어떤 의미인지를 시각화함으로써 용감한 계획을 세웠다. 이는 내가 많은 고객과 함께 활용하는 기술이다. 당신 역시 그럴 수 있다. 무엇이든 기술을 선택했다면 자신에게 물어보자. '마음의 눈으로 생생하게 그려볼 수 있는가?'

리카르도와 스테파니 모두 관리 가능한 단계에 도달했다. 물론 어려움이 따랐고, 이는 충분히 예상했던 바다. 다만 강조하고자 하는 점은 처음에 성공하지 못했다고 해도 계속 시도하라는 것이다. 나 역시 분명한 단계를 세웠다는 확신을 얻기 위해 계획표를 계속 들여다봐야 한다. 당신도 자신이 원하는 삶의 건축가로서 청사진을 들여다보는 일에 익숙해져야 한다.

용감한 비전을 실현하기 위한 용감한 계획 세우기

이제 당신 차례다. 관리 가능한 단계를 마련함으로써 자신의 가치를 행동으로 옮기자. 다음 질문을 참조하자.

1. 왜: 정렬됐는가?

용감한 비전에서 가장 중요하게 여기는 것은 무엇인가?

_____

_____

_____

• 그 가치를 확인하고 이를 바탕으로 계획을 세우자.

2. 무엇: 구체적인가?

용감한 비전을 실현하기 위해 어떤 행동이 필요할까? 행동을 실행에 옮긴 모습을 떠올리고 그 순간을 정확하게 인식할 수 있을 만큼 구체적으로 상상하자.

• 행동: _____

• 행동: _____

• 행동: _____

3. 어떻게: 실천할 수 있는가?

행동 계획을 세워야 할 시점이다. 각각의 행동을 실행에 옮기기 위해 무엇이 필요한가?

- 행동:
- 행동:
- 행동:

4. 언제: 일정을 잡았는가?

달력을 살펴보자. 위 단계를 언제까지 실행에 옮길 것인가?

용감한 계획에 도전하고 또 도전하기

나는 두 가지 용감한 계획을 세웠다. 하나는 행복을 실현하기 위한 계획이고, 다른 하나는 영향력을 행사하기 위한 계획이다. 행복의 경우, 디에고가 일어나기 전 20분 동안 일주일에 5일씩 한 달간 운동하겠다는 계획을 세웠다.

이것은 관리 가능한 단계일까? 행복이라는 내 가치와 정렬되어 있을까? 나는 그렇게 확신했다. 하지만 많은 노력을 했음에도 계획은 첫 주에 수포로 돌아갔다. 그때 나는 2년 동안 운동을 전혀 하지 않았고 코로나 전에 비해 체중도 20킬로그램 가까이 증가한 상태였다. 따라서 이 계획은 현실적으로 불가능한 것이었다. 그러나 실패는 다음 번 성공을 위한 좋은 데이터이기에 나는 좌절하지 않았다.

나는 이런 모습을 고객들에게서도 종종 본다. 그들은 과거에는 실천 가능했지만 지금으로서는 지나치게 야심 찬 계획을 세운다(예를 들어 코로나 이후의 루아나가 코로나 이전의 루아나인 것처럼 계획을 세운다). 이런 점에서 당신이 관리 가능한 단계를 처음으로 세울 때는 목표를 절반으로 낮춰보기를 권한다. 여기서 중요한 것은 실패가 아닌 성공을 향해 자신을 준비시키는 것이다. 계획 세우기에는 정해진 규칙이 없으므로 얼마든지 자신에게 유리한 형태로 수정할 수 있다! 예를 들어 내가 누군가에게 글쓰기에 관한 조언을 해준다면 이렇게 말하겠다. "하루에 한 페이지 쓰기를 첫 단계로 삼으세요. 그렇습니다, 한 페이지요. 15분이든 두 시간이든 한 페이지를 썼다면 멈추세요. 일과가 끝난 겁니다. 그걸로 충분합니다." 이런 목표는 쉬우면서 유지 가능하다. 이런 형태로 계획을 세우는 것은 무엇보다 유지 가능성을 확보하기 위함이다.

계획이 수포로 돌아간 뒤, 나는 계획표를 다시 들여다보면서 더욱 관리 가능한 단계를 세웠다. 일주일에 세 번, 점심 먹기 전 10분간 운동하는 것이었다. 그건 더 쉬웠고 충분히 지킬 수 있었다! 여기서 일주일에 세 번, 점심 먹기 전 10분 운동을 계획표에 적어놓는 일은 대단히 중요한 역할을 했다. 핵심은 이것이다. '달력에 적어놓지 않은 목표는 절대 이룰 수 없다!' 우리는 달력을 보고 성공 가능성이 큰 구간에 관리 가능한 단계를 집어넣고 이를 따라야 한다. 그러면 목표를 구체적인 일정으로 설정할 수 있다. 좀 지나쳐 보일 수도 있지만, 그렇게 일정을 잡지 않으면 우리 삶은 절대 나아가지 못한다.

계획의 일정을 지키기 위해 내가 종종 사용하는 또 다른 기술은 그 일정을 진료 예약처럼 바라보는 것이다. 우리는 웬만해서는 진료 예약을 어기지 않는다. 특히 자신의 생명이 달렸을 때는 더 악착같이 지킨다. 그와 마찬가지로 우리는 자신과 예약을 함으로써 더 잘 지킬 수 있다. 갑작스러운 일로 예약 시간을 지키지 못했을 때는 진료 예약 때처럼 하자. 즉, 다시 예약을 잡자! 행복과 관련된 내 계획의 경우, 한 번은 낮에 운동할 시간이 없어서 저녁 9시로 옮겨서 운동을 했다. 그날 일과표를 들여다보면서 유일하게 가능한 시간이 저녁 9시임을 확인했기 때문이다.

다음으로 야망이 더 이상 업무적인 차원에서 나의 핵심 가치가 될

모든 인생은 불안하다

수 없다는 사실을 깨달은 뒤, 나는 '영향력'을 핵심 가치로 정했다. 구체적으로 말자면, 나는 정신건강 위기를 해결하는 방법을 발견해서 세상에 긍정적인 영향을 미치고 싶었다. 그리고 이를 위해 책을 쓰는 것을 하나의 단계로 설정했다. 이 책을 통해 과학과 경험을 소개함으로써 세상에 실질적인 영향을 미칠 수 있다고 믿었다. 하지만 원고 마감을 지키는 것은 결코 쉬운 일이 아니었다. 새내기 작가인 나는 일관적인 방식으로 글을 써나갈 수 없었다. 어떤 날은 내 두뇌가 부정적인 생각에 사로잡히는 바람에 한 문장도 쓰지 못했다. 결국 나는 책을 쓰는 일이 그 자체로 목표가 될 수 없다는 사실을 깨달았다. 사실 글을 쓰는 과정에서 관리 가능한 단계를 세우지 않았다. 그리고 6장에 이르러서야 내 글이 엉망이라는 사실을 깨달았다. 나는 두려움에 얼어붙었고, 원고 마감을 지키기 위해서 나 자신을 더 몰아붙였다.

결국 나는 이렇게 계획을 세웠다. 3주일에 걸쳐 일주일에 3일씩, 30분 동안 글을 쓰자. 30분이 지났다는 사실을 알아채지 못한 채 두 시간 동안 글을 쓰는 경우가 잦았다. 그래서 그 계획은 쉽게 달성할 수 있었다. 그래도 여전히 난관에서 벗어나지 못했다. 왜 그랬을까? 그 이유는 내가 전체 그림을 그려볼 수 없다는 것이었다! 나는 더 많이 고민했고, 더 많은 현실적인 계획을 세웠다.

원고 마감을 위해 나는 3주일에 걸쳐 화요일, 수요일, 목요일 아침 9시(디에고가 학교 가는 시간)에 30분 동안 글을 쓰는 것으로 계획을 바꿨다. 그리고 그 계획을 다시 달력에 집어넣었다.

물론 계획을 세웠다고 일이 쉬워지는 것은 아니다. 아무런 목표 없이 글을 쓰는 것보다는 나았지만, 그래도 3주일 동안 계획을 지키기란 쉽지 않았다. 나는 기간을 좀 더 줄여볼까 생각했다. 그건 출장을 고려하지 않았기 때문인데, 출장이 있는 주에는 계획을 전면 수정해야 했다.

문제가 생기고 가치가 바뀌어도 용감한 삶은 계속된다

정렬과 관련해서 두 가지에 주목하자. 첫째, 문제는 언제나 발생한다! 예상치 못한 상황이 항상 벌어지지만, 성공하려면 잘 대처해야 한다. 나는 출장이 있는 주에는 나와의 약속을 지키기 위해 더 일찍 일어났다. 힘들지만 충분히 '해낼 수 있는' 일이다. 당신도 마찬가지다. 출장이 있거나, 아이가 아프거나, 사랑하는 사람을 보살펴야 하는 일이 생기는 것처럼 중요한 변수가 생길 때 다시 계획표로 돌아가 자신의 가치를 확인하고 어디로 나아가고 있는지 떠올리면서 계획을 수정하자.

둘째, 때로 외부 상황 때문에 가치를 바꿔야 한다. 가치들은 충돌하기 마련이고, 그래서 용감한 계획이 실패로 돌아가기도 한다. 이 책을 쓰는 동안 우리 가족이 모두 코로나에 걸리는 바람에 나는 2주일 동안 계획을 포기해야 했다. 지금 이 이야기를 하는 이유는 당신도 계획을 실행하는 과정에서 그런 일을 겪을 것이기 때문이다. 그렇다. 우리는 계획을 따르면서도 동시에 현실적이어야 한다. 자기 자신, 그리고 계획을 실천하는 과정에서 발생하는 문제를 현실적으로 바라봐야

모든 인생은 불안하다

한다. 누구도 의미 있는 삶을 살라고 강요하지 않는다. 그러니 우리는 자기 자신의 코치가 되어야 한다(비슷한 상황에 처한 친구에게서 도움을 받을 수 있다면, 그건 대단한 자산이다).

자신의 가치에 따라 열심히 운동한 하루와 운동화를 신발장에서 꺼내지 않을 핑계를 찾는 하루의 느낌을 비교할 때, 그 차이는 분명하다. 간단히 말해서, 멋진 기분과 초라한 기분의 차이다. 어떤 하루에 어떤 느낌이 드는지는 쉽게 알 것이다. 자신의 행동이 자신의 가치와 조화를 이룬 날을 떠올려보자. 그리고 자신이 중요하게 여기는 가치를 전혀 실천하지 못한 날과 비교해보자. 어떤 느낌이 드는가? 이제 당신은 왜 정렬이 우리가 익혀야 할 중요한 기술인지 알게 됐을 것이다. 그 차이는 만족감을 느끼며 잠자리에 드는 하루와 아무런 만족감을 느끼지 못하고 스트레스를 받으며 잠드는 하루의 차이다. 정렬의 기술만 익히면 무조건 놀라움을 경험하게 될 것이라고 약속하진 않겠다. 다만 내가 약속하는 한 가지는 자신의 가치와 행동을 정렬할 때 삶의 여정에서 더 많은 보상을 얻게 되리라는 것이다.

이 장을 마무리하기 전에 한 가지 당부 말씀이 있다. 가치는 삶의 여정에서 얼마든지 바뀔 수 있다. 삶 자체가 변하기 때문에 우리의 가치도 며칠, 몇 주, 몇 달 또는 몇 년에 걸쳐 바뀔 것이라고 예측해야 한다. 스스로 발전하고 상황이 변함에 따라 자신이 소중하게 생각하는 가치들의 우선순위를 정해야 한다. 가치는 삶만큼이나 유동적이므로, 상황에 따라 행동을 새로운 북극성과 정렬해야 한다. 나는 이를 가치에 기반을 둔 나침반 보수 작업이라고 생각한다.

내가 2000년 첫 요가 수업에서 배웠듯이 중요한 것은 목적지가 아니라 여정이다. 정확하게 작동하는 나침반이 있다면 여행을 떠날 준비가 된 것이다. 여정은 때로 힘들고, 때로 멋지고, 때로는 그저 그럴 것이다. 그러나 떠날 만한 가치는 충분하다. 삶의 충만함을 선사하는 북극성이 우리를 기다리고 있기 때문이다. 충만함이란 물질적인 세상에서 쉽게 얻을 수 있는 값싼 만족감이 아니다. 잠자리에 들면서 떠올리게 되는, 그리고 내일을 기대하게 하는 느낌이다. 삶에서 폭우가 쏟아지거나 길을 잃어버리더라도 좌절하지 말자. 나침반은 언제나 같은 자리를 가리킨다.

나는 북극성을 향해 흔들림 없이 곧바로 나아가는 사람은 만나본 적이 없다. 인간으로서 그건 불가능한 일이다. 용감하게 앞으로 나아가는 과정에서 힘든 상황에 직면했다면, 자기 자신에게 여유를 허락하자. 그럴 때 자신의 회피 패턴을 확인하고 기술을 활용해 맞서자(용의 목을 베어라!). 자신의 생각이 스스로를 궤도에서 벗어나게 한다면, 전환을 시도하자. 반사적인 행동이 자신에게서 최고의 모습을 앗아간다면, 반대 행동으로 접근함으로써 여정을 새롭게 만들자. 그리고 지금껏 해왔던 것처럼 내비게이션(또는 다른 사람)만 따라가고 있다면, 자신의 행동을 자신의 가치와 정렬하자. 미 해군 특수요원 출신으로 저자이자 강연자인 조코 윌링크Jocko Willink는 팟캐스트에서 종종 이런 말을 한다. "궤도에서 벗어나도 괜찮습니다. 좀 돌아가면 되니까요."

모두에게 언제나 효과가 있는 한 가지 해결책은 존재하지 않는다. 내가 소개한 기술들은 모두 현재의 회피 패턴에 맞서기 위한 것이다.

모든 인생은 불안하다

이 기술을 통해 회피를 신속하게 확인하고 이에 대처할 수 있다. 하지만 그러려면 훈련이 필요하다! 실패하는 가장 확실한 방법은 아무 일도 시도하지 않는 것이다. 회피가 노크할 때, 문을 열어 확인하자. 그러나 따라가지는 말자. 그 대신 회피에 의문을 품고, 궤도에서 벗어나게 하는 시나리오를 확인하고, 과감하게 움직이자. 삶은 우리에게 많은 보상을 주지만, 우리에게 허락된 시간은 길지 않다. 우리는 이런 기술을 창과 방패로 활용함으로써 삶에서 의미를 앗아가는 적(회피)에 맞서야 한다. 좀 과장된 표현일 수는 있겠지만, 그 안에 진실이 담겨 있다.

5부
불안을 직면하여 용기로 바꾸다

12장

바위가 아닌 물로서
용감하게 살아가기

나는 밤마다 디에고에게 책을 읽어주면서 그 시간이 내게 특권이라는 사실을 깨닫게 된다. 브래드 멜처Brad Meltzer가 쓴《나는 알베르트 아인슈타인I am Albert Einstein》을 1,000번이나 읽어주는 게 무슨 특권이냐고 생각할 수 있겠지만, 경제적으로 어려운 가정에서 이는 분명히 사치스러운 순간이라고 생각한다. 내가 어릴 적에 어머니는 밤늦게까지 일했다. 집에서 함께 TV를 볼 때도 어머니는 옷을 수선하거나 내일 식사 준비를 하는 등 늘 다른 일에 신경을 썼다. 새로운 하루가 시작되기도 전에 어머니에겐 언제나 할 일이 기다리고 있었다. 매일 음식을 장만하는 것도 쉽지 않았다. 무엇보다 시간이 부족했기 때문이다. 아침에 빈둥거리거나 수다를 떨 여유가 없었다. 어려운 형편에도 어떻게든 살림을 꾸려나가는 어머니의 능력이 내겐 놀라울 뿐이었다.

모든 인생은 불안하다

나는 전 세계 많은 가정이 비슷한 상황에서 살아간다고 생각한다. 그런 가정에서 부모가 잠시 시간을 내서 자녀에게 책을 읽어주는 일은 그리 쉽지 않다. 우리 집도 그랬다. 그래서 나는 어릴 때 책을 많이 읽지 못했다. 미국에 와서 아이들이 여름방학 때 책을 읽는다는 사실을 알았을 때, 적잖이 충격을 받았다. 그렇다고 해서 내 어린 시절이 공포 영화 같았다는 말은 아니다. 그 대신 나는 밖에 나가서 친구들과 어울리고 함께 수영을 했다. 그러나 거기에 책은 없었다. 적어도 우리 집은 그랬다.

할머니의 선물

1995년부터 할머니와 함께 살기 시작하면서 상황이 바뀌었다. 할머니 집에는 책이 아주 많았다. 할머니는 책을 자주 읽었고 책에 관한 이야기를 들려주길 좋아하셨다. 30년이 다 된 그 시절을 떠올리면, 할머니와 함께했던 세월에 새삼 고마움을 느낀다. 그 시절은 내가 책을 통해 세상을 알게 된 황금기였다. 할머니가 내게 준 첫 책을 잊을 수 없다. 파울로 코엘료Paulo Coelho의《연금술사》라는 책이었다. 그 책은 세계적으로 큰 인기를 끌었지만, 브라질에서 특히 많은 사랑을 받았다(지금도 마찬가지다). 할머니는 앞날에 대한 걱정(무슨 일을 할지, 어떤 사람이 될지)으로 가득한 내게 그 책을 읽어주셨다. 당시 나는 생계에 대해 많이 고민했다. '자원이 한정된' 환경에 불만을 품은 것은 아니었으나,

경제적 어려움은 분명히 알았고 내게 주어진 한계 안에서만 꿈을 꾸어야 한다고 생각했다.

어느 날 오후, 할머니는 커피를 마시면서 내게 뭐든 될 수 있고 무슨 일이든 할 수 있으니 꿈을 최대한 크게 꾸라고 말씀하셨다. 크고 용감한 꿈을 꾸면 내가 그런 일을 하게 될 것이라고 하셨다. 그러나 그런 마법과도 같은 일이 내게 일어날 것 같지는 않았다. 나는 그런 '환상적인 이야기'를 들으면서 그건 할머니가 수정과 그 에너지장에 관한 이론에 너무 깊이 빠져 있기 때문이라고 생각했다. 내 말을 오해하지는 말자. 할머니는 내게 수정을 선물로 줬고 나는 지금도 소중하게 간직하고 있다. 물론 내면의 과학자는 거기에 강력한 에너지가 담겨 있다고는 생각하지 않지만 말이다. 그래도 나는 수정으로부터 강력한 힘을 느낄 수 있다. 수정이 할머니를 떠올리게 하기 때문이다. 어쨌든 할머니가 내게 무엇을 꿈꾸든 이룰 수 있다는 아름다운 디즈니 동화를 들려줬을 때, 나는 그 이야기를 그대로 받아들이지 않았고 내 삶을 가로막는 제약에 대해 할머니와 논쟁을 하곤 했다.

다시 《연금술사》이야기로 넘어가 보자면, 할머니는 그 책을 내게 주면서 이렇게 말씀하셨다. "꼭 읽어보거라. 다 읽고 나서 생각이 어떻게 바뀌었는지 얘기해주렴." 이 글을 쓰는 지금도 내 곁에는 포르투갈어로 된 그 오래된 책이 놓여 있다. 아직 읽어보지 않은 사람을 위해 간략하게 설명하자면, 가슴에 귀를 기울이고 꿈을 좇아 세상에서 자신만의 전설을 향해 나아가는 아름다운 이야기다. 이렇게 말하니 좀 감상적으로 느껴지지만, 이 소설이 어떻게 내 삶을 바꿔놓았는지

모든 인생은 불안하다

에 관한 하버드 과학자로서의 이야기는 믿어주길 바란다.

내 삶의 첫 번째 '전환'

나는 책을 읽고 할머니와 이야기를 나눴다. 그리고 내 삶의 첫 번째
전환을 경험했다. 앞서 설명했듯이 우리의 세계관은 현재 상황과 과
거, 그리고 삶에서 배운 교훈과 다양한 경험으로 형성된다. 그렇게 세
계관이 자리 잡으면 우리는 어떻게든 이를 지켜내고자 한다. 우리 두
뇌는 이미 알고 있는 것(또는 안다고 생각하는 것)이 진실이라고 확증함으
로써 인지부조화를 최대한 줄이려고 한다는 설명이 기억날 것이다.[1]
만약 "세상은 힘들어. 우리는 가진 것이 거의 없고 이것이 최선이야"
라는 이야기를 들으면서 자랐다면, 그 말은 우리가 세상을 바라보는
관점이 되고 그 관점은 다시 우리의 행동 지침이 된다.

그러나 다행스럽게도 과학은 우리 두뇌가 신경가소성 덕분에 변화
할 수 있다는 사실을 말해준다.[2] 우리는 올바른 형태의 노출을 통해
머릿속 이야기를 바꿀 수 있다. 그것이 바로 《연금술사》가 내게 해준
일이었다. 비록 할머니는 인지행동치료를 알지 못했지만, 지혜를 통
해 삶이 얼마든지 변할 수 있다는 사실을 알았다. 그리고 이를 위해서
는 자신에게 들려주는 이야기를 바꿔야 한다는 사실도 알았다. 할머
니는 생각을 머릿속에서 끊임없이 돌아가는 테이프라고 설명했다. 그
런데 그 테이프에서 "넌 충분하지 않아"라는 이야기만 계속해서 흘러

나온다면, 어떻게 자신을 달리 바라볼 수 있겠는가? 나는 지난 30년간 머릿속 이야기를 바꾸려고 애썼기 때문에 잘 알고 있다.

할머니가 내게 《연금술사》를 건네준 것은 내가 세상을 달리 바라보게 해줄 것이라고 기대하셨기 때문이다. 실제로 그 책은 삶의 제약에 대한 협소한 관점(경제적인 어려움을 걱정하는 나의 렌즈)을 거대한 세상을 내다보는 거시적인 관점으로 바꿔놨다. 두뇌에서 울려 퍼지는 편협한 메시지를 바꿀 수 있을 때, 꿈은 현실이 된다. 수십 년에 걸친 신경과학 분야의 연구 결과들 역시 할머니의 지혜가 옳았다는 사실을 입증해준다. 또한 할머니는 인식했든 아니든 내 두뇌가 더 유연해지도록 가르쳐주셨다. 많은 연구 결과에 따르면, 생각을 부드럽게 하고 바꾸는 능력(즉, '인지적 유연성'이라는 기술)은 강력한 회복탄력성과 직접적인 연관이 있다.[3] 우리는 이런 사실을 쉽게 이해할 수 있다. 그렇지 않은가? 자신과 주변 세상을 바라보는 관점을 바꿀 수 있다면, 그 기술을 자신에게 유리한 방향으로 쉽게 활용할 수 있다. 우리가 만들어낸 모든 이야기가 어느 정도 임의적인 것이라면, 왜 더 즐거운 삶을 살아가도록 바꾸지 않는단 말인가?

지금 내가 이 글을 쓰고 있는 것은 30년 전 책을 좋아하는 할머니가 손녀에게 자신이 아끼는 책을 건넸고, 그 책이 손녀에게 완전히 다른 눈으로 세상을 바라보는 법을 가르쳤기 때문이다. 이 책에는 유명한(그리고 나도 좋아하는) 글귀가 담겨 있다. "우리가 뭔가를 소망할 때, 온 우주가 그것을 이루도록 도와줄 것이다." 꿈을 좇는 과정에서 난관에 봉착할 때, 그리고 두려움과 불안, 우울이 찾아올 때 나는 자신에게

모든 인생은 불안하다

그 글귀를 들려준다. 그리고 친한 친구에게 말하듯 자신에게 말하라고 고객들에게 당부하는 것처럼, 나는 할머니가 내게 말하듯 나 자신에게 말하는 연습을 한다. 회피가 노크할 때마다 나는 마음속 플레이어를 눌러 그 글귀를 재생한다.

내 관점을 바꾸기 위해서 그 후로도 몇 년의 세월과 몇 권의 책, 그리고 다양한 과학적 연구가 필요했다. 그래도 모든 이야기의 시작은 언제나《연금술사》였다. 당신이 지금 읽고 있는 이 책을 통해 내가 가장 바라는 바는 당신이 불안과 탈진, 스트레스, 역경, 고통, 회피에서 벗어나 더 나은 삶으로 나아가는 것이다. 그런 삶은 자신의 가치와 조화를 이루며, 그럴 때 불안은 에너지로 바뀐다.

이 책 전반에 걸쳐서 내 두뇌가 갑자기 나는 충분하지 않다거나 언제라도 정체가 탄로 날 사기꾼이라고 말하는 다양한 순간에 대해 이야기했다. 그리고 그런 글을 쓸 때마다 웃음이 났다. 내 삶에서 얻은 객관적인 데이터를 들여다볼 때, 그 이야기는 완전히 틀렸기 때문이다. 우리 두뇌는 아름답지만 기본적인 배선 구조를 바꾸길 싫어하는 결함 있는 예측 기계다.[4] 그래서 우리는 자신이 어릴 적 만들어낸 오래된 핵심 신념으로 종종 돌아간다. 하지만 용감한 삶은 왜곡된 생각이나 부정적인 생각이 전혀 없는 삶이 아니다! 용감한 삶을 살아가기 위해서는 핵심 신념을 끊임없이 바꾸고 기존 관점을 전환하는 법을 배워야 한다. 이는 친한 친구와 함께 공감을 바탕으로 이야기를 나누는 법을 배우는 것과 같다. 이런 설명에 대해 지나치게 감상적이라고 생각할 수도 있다. 하지만 왜 우리는 다른 사람에게만 친절해야 하는가? 용감한 삶을 살아가기 위해서는 친구나 가족만큼 자기 자신도 행복해지길 소망해야 한다.

전환은 대단히 강력한 기술이지만 여기서 소개하는 유일한 기술은 아니다. 우리의 현실은 힘들고 심각한 문제에 종종 직면한다. 하지만 감사하게도 우리는 삶의 여정을 좀 더 편하게 해줄 두 가지 기술을 배울 수 있다. 그중 하나는 내가 좋아하는 '접근'이다.

회피에 맞서는 강력한 기술, '접근'

기술로서 '접근'은 자주 오해를 받는다. 곤경에 처했을 때 대부분 사람은 상황에서 벗어나기 위해 수많은 시도를 하는데, 접근은 반대 행동을 통해 감정적인 두뇌를 억제하고 사고하는 두뇌를 활성화함으로써 두뇌를 훈련하는 기술이기 때문이다. 불편한 감정에 다가서서 이를 경험할 때, 우리는 실제 적인 회피와 마주하게 된다.[5] 접근은 변증법적 행동치료와 인지행동치료에서 활용하는 슈퍼파워 기술이다. 그러나 훈련 과정은 쉽지 않다. 말 그대로 우리는 감정에 접근할 때 불편함을 느낀다. 마치 따뜻한 침대에서 일어나 차가운 물로 샤워하는 것과 같다. 이런 아침 루틴으로 하루를 활기차게 시작할 수 있다는 사실을 안다고 해도, 그건 분명 힘든 일이다. 따뜻한 침대는 잠시 좋은 느낌을 주지만 장기적으로 우리의 적이다. 매혹적인 사이렌의 노래에 넘어갈 때 우리 삶은 위축된다.

모든 인생은 불안하다

할머니는 내게 접근 기술을 가르쳐줬다. 할머니는 내가 10대 시절에 낯선 사람들과 이야기를 나누라고 조언(더 정확히 말하자면, 강요)하셨다. 할머니와 함께 대도시로 이사했을 때, 내 두뇌는 이렇게 비명을 질러댔다. "사람들은 무서운 존재야. 어서 도망쳐!" 그리고 나는 그렇게 했다. 사람들과의 만남에 따른 불편함을 회피했다. 하지만 할머니는 멀뚱한 표정으로 집에 틀어박혀 있던 나를 다른 방식으로 행동하게 이끌었다. 즉, 낯선 사람들에게 다가가서 이야기를 나누게 했다(반대 행동). 근력과 체력을 기르기 위해 강도가 낮은 운동부터 시작해야 하는 것처럼 우리는 현실적으로 접근을 시작할 수 있는 행동을 신중하게 골라야 한다. 접근 역시 다른 어려운 기술만큼 익히는 데 오랜 시간이 걸리지만, 다음을 명심하자. 우리 두뇌는 변화할 수 있고 실제로 변화하는 기관이며, 훈련을 거치는 동안 두려움과 불편함은 서서히 줄어든다.

훈련을 결심했다면, 천천히 시작해서 자신이 즐겨 찾는 회피를 확인하자. 그리고 그 과정에 시간이 필요하다는 사실을 기억하자. 특정 단계에서 나아가지 못하고 있다면, 전문가의 도움을 받는 것도 고려해보자. 이 책은 용감한 삶을 위한 다양한 기술을 소개하지만, 때로 정신건강 분야의 전문가를 만나볼 필요도 있다. 나는 그들을 코치라고 생각한다. 세계적인 운동선수가 새로운 기술을 연마하기 위해 코치를 두는 것처럼, 우리에게도 자신을 올바른 방향으로 이끌어줄 코치가 필요하다. 접근을 통해 용감하게 살아간다는 것은 '불편함을 편안하게' 받아들인다는 것을 의미한다는 사실을 잊지 말자. 나도 불안 속에서 삶의 기쁨을 발견했다.

삶의 여정과 가치의 '정렬'

마지막으로 자신의 가치를 잊지 말자. 솔직히 말해서, 나는 이 책을 쓰기 시작한 이후로 가치 기반의 삶을 살아가기 위해 노력하는 동안 얼마나 많이 회피를 했는지 깨닫게 됐다. 나는 내면의 나침반을 무시한 채 세상이 이끄는 방향으로 따라갔다. 물론 누구도 이런 맹목적인 접근 방식을 비난하지 않았으며, 누구도 내게 그렇게 살아가라고 강요하지 않았다. 그러나 사람들은 특정한 직업이나 문화 속에서 살아갈 때 또는 자신이 만든 거품 속에서 살아갈 때, 성공을 위한 오직 한 가지 길만이 있다고 느낀다(성공을 어떻게 정의하든 간에). 그리고 나의 예를 보자면, 성공이란 어렴풋한 야망을 좇아 나 자신을 더 거세게 몰아붙이는 것을 의미했다. 성공에 대한 이런 정의는 얼마간 효과가 있었다. 그러나 언젠가부터 효과는 사라졌고, 나는 새로운 현실을 회피하는 방식으로 대응했다. 나는 고객들에게 현실을 직시한다고 해서 꼭 현실을 '좋아해야' 하는 것은 아니라고 말한다. 그러나 현실을 바라보기가 고통스러워서 외면하는 것은 또 하나의 회피다.

좀 이상하게 들리겠지만, 나는 지난 2년간 직장에서 직면한 몇 번의 고난에 감사함을 느낀다. 힘든 순간에 비로소 나 자신의 가치를 진지하게 돌아볼 수 있었기 때문이다. 고통의 이면을 들여다보고 '이 고통이 사라지려면 어떤 가치를 포기해야 할까?'라고 자문할 때, 우리는 어떤 가치가 위험에 처했는지 깨닫게 된다. 앞서 설명했듯이 나는 사람들과 함께 일할 때 무엇보다 신뢰를 중시했다. 그런데 직장 생활에서

모든 인생은 불안하다

신뢰가 위험에 처하는 순간을 맞이했다. 그건 내게 죽음의 키스였다.

가치 기반의 삶을 적극적으로 모색하면서, 나는 기쁨의 순간에 더 많은 관심을 기울였다. 최고의 기분을 느꼈을 때 나는 무엇을 하고 있었나? 누구와 함께 있었나? 무엇이 내게 몰입의 상태를 가져다줬나? 그런 기쁨의 순간 중 하나는 댄 해리스Dan Harris와 함께 불안에 대처하는 방법에 관한 이야기를 나눌 때였다. 2020년 3월에 나는 댄이 진행하는 팟캐스트에 출연해서 그를 처음 만났다. 그날 에피소드 주제는 불안이었다. 그런데 그 팟캐스트가 방송된 날짜를 되짚어보면, 당시 미국에서 코로나가 막 시작됐다는 사실을 알 수 있다. 우리 두 사람은 그날 녹화를 마치고 며칠 후에 말 그대로 세상의 문이 닫혀버릴 것이라고는 상상하지 못했다.

댄은 함께 일하기 좋은 사람이었다. 1년 후 그는 자신이 개발한 앱인 '텐 퍼센트 해피어Ten Percent Happier'를 가지고 이야기를 나누는 팟캐스트에 나를 다시 초대했다. 그의 팀과 함께 준비하는 과정도 마음에 들었지만, 나는 특히 댄과 함께 일하는 것을 좋아했다. 그가 인터뷰하는 모습을 본 사람이라면, 그가 뛰어난 진행자라는 사실을 알 것이다. 그리고 그는 인터뷰 과정을 무척 즐겼다. 나는 그와 함께 일하면서 행복감을 느꼈다. 일을 한다는 느낌은 거의 들지 않았음에도 결과물은 훌륭했다(내 기준으로). 몰입 상태를 경험하는 것은 진정한 가치를 발견하는 데 큰 도움이 된다. 몰입의 순간에 우리는 자신이 정말로 중요하게 여기는 가치와 조화를 이루어 행동하기 때문이다. 그때 우리는 스트레스를 느끼지 못한다. 나중에 몰입 상태를 경험하게 된다면 이렇

게 물어보자. '나 자신의 존재를 인식했던가?'

직장에서 느낀 고통, 그리고 댄과 함께 일하면서 느낀 만족감을 비교하면서 나는 다시 한번 몰입의 순간을 경험하기로 했다. 그리고 그 결과로 나온 것이 바로 지금 당신이 손에 쥐고 있는 이 책이다. 나의 직업적인 삶에서 이 책은 가장 중요한 전환점이 되어줬다. 글을 쓰면서 일상적인 활동과 내 가치를 근본적으로 정렬할 수 있었기 때문이다. 세상이 이 책을 어떻게 받아들일지 확신은 없지만, 가난한 이주자에서 하버드 의과대학 심리학 부교수이자 메사추세츠 종합병원 연구소의 소장으로 그리고 스스로 놀랍게도 작가가 된 나 자신의 용감한 여정에 관한 글을 쓸 수 있다는 사실에 뿌듯함을 느낀다. 자신의 삶을 자신의 가치와 정렬하고자 할 때, 두려움은 모습을 드러낸다. 그러나 용감한 삶은 두려움을 느끼지 않는 삶이 아니다. 용감한 삶이란 그게 무엇이든 자신이 가장 중요하게 여기는 가치를 기반으로 살아가는 삶이다. 그리고 그런 삶은 우리가 상상할 수 있는 최고의 보상을 준다.

바위가 아니라 물처럼 살아가자

이제 이 모든 이야기를 요약해주는 할머니의 지혜에 관한 또 하나의 이야기로 책을 마무리할까 한다. 할머니는 용감한 삶을 살아가는 완벽한 비법을 알고 계셨다. 나는 할머니와 오후에 커피를 마시면서 변화에 대해 그리고 많은 이들이 얼마나 극단적으로 변화를 거부하는

모든 인생은 불안하다

지에 대해 이야기를 나누곤 했다. 할머니는 사람들이 두 가지 방식으로 변화에 반응한다고 했다. 어떤 이들은 바위처럼 한곳에 자리 잡고 절대 움직이지 않는다. 기존 방식을 고수하면서 새로운 상황에 맞서 싸운다. 당신이 바위처럼 살고 있다면, 내가 지금 무슨 말을 하는지 잘 알 것이다. 우리는 때로 소란을 피우기 싫어서 비참한 감정을 느끼면서도 지금의 자리에 그대로 머무른다(내가 그랬던 것처럼). 또는 관계를 정리하거나 다시 누군가를 만나는 불편한 과정을 시작해야 한다는 두려움으로 유통기한이 훌쩍 지난 관계를 지속한다. 아니면 수많은 반대 증거를 부정하면서 자신의 생각을 고수한다. 나는 할머니가 '바위'는 '회피'가 현실에 모습을 드러낸 것이라고 설명한 뜻을 한참 후에야 깨달았다. 회피는 우리가 무엇을 하거나 하지 않는 것에 관한 개념이 아니다. 회피는 '이유'에 관한 개념이다. 자신의 '이유'가 감정 온도를 빨리 낮추는 것이라면, 지금도 회피를 하고 있는 것이다. 우리가 변화에 바위처럼 반응한다는 할머니의 이야기는 결국 대응하든지, 후퇴하든지, 그대로 머무르든지 간에 변화를 끝까지 거부하고 있다는 뜻이다.

반면 어떤 이들은 변화를 맞이해서 물처럼 움직인다. 장애물에 직면할 때, 그들은 유연하게 움직인다. 바위를 돌아가거나, 아래로 스며들거나, 넘어가거나, 행동을 통해 바위의 형태를 바꾸기도 한다. 어떤 방법을 택하든 물은 언제나 흐른다. 강물은 멈추지 않고 언제나 변화한다. 할머니의 이야기는 변화를 무조건 즐거운 마음으로 맞이해야 한다는 뜻은 아니었고, 변화에 유연하게 적응해야 더 나은 결과를 얻을 수 있다는 의미였다.

그렇다면 우리는 어떻게 바위가 아니라 물처럼 움직일 수 있을까? 첫 번째 단계는 자신의 회피를 확인하는 것이다. 회피는 때로 모습을 잘 드러내지 않는다. 그렇다면 '지금 당장' 좋은 기분을 느끼기 위해 어떤 행동을 하는지 자신에게 물어보자. 그런 행동을 하고 있다면 회피를 하는 셈이다. 우리 모두는 다양한 방식으로 회피한다. 그러나 핵심은 '지금 당장' 더 나은 기분을 위해 특정한 행동을 한다는 사실이다. 우리는 앞으로도 회피를 할 것이고, 그때 반응하는 방식이 다음 상황을 결정할 것이다. 내 새아버지가 말했던 것처럼 삶의 모든 싸움에서 이길 수는 없고, 전쟁에서 이기려면 몇 번은 질 수밖에 없다. 아마도 유명한 사람이 먼저 그 말을 했겠지만, 어쨌든 그 말을 어떻게 내 삶에 적용해야 할지 알려준 사람은 바로 새아버지였기에 그에게 감사드린다. 핵심은 실패도 때로 필요하다는 사실이다.

마지막으로, 우리는 먼저 관점을 '전환'함으로써 새로운 시선으로 세상을 바라봐야 한다. 다음으로 '접근'을 통해 불편한 감정에 다가서고 이를 느껴야 한다. 그리고 모든 행동을 가치와 '정렬'해야 한다. 다양한 상황에서도 계속해서 연습한다면, 세 가지 기술을 통해 힘든 순간에도 물처럼 흐르게 될 것이다.

바위가 아닌 물이 된다는 것은 용감한 삶에 대한 또 다른 정의다. 마틴 루서 킹이나 토머스 에디슨Thomas Edison처럼 역사적으로 위대한 인물들의 삶을 들여다보면, 사명과 목적을 향해 나아가는 길을 찾으려고 평생 노력했다는 사실을 알게 된다. 주변에서 변화가 일어날 때

모든 인생은 불안하다

바위처럼 자리를 지키는 것은 그들의 선택지가 아니었다. 오프라 윈 프리Oprah Winfrey는 용감한 삶을 위한 물과 바위의 접근법을 아름답게 표현했다. "고난을 감사한 마음으로 받아들일 때 생각이 바뀌고, 저항은 힘을 잃으며, 내면에서 우아함의 원천을 발견하게 된다."

이제 종착점에 도착했다. 그래도 나는 이렇게 묻는다. 나는 충분한 가? 이런 자문을 할 때면 언제나 미셸 오바마Michelle Obama가 자신의 회고록 《비커밍》에서 했던 말이 떠오른다. "나는 충분한가? 그렇다. 나는 충분하다!" 비록 내 두뇌는 다르게 생각하더라도 나 자신에게 분명하게 그렇다고 말함으로써 이 여정을 마무리하고 싶다. "나는 충분하다!" 이제 당신 차례. 부디 이 책에서 소개한 기술이 당신의 삶에 오랫동안 도움이 되기를, 그래서 힘든 시기가 찾아왔을 때 방향을 찾고 집중할 힘을 얻기를 바란다.

이제 용감하게도 마지막 지혜의 말을 전하고자 한다. 인생은 힘들고 문제는 언제나 생긴다. 나는 독자 여러분이 인류 최초로 한두 번의 어려움도 겪지 않을 거라는 이야기를 들려주고 싶지만, 태양이 다시 떠오르듯 고난은 어떻게든 우리를 찾아낼 것이다. 하지만 고난은 우리를 만들고, 우리는 고난을 자신에게 유리하게 활용할 수 있다. 그러려면 회피라는 적을 항상 잘 지켜봐야 한다. 마지막으로, 우리 할머니 말씀처럼 바위가 아닌 물이 되어 용감하게 살아가자. 장애물이 나타나도 끊임없이 흘러가고 자신의 가치를 향해 나아가자. 의심이 들어도, 우리의 가치는 절대 우리를 배신하지 않을 것이다. 여정을 함께해 준 당신에게 감사드린다. 용감하고 아름다운 인생을 기원한다!

감사의 글

내 아들 디에고는 아침에 일어나자마자 내 책상으로 달려온다. 아이가 새로운 하루를 맞이하며 달려올 때, 나는 바닥에 울리는 작은 발소리를 듣는다. 아이는 내 품에 뛰어들어 나를 껴안는다. 그러고는 '업무'를 시작한다. 이제 다섯 살 된 디에고는 지난 여름캠프에서 마우스 사용법을 배웠다. 그 후로는 매일 아침 작가가 되기 위해 연습을 한다. 그렇다. 디에고는 내게 자신도 책을 쓴다는 사실을 알려줬다. 오늘 쓴 장의 제목은 '엄마는 나를 사랑한다'였다. 나는 새벽 3시에 일어나 글을 쓰기 때문에 아침 7시면 (완전히) 지쳐 있다. 조금은 짜증이 나고 생각에 일관성이 없다. 그래서 인간은 잠을 자야 한다! #과학! 하지만 내 작은 아이가 나를 안아줄 때 그리고 아이의 얼굴에서 하루의 시작을 알리는 상기된 눈빛을 바라볼 때, 부정적인 모든 감정이 눈 녹듯 사라진다. 매일 아침 디에고와 보내는 시간은 내가 전하고 싶은 감사 인사의 핵심이다. 디에고는 아마도 내가 글을 쓰는 일에 따른 불편한 감정에 접근하기 위해서는 자신이 내게 선사하는 기쁨이 꼭 필요하다는 사실을 알고 있는 듯하다. 디에고의 사랑에 고마움을 느낀다. 당신이 지금 내 곁에 있다면 어려운 순간에 꼭 필요한 '디에고의 포옹'을 나눠주고 싶다.

그리고 내 곁에서 나를 붙잡아주고, 확신을 주고, 눈물을 닦아준 남편 데이비드가 없었다면 평생 아무 일도 일어나지 않았을 것이다. 데이비드, 당신은 나의 안전한 천국이에요. 내가 이 책을 쓰는 동안 당신도 함께 힘들었다는 사실을 잘 알고 있어요. 나는 어떤 말로도 감사를 충분히 전할 수 없을 거예요. 다음으로, 디귀토. 그의 포옹과 사랑, 더없는 달콤함은 내게 최고의 선물이었다(게다가 이 책을 위한 영감도 줬다). 그 덕에 나는 매일 더 나은 사람이 되어가고 있다.

엄마를 빼놓을 수 없다. 인생의 이야기는 서로 다르지만 우리의 사랑은 변하지 않았다. 언제나 내 곁에 있어 줘서, 그리고 지금의 내가 되기까지 필요한 것들을 베풀어준 사랑에 고마움을 전한다. 그리고 줄리아나. '지옥'의 한가운데에서도 보여준 꿋꿋한 모습은 내게 큰 힘이 되어줬다! 당신은 정말로 강하고 놀라운 여성이다! 나의 할머니 도나 마리아 헬레나. 부디 이 책의 포르투갈 버전을 읽을 수 있기를 소망한다. 우리가 함께한 세월은 내 여정을 바꿔놨고, 나는 당신의 유산을 기리기 위해 불운한 이들을 돕는 일을 앞으로도 계속해나갈 것이다. 그리고 이 책에 힘을 실어준 모든 가족에게. 여러분의 사랑이 나를 키웠다. 엘리아스와 제페다에게 감사드린다. 그리고 나의 새아버지 루이스 페르난도 에스테베스 마르틴스에게도 고마움을 전한다. 당신은 누구보다 훌륭한 아버지였다. 어머니와 함께한 이후로, 그리고 더 이상 함께할 수 없을 때까지 내게 보내준 지지에 감사드린다. 진정한 아버지로 내 곁에 있어 준 오랜 세월에 너무도 고마웠다는 말을 전하고 싶다.

삶의 여정을 함께한 이들에게. 이 책은 회고록은 아니지만, 나는 회고록 작가들이 책을 마무리하면서 느꼈을 법한 감정을 받았다. 마치 10킬로미터 상공에서 내 삶의 궤적을 내려다보는 듯한 기분이다. 이런 점에서 삶의 여정에 큰 도움을 준 모두에게 감사를 드리지 않는다면 분명히 나의 불찰일 것이다. 어린 시절 내가 힘든 상황에 처할 때마다 도와준 고베르나도르발라다리스의 모든 이들에게 감사의 마음을 전한다. 그리고 내가 성장하는 과정에서 큰 힘이 되어줬던 사랑스러운 친구들. 내가 누구를 말하는지 그들은 잘 알 것이다. 너희들 모두 내 가슴속에 있어!

출판 관계자들에게. 이 책은 내 오랜 연구와 임상 업무, 공동체 프로그램, 그리고 내 인생 경험의 결정체다. 무엇보다 사랑하는 친구이자 동료인 안나 바투스카가 나를 설득하지 않았더라면 이 책을 시작하지 못했을 것이다. 함께 이 책을 만들 수 있어서 너무나 감사하다. 당신의 여정이 앞으로 얼마나 놀라운 모습으로 드러날지 무척 기대된다. 모든 과정에서 당신과 함께할 것이다! 그레그 화이트에게. 재깍거리는 시한폭탄 또는 이구아나 같기도 한 그가 내 글을 매끄럽게

모든 인생은 불안하다

만져준 기술은 그저 놀라울 따름이다. 앞으로 쓸 모든 책에서도 함께 하길 바란다. 크리스 웨스트에게. 이 책에서 소개한 이야기를 구체적으로 만들어준 그의 능력은 정말로 소중한 것이었다. 내가 이 프로젝트를 명확하게 하고 용감한 선택을 하도록 조언해줬다. 너무나 고맙다! 댄 해리스에게. 이 책을 쓰도록 나를 밀어붙여 준 것에 감사드린다. 당신의 격려는 단 한 문장이었지만, 나는 그 문장이 친절하고 관대하게 문을 열어서 내가 그 길로 나아가게 해줬다는 사실을 알고 있다. 멜 슬래시맨에게. 어떻게 말해야 할까? 내가 자문을 구할 수 있는 최고의 출판 에이전트다. 내가 꿈을 좇아 떠날 수 있도록 격려해준 데 감사드린다.

하퍼콜린스 출판팀 모두에게 감사드린다. 누구보다 엘리자베스 (비즈) 미첼과 줄리아 로미티에게 고마움을 전한다. 이들 모두 내 책의 가치를 믿어주고, 내 여정이 끝날 때까지 지원을 아끼지 않으면서 무한한 조언을 줬다. 여러분의 편집 기술은 이 책을 최고의 수준으로 끌어올려 준 핵심이었다.

내 업무 세상의 사람들에게. 누구보다 나를 믿고 찾아준 고객들에게 감사드린다. 그들은 내게 세상에 대해 상상 이상으로 많은 것을 가르쳐줬다. 함께 일하는 동안 그들이 보여준 공감과 신뢰는 나를 겸손하게 해줬다. 나는 매사추세츠 종합병원과 하버드 의과대학에서 겪었던 어려움에 대해 많은 이야기를 했다. 그동안 내 곁에 함께 있어 주고, 나를 격려해주고, 나의 '라티나 자아'를 성숙하게 해준, 그리고 내가 인식하지 못할 때도 내 용기를 인정해준 모든 이들에게 감사의 말을 전하는 것 역시 내게 중요한 일이다. 이들 모두에게 감사의 마음을 전한다.

데리 슈타셀에게. 지난 13년간 직업적으로, 개인적으로 나의 북극성이 되어줬다. 당신과 함께 울고 웃었고, 전문가로서 인간으로서 내가 성장하는 동안 나 자신일 수 있게 해준 중심이었다. 당신을 너무도 사랑한다. 당신이 보여준 친절함에 대해 어떤 고마움의 표현도 모자랄 것이다. 마우리지오 파바에게. 상사로서 나를 항상 놀라게 했다. 내가 선택의 기로에 설 때마다, 그리고 내가 필요할 때마다 앞장서서 공정함과 평등을 위해 맞서 싸웠다. 이 책을 쓰는 동안 보내준 응원에 대해, 그리고 내가 당당하게 목소리를 낼 수 있도록 격려해준 것에 대해 고마움을 전한다. 과디아 바니스터에게. 당신이 내 삶에 들어와 준 것은 놀라운 축복이었다. 당신이 내게 던진 최고의 질문은 이것이었다. "지금 최고의 자아로 살고 있나요?" 그때 나는 그런 삶을 살지 못했고, 당신은 그냥 지나치지 않았다. 내가 온전한 자아로 성장할 수 있도록 여유를 준 것에 감사드린다.

또한 매사추세츠 종합병원 연구 장학금 프로그램 관계자들에게도 고마움을 전하고 싶다. 최근 그들은 인지행동치료와 관련해서 준전문가를 양성하기 위한 내 프로젝트에 많은 지원을 해줬다. 특히 라파포트 재단은 매사추세츠 종합병원에서 진행한 내 연구에 대규모 지원을 했다. 그 덕에 수백 명의 젊은이가 우리 훈련 프로그램에 참여해서 정신건강과 관련해 많은 도움을 받았다. 또한 바버라 달리오와 CTOP 팀에게도 감사의 말씀을 전한다. 이들은 나의 인지치료 연구

모든 인생은 불안하다

를 후원했고, 도심 지역 젊은이들을 돕는 단체들을 대상으로 다양한 기술을 전수했다. 관대함과 사명을 추구하는 그들의 태도는 내게 큰 자극이 됐다.

마지막으로 피드백을 준 분들께. 내 원고를 읽어주고, 피드백을 주고, 완성된 원고에 이르기까지 도움을 준 모두에게 감사드린다. 여러분의 제안과 지적, 편집 덕분에 나는 이 책이 훌륭하다고(또한 특별하다고) 확신한다. 데리 슈타셀과 루드밀라 페레이라, 구스트보 페리이라, 제니퍼 두안, 딘 드라버스, 로렐 제페다에게 감사드린다.

들어가며: 나는 충분한가?

1   J. J. Gross, "Emotion Regulation: Current Status and Future Prospects,"
     Psychological Inquiry 26, no. 1 (2015): 1-26.

2   J. S. Beck, *Cognitive Behavior Therapy: Basics and Beyond* (New York: Guilford
     Publications, 2020); S. G. Hofmann, A. Asnaani, I. J. Vonk, A. T. Sawyer, and
     A. Fang, "The Efficacy of Cognitive Behavioral Therapy: A Review of Meta-
     analyses," *Cognitive Therapy and Research* 36, no. 5 (2012): 427-40; and D.
     David, I. Cristea, and S. G. Hofmann, "Why Cognitive Behavioral Therapy Is
     the Current Gold Standard of Psychotherapy," *Frontiers in Psychiatry* 4 (2018).

1장 | 심리적 회피가 문제의 핵심이다

1   J. D. Power, A. L. Cohen, S. M. Nelson, G. S. Wig, K. A. Barnes, J. A. Church,
     A. C. Vogel, T. O. Laumann, F. M. Miezin, B. L. Schlaggar, and S. E. Petersen,
     "Functional Network Organization of the Human Brain," *Neuron* 72, no. 4
     (2011): 665-78, https://doi.org/10.1016/j.neuron.2011.09.006.

2   J. B. Hutchinson and L. F. Barrett, "The Power of Predictions: An Emerging
     Paradigm for Psychological Research," *Current Directions in Psychological
     Science* 28, no. 3 (2019): 280-91, https://doi.org/10.1177/0963721419831992.

3   K. N. Ochsner and J. J. Gross, "The Neural Bases of Emotion and Emotion
     Regulation: A Valuation Perspective," in *Handbook of Emotion Regulation*, 2nd

ed., ed. J. J. Gross (New York: Guilford Press, 2014).

4   Recent research has identified complex neural networks associated with emotion processing. However, the amygdala remains one of the core regions activated during emotion processing, expression, and regulation. See K. A. Lindquist, T. D. Wager, H. Kober, E. Bliss-Moreau, and L. F. Barrett, "The Brain Basis of Emotion: A Meta-analytic Review," *The Behavioral and Brain Sciences* 35, no. 3 (2012): 121–43, https://doi.org/10.1017/S0140525X11000446.

5   N. P. Friedman and T. W. Robbins, "The Role of Prefrontal Cortex in Cognitive Control and Executive Function," *Neuropsychopharmacology* 47, no. 1 (2022): 72–89; and A. R. Hariri, "The Corticolimbic Circuit for Recognition and Reaction," in *Looking Inside the Disordered Brain: An Introduction to the Functional Neuroanatomy of Psychopathology* (Sunderland, MA: Sinauer Associates, 2015).

6   S. Bishop, J. Duncan, M. Brett, and A. D. Lawrence, "Prefrontal Cortical Function and Anxiety: Controlling Attention to Threat-Related Stimuli," *Nature Neuroscience* 7, no. 2 (2004): 184–88, https://doi.org/10.1038/nn1173; and S. J. Bishop, J. Duncan, and A. D. Lawrence, "State Anxiety Modulation of the Amygdala Response to Unattended Threat-Related Stimuli," *The Journal of Neuroscience: The Official Journal of the Society for Neuroscience* 24, no. 46 (2004): 10364–68, https://doi.org/10.1523/JNEUROSCI.2550-04.2004.

2장 | 부정적인 감정을 물리치는 두뇌의 슈퍼파워

1   David, Cristea, and Hofmann, "Why Cognitive Behavioral Therapy."

2   Hofmann et al., "The Efficacy of Cognitive Behavioral Therapy."

3   S. Joyce, F. Shand, J. Tighe, S. J. Laurent, R. A. Bryant, and S. B. Harvey, "Road to Resilience: A Systematic Review and Meta-analysis of Resilience Training Programmes and Interventions," *BMJ Open* 8, no. 6 (2018): e017858.

4   M. M. Linehan, *Cognitive- Behavioral Treatment of Borderline Personality Disorder* (New York: Guilford Publications, 2018).

5   S. C. Hayes, K. D. Strosahl, and K. G. Wilson, *Acceptance and Commitment Therapy* (Washington, DC: American Psychological Association, 2009).

6   A. T. Beck and M. Weishaar, "Cognitive Therapy," in *Comprehensive Handbook of Cognitive Therapy*, ed. A. Freeman et al. (New York: Springer, 1989), 21–36.

7   P. A. Resick, C. M. Monson, and K. M. Chard, *Cognitive Processing Therapy for*

PTSD: A Comprehensive Manual (New York: Guilford Publications, 2016).

8   Beck, *Cognitive Behavior Therapy.*

9   L. Marques, N. J. LeBlanc, A. D. Bartuska, D. Kaysen, and S. Jeong Youn, "TEB Skills: Empower Youth and Build Resilient Communities Through Skills That Impact Thoughts, Emotions, and Behaviors," 2020, https://www.flipsnack. com/655ADEDD75E/teb-skills/full-view.html.

10   H. T. Ghashghaei, C. C. Hilgetag, and H. Barbas, "Sequence of Information Processing for Emotions Based on the Anatomic Dialogue Between Prefrontal Cortex and Amygdala," *Neuroimage* 34, no. 3 (2007): 905–23; and J. C. Motzkin, C. L. Philippi, R. C. Wolf, M. K. Baskaya, and M. Koenigs, "Ventromedial Prefrontal Cortex Is Critical for the Regulation of Amygdala Activity in Humans," *Biological Psychiatry* 77, no. 3 (2007): 276–84.

11   K. N. Ochsner, K. Knierim, D. H. Ludlow, J. Hanelin, T. Ramachandran, G. Glover, and S. C. Mackey, "Reflecting upon Feelings: An fMRI Study of Neural Systems Supporting the Attribution of Emotion to Self and Other," *Journal of Cognitive Neuroscience* 16, no. 10 (2004): 1746–72.

3장 | 현실에서 도피하라고 속삭이는 두뇌

1   M. Leonhardt, "60% of Women Say They've Never Negotiated Their Salary— and Many Quit Their Job Instead," *Make It*, January 31, 2020, https://www.cnbc.com/2020/01/31/women-more-likely-to-change-jobs-to-get-pay-increase.html.

2   B. Artz, A. Goodall, and A. J. Oswald, "Women Ask for Raises as Often as Men, but Are Less Likely to Get Them," *Harvard Business Review*, June 25, 2018, https://hbr.org/2018/06/research-women-ask-for-raises-as-often-as-men-but-are-less-likely-to-get-them.

3   K. G. Kugler, J. A. Reif, T. Kaschner, and F. C. Brodbeck, "Gender Differences in the Initiation of Negotiations: A Meta-analysis," *Psychological Bulletin* 144, no. 2 (2018): 198, https://doi.org/10.1037/bul0000135.

4   A. Barroso and A. Brown, "Gender Pay Gap in US Held Steady in 2020," Pew Research Center, May 25, 2021, https://www.pewresearch.org/fact-tank/2021/05/25/gender-pay-gap-facts.

5   Kugler et al., "Gender Differences in the Initiation of Negotiations"; and R. Kochhar, "Women's Lead in Skills and Education Is Helping Narrow the Gender Wage Gap," Pew Research Center, January 30, 2020, https://www.

모든 인생은 불안하다

pewresearch.org/social-trends/2020/01/30/womens-lead-in-skills-and-education-is-helping-narrow-the-gender-wage-gap.

6   D. M. Wegner, D. J. Schneider, S. R. Carter, and T. L. White, "Paradoxical Effects of Thought Suppression," *Journal of Personality and Social Psychology* 53, no. 1 (1987): 5.

7   L. P. Riso, P. L. du Toit, D. J. Stein, and J. E. Young, *Cognitive Schemas and Core Beliefs in Psychological Problems: A Scientist- Practitioner Guide* (Washington, DC: American Psychological Association, 2007), xi-240.

4장 | 문제가 많은 두뇌의 예측 능력

1   J. B. Hutchinson and L. F. Barrett, "The Power of Predictions: An Emerging Paradigm for Psychological Research," *Current Directions in Psychological Science* 28, no. 3 (2019): 280-91, https://doi.org/10.1177/0963721419831992.

2   R. Axelrod, "Schema Theory: An Information Processing Model of Perception and Cognition," *American Political Science Review* 67, no. 4 (1973): 1248-66.

3   E. Harmon-Jones and J. Mills, "An Introduction to Cognitive Dissonance Theory and an Overview of Current Perspectives on the Theory," in *Cognitive Dissonance: Reexamining a Pivotal Theory in Psychology*, ed. E. Harmon-Jones (Washington, DC: American Psychological Association, 2019), https://doi.org/10.1037/0000135-001.

4   M. E. Oswald and S. Grosjean, "Confirmation Bias," *Cognitive Illusions: A Handbook on Fallacies and Biases in Thinking, Judgement and Memory* (August 2004): 79, 83.

5   A. Kappes, A. H. Harvey, T. Lohrenz, P. R. Montague, and T. Sharot, "Confirmation Bias in the Utilization of Others' Opinion Strength," *Nature Neuroscience* 23, no. 1 (2020): 130-37.

6   K. Friston, "The Free-Energy Principle: A Unified Brain Theory?," *Nature Reviews Neuroscience* 11, no. 2 (2010): 127-38, https://doi.org/10.1038/nrn2787; and K. Friston, T. FitzGerald, F. Rigoli, P. Schwartenbeck, and G. Pezzulo, "Active Inference: A Process Theory," *Neural Computation* 29, no. 1 (2017): 1-49, https://doi.org/10.1162/NECO_a_00912.

7   J. T. Kaplan, S. I. Gimbel, and S. Harris, "Neural Correlates of Maintaining One's Political Beliefs in the Face of Counterevidence," *Scientific Reports* 6, no. 1 (2016): 1-11.

8   R. F. West, R. J. Meserve, and K. E. Stanovich, "Cognitive Sophistication Does

Not Attenuate the Bias Blind Spot," *Journal of Personality and Social Psychology* 103, no. 3 (2012): 506‒19, https://doi.org/10.1037/a0028857.

9   A. Grant, *Think Again: The Power of Knowing What You Don't Know* (New York: Penguin, 2021).

5장 | 세상을 바라보는 관점을 바꾸는 기술

1   D. A. Clark, "Cognitive Restructuring," in *The Wiley Handbook of Cognitive Behavioral Therapy*, ed. D. J. A. Dozois, J. A. J. Smits, S. G. Hofmann, and W. Rief (Hoboken, NJ: Wiley, 2013), 1‒22.

2   A. T. Beck, "The Current State of Cognitive Therapy: A 40-Year Retrospective," *Archives of General Psychiatry* 62, no. 9 (2005): 953‒59.

3   D. D. van Bergen, B. D. Wilson, S. T. Russell, A. G. Gordon, and E. D. Rothblum, "Parental Responses to Coming Out by Lesbian, Gay, Bisexual, Queer, Pansexual, or Two‑.Spirited People Across Three Age Cohorts," *Journal of Marriage and Family* 83, no. 4 (2021): 1116‒33.

4   W. S. Ryan, N. Legate, and N. Weinstein, "Coming Out as Lesbian, Gay, or Bisexual: The Lasting Impact of Initial Disclosure Experiences," *Self and Identity* 14, no. 5 (2015): 549‒69.

5   C. Johnco, V. M. Wuthrich, and R. M. Rapee, "The Role of Cognitive Flexibility in Cognitive Restructuring Skill Acquisition Among Older Adults," *Journal of Anxiety Disorders* 27, no. 6 (2013): 576‒84.

6   D. R. Dajani and L. Q. Uddin, "Demystifying Cognitive Flexibility: Implications for Clinical and Developmental Neuroscience," *Trends in Neurosciences* 38, no. 9 (2015): 571‒78, https://doi.org/10.1016/j.tins.2015.07.003.

7   P. Colé, L. G. Duncan, and A. Blaye, "Cognitive Flexibility Predicts Early Reading Skills," *Frontiers in Psychology* 5 (2014): 565.

8   J. J. Genet and M. Siemer, "Flexible Control in Processing Affective and Non-affective Material Predicts Individual Differences in Trait Resilience," *Cognition and Emotion* 25, no. 2 (2011): 380‒88.

9   W. L. Lin, P. H. Tsai, H. Y. Lin, and H. C. Chen, "How Does Emotion Influence Different Creative Performances? The Mediating Role of Cognitive Flexibility," *Cognition & Emotion* 28, no. 5 (2014): 834‒44.

10   J. C. Davis, C. A. Marra, M. Najafzadeh, and T. Liu-Ambrose, "The Independent Contribution of Executive Functions to Health Related Quality

of Life in Older Women," *BMC Geriatrics* 10, no. 1 (2010): 1–8.

6장 | 상황을 악화시키는 반사적 회피

1   J. Perry, "Structured Procrastination," essay, accessed October 19, 2022, structuredprocrastination.com.

2   J. Suls, R. Martin, and L. Wheeler, "Social Comparison: Why, with Whom, and with What Effect?," *Current Directions in Psychological Science* 11, no. 5 (2002): 159–63.

3   A. Robinson, A. Bonnette, K. Howard, N. Ceballos, S. Dailey, Y. Lu, and T. Grimes, "Social Comparisons, Social Media Addiction, and Social Interaction: An Examination of Specific Social Media Behaviors Related to Major Depressive Disorder in a Millennial Population," *Journal of Applied Biobehavioral Research* 24, no. 1 (2019): e12158.

4   C. G. Escobar-Viera, A. Shensa, N. D. Bowman, J. E. Sidani, J. Knight, A. E. James, and B. A. Primack, "Passive and Active Social Media Use and Depressive Symptoms Among United States Adults," *Cyberpsychology, Behavior, and Social Networking* 21, no. 7 (2018): 437–43; and K. Burnell, M. J. George, J. W. Vollet, S. E. Ehrenreich, and M. K. Underwood, "Passive Social Networking Site Use and Well-Being: The Mediating Roles of Social Comparison and the Fear of Missing Out," *Cyberpsychology: Journal of Psychosocial Research on Cyberspace* 13, no. 3 (2019).

5   G. Holland and M. Tiggemann, "A Systematic Review of the Impact of the Use of Social Networking Sites on Body Image and Disordered Eating Outcomes," *Body Image* 17 (2016): 100–110.

6   C. L. Booker, Y. J. Kelly, and A. Sacker, "Gender Differences in the Associations Between Age Trends of Social Media Interaction and Well-Being Among 10–15 Year Olds in the UK," *BMC Public Health* 18, no. 1 (2018): 1–12.

7   J. Kang and L. Wei, "Let Me Be at My Funniest: Instagram Users' Motivations for Using Finsta (aka, Fake Instagram)," *The Social Science Journal* 57, no. 1 (2020): 58–71.

8   L. Silver, "Smartphone Ownership Is Growing Rapidly Around the World, but Not Always Equally," Pew Research Center, February 5, 2019, https://www.pewresearch.org/global/2019/02/05/smartphone-ownership-is-growing-rapidly-around-the-world-but-not-always-equally.

9   J. Turner, "Are There Really More Mobile Phone Owners than Toothbrush

Owners?," LinkedIn, April 10, 2016, https://www.linkedin.com/pulse/really-more-mobile-phone-owners-than-toothbrush-jamie-turner.

10   J. D. Elhai, R. D. Dvorak, J. C. Levine, and B. J. Hall, "Problematic Smartphone Use: A Conceptual Overview and Systematic Review of Relations with Anxiety and Depression Psychopathology," *Journal of Affective Disorders* 207 (2017): 251–59.

11   E. D. Hooker, B. Campos, and S. D. Pressman, "It Just Takes a Text: Partner Text Messages Can Reduce Cardiovascular Responses to Stress in Females," *Computers in Human Behavior* 84 (2018): 485–92.

12   L. Faul, D. Stjepanović, J. M. Stivers, G. W. Stewart, J. L. Graner, R. A. Morey, and K. S. LaBar, "Proximal Threats Promote Enhanced Acquisition and Persistence of Reactive Fear–Learning Circuits," *Proceedings of the National Academy of Sciences* 117, no. 28 (2020): 16678–89.

13   J. Booth, J. L. Ireland, S. Mann, M. Eslea, and L. Holyoak, "Anger Expression and Suppression at Work: Causes, Characteristics and Predictors," *International Journal of Conflict Management* 28, no. 3 (2017): 368–82.

14   D. Abadi, I. Arnaldo, and A. Fischer, "Anxious and Angry: Emotional Responses to the COVID-19 Threat," *Frontiers in Psychology* (2021): 3516.

15   N. G. Bayrak, S. Uzun, and N. Kulakaç, "The Relationship Between Anxiety Levels and Anger Expression Styles of Nurses During COVID...19 Pandemic," *Perspectives in Psychiatric Care* 57, no. 4 (2021): 1829–37.

7장 | 불안을 감추는 방어기제, 분노

1   S. J. Blakemore, "Imaging Brain Development: The Adolescent Brain," *Neuroimage* 61, no. 2 (2021): 397–406.

2   B. J. Casey, A. S. Heller, D. G. Gee, and A. O. Cohen, "Development of the Emotional Brain," *Neuroscience Letters* 693 (2019): 29–34, https://doi.org/10.1016/j.neulet.2017.11.055.

3   A. O. Cohen, K. Breiner, L. Steinberg, R. J. Bonnie, E. S. Scott, K. Taylor-Thompson, and B. K. Casey, "When Is an Adolescent an Adult? Assessing Cognitive Control in Emotional and Nonemotional Contexts," *Psychological Science* 27, no. 4 (2016): 549–62.

4   J. M. Cisler, B. O. Olatunji, M. T. Feldner, and J. P. Forsyth, "Emotion Regulation and the Anxiety Disorders: An Integrative Review," *Journal of Psychopathology and Behavioral Assessment* 32, no. 1 (2010): 68–82, https://doi.

org/10.1007/s10862-009-9161-1.

5   A. S. Morris, M. M. Criss, J. S. Silk, and B. J. Houltberg, "The Impact of
     Parenting on Emotion Regulation During Childhood and Adolescence," *Child
     Development Perspectives* 11, no. 4 (2017): 233−38.

6   S. E. Crowell, M. E. Puzia, and M. Yaptangco, "The Ontogeny of Chronic
     Distress: Emotion Dysregulation Across the Life Span and Its Implications for
     Psychological and Physical Health," *Current Opinion in Psychology* 3 (2015):
     91−99; and F. Tani, D. Pascuzzi, and R. Raffagnino, "Emotion Regulation and
     Quality of Close Relationship: The Effects of Emotion Dysregulation Processes
     on Couple Intimacy," *BPA: Applied Psychology Bulletin (Bollettino di Psicologia
     Applicata)* 272, no. 63 (2015): 3−15.

7   A. Smyth, M. O'Donnell, G. J. Hankey, S. Rangarajan, P. Lopez-Jaramillo,
     D. Xavier, H. Zhang, M. Canavan, A. Damasceno, P. Langhorne, A. Avezum,
     N. Pogosova, A. Oguz, S. Yusuf, and INTERSTROKE Investigators, "Anger
     or Emotional Upset and Heavy Physical Exertion as Triggers of Stroke: The
     INTERSTROKE Study," *European Heart Journal* 43, no. 3 (2022): 202−9.

8   Smyth et al., "Anger or Emotional Upset."

9   M. A. Gruhn and B. E. Compas, "Effects of Maltreatment on Coping and
     Emotion Regulation in Childhood and Adolescence: A Meta-analytic Review,"
     Child Abuse & Neglect 103 (2020): 104446.

10   K. A. McLaughlin, M. Peverill, A. L. Gold, S. Alves, and M. A. Sheridan, "Child
     Maltreatment and Neural Systems Underlying Emotion Regulation," *Journal of
     the American Academy of Child & Adolescent Psychiatry* 54, no. 9 (2015): 753−62.

11   V. J. Felitti, R. F. Anda, D. Nordenberg, D. F. Williamson, A. M. Spitz, V.
     Edwards, and J. S. Marks, "Relationship of Childhood Abuse and Household
     Dysfunction to Many of the Leading Causes of Death in Adults: The Adverse
     Childhood Experiences (ACE) Study," *American Journal of Preventive Medicine*
     14, no. 4 (1998): 245−58.

12   "Fast Facts: Preventing Adverse Childhood Experiences," Centers for Disease
     Control and Prevention, last reviewed April 6, 2022, https://www.cdc.gov/
     violenceprevention/aces/fastfact.html.

13   "Adverse Childhood Experiences Resources," Centers for Disease Control
     and Prevention, last reviewed April 6, 2022, https://www.cdc.gov/
     violenceprevention/aces/resources.html.

14   S. R. Dube, V. J. Felitti, M. Dong, D. P. Chapman, W. H. Giles, and R. F. Anda,
     "Childhood Abuse, Neglect, and Household Dysfunction and the Risk of Illicit

Drug Use: The Adverse Childhood Experiences Study," *Pediatrics* 111, no. 3 (2003): 564-72.

15   K. Hughes, M. A. Bellis, K. A. Hardcastle, D. Sethi, A. Butchart, C. Mikton, L. Jones, and M. P. Dunne, "The Effect of Multiple Adverse Childhood Experiences on Health: A Systematic Review and Meta-analysis," *The Lancet* 2 (2017): e356-66.

16   J. I. Herzog and C. Schmahl, "Adverse Childhood Experiences and the Consequences on Neurobiological, Psychosocial, and Somatic Conditions Across the Lifespan," *Frontiers in Psychiatry* 9 (2018): 420.

17   D. MacManus, R. Rona, H. Dickson, G. Somaini, N. Fear, and S. Wessely, "Aggressive and Violent Behavior Among Military Personnel Deployed to Iraq and Afghanistan: Prevalence and Link with Deployment and Combat Exposure," *Epidemiologic Reviews* 37, no. 1 (2015): 196-212.

18   Faul et al., "Proximal Threats."

19   J. Meloury and T. Signal, "When the Plate Is Full: Aggression Among Chefs," *International Journal of Hospitality Management* 41 (2014): 97-103.

20   C. Sandi and J. Haller, "Stress and the Social Brain: Behavioural Effects and Neurobiological Mechanisms," *Nature Reviews Neuroscience* 16, no. 5 (2015): 290-304.

21   L. J. Siever, "Neurobiology of Aggression and Violence," *American Journal of Psychiatry* 165, no. 4 (2008): 429-42.

22   Faul et al., "Proximal Threats."

23   R. F. Baumeister and M. R. Leary, "The Need to Belong: Desire for Interpersonal Attachments as a Fundamental Human Motivation," *Psychological Bulletin* 117, no. 3 (1995): 497-529.

24   G. M. Slavich, "Social Safety Theory: A Biologically Based Evolutionary Perspective on Life Stress, Health, and Behavior," *Annual Review of Clinical Psychology* 16 (2020): 265-95, https://doi.org/10.1146/annurev-clinpsy -032816-045159.

25   T. F. Stillman and R. F. Baumeister, "Uncertainty, Belongingness, and Four Needs for Meaning," *Psychological Inquiry* 20, no. 4 (2009): 249-51.

26   R. F. Baumeister, C. N. DeWall, N. J. Ciarocco, and J. M. Twenge, "Social Exclusion Impairs Self-Regulation," *Journal of Personality and Social Psychology* 88, no. 4 (2005): 589-604, https://doi.org/10.1037/0022-3514.88.4.589.

27   F. M. Begen and J. M. Turner-Cobb, "Benefits of Belonging: Experimental Manipulation of Social Inclusion to Enhance Psychological and Physiological

Health Parameters," *Psychology & Health* 30, no. 5 (2015): 56882; R. Renn, D. Allen, and T. Huning, "The Relationship of Social Exclusion at Work with Self-Defeating Behavior and Turnover," *Journal of Social Psychology* 153, no. 2 (2013): 229–49; and L. W. Hayman Jr., R. B. McIntyre, and A. Abbey, "The Bad Taste of Social Ostracism: The Effects of Exclusion on the Eating Behaviors of African-American Women," Psychology & Health 30, no. 5 (2015): 518–33.

28   J. Field and R. Pond, "How Adoption Affects the Experience of Adult Intimate Relationships and Parenthood: A Systematic Review," *New Zealand Journal of Counselling* 38, no. 2 (2018); and J. A. Feeney, N. L. Passmore, and C. C. Peterson, "Adoption, Attachment, and Relationship Concerns: A Study of Adult Adoptees," *Personal Relationships* 14, no. 1 (2018): 129–47.

29   K. Beesdo, Baum, E. Jenjahn, M. Höfler, U. Lueken, E. S. Becker, and J. Hoyer, "Avoidance, Safety Behavior, and Reassurance Seeking in Generalized Anxiety Disorder," *Depression and Anxiety* 29, no. 11 (2012): 948–57.

30   P. R. Shaver, D. A. Schachner, M. Mikulincer, "Attachment Style, Excessive Reassurance Seeking, Relationship Processes, and Depression," *Personality and Social Psychology Bulletin* 31, no. 3 (2005): 343–59.

31   A. Levine and R. Heller, *Attached: The New Science of Adult Attachment and How It Can Help You Find—and Keep—Love* (New York: Penguin, 2012).

32   O. S. Candel and M. N. Turliuc, "Insecure Attachment and Relationship Satisfaction: A Meta-analysis of Actor and Partner Associations," *Personality and Individual Differences* 147 (2019): 190–99.

33   J. D. Power and B. L. Schlaggar, "Neural Plasticity Across the Lifespan," *Wiley Interdisciplinary Reviews: Developmental Biology* 6, no. 1 (2017): e216.

34   B. Brady, I. I. Kneebone, N. Denson, and P. E. Bailey, "Systematic Review and Meta-analysis of Age-Related Differences in Instructed Emotion Regulation Success," *PeerJ* 6 (2018): e6051.

35   S. E. Valentine, E. M. Ahles, L. E. Dixon De Silva, K. A. Patrick, M. Baldwin, A. Chablani-Medley, D. L. Shtasel, and L. Marques, "Community-Based Implementation of a Paraprofessional-Delivered Cognitive Behavioral Therapy Program for Youth Involved with the Criminal Justice System," *Journal of Health Care for the Poor and Underserved* 30, no. 2 (2019): 841–65, https://doi.org/10.1353/hpu.2019.0059.

36   Valentine et al., "Community-Based Implementation."

37   L. Marques, S. J. Youn, E. D. Zepeda, A. Chablani-Medley, A. D. Bartuska, M.

Baldwin, and D. L. Shtasel, "Effectiveness of a Modular Cognitive-Behavioral Skills Curriculum in High-Risk Justice-Involved Youth," *The Journal of Nervous and Mental Disease* 208, no. 12 (2020): 925–32.

8장 | 게임 체인저를 소개합니다

1   Beck, *Cognitive Behavior Therapy*.
2   M. M. Linehan, *Dialectical Behavior Therapy in Clinical Practice* (New York: Guilford Publications, 2020); and C. Dunkley, *Regulating Emotion the DBT Way: A Therapist's Guide to Opposite Action* (New York: Routledge, 2020).
3   Levine and Heller, *Attached*.
4   S. Compernolle, A. DeSmet, L. Poppe, G. Crombez, I. De Bourdeaudhuij, G. Cardon, and D. Van Dyck, "Effectiveness of Interventions Using Self-Monitoring to Reduce Sedentary Behavior in Adults: A Systematic Review and Meta-analysis," *International Journal of Behavioral Nutrition and Physical Activity* 16, no. 1 (2019): 1–16.
5   Linehan, *Dialectical Behavior Therapy*.
6   D. Ben-Porath, F. Duthu, T. Luo, F. Gonidakis, E. J. Compte, and L. Wisniewski, "Dialectical Behavioral Therapy: An Update and Review of the Existing Treatment Models Adapted for Adults with Eating Disorders," *Eating Disorders* 28, no. 2 (2020): 101–21.
7   S. N. Frazier and J. Vela, "Dialectical Behavior Therapy for the Treatment of Anger and Aggressive Behavior: A Review," *Aggression and Violent Behavior* 19, no. 2 (2014): 156–63.
8   N. Warner and M. Murphy, "Dialectical Behaviour Therapy Skills Training for Individuals with Substance Use Disorder: A Systematic Review," *Drug and Alcohol Review* 41, no. 2 (2022): 501–16.
9   E. McCauley, M. S. Berk, J. R. Asarnow, M. Adrian, J. Cohen, K. Korslund, and M. M. Linehan, "Efficacy of Dialectical Behavior Therapy for Adolescents at High Risk for Suicide: A Randomized Clinical Trial," *JAMA Psychiatry* 75, no. 8 (2018): 777–85.
10 T. R. Lynch, J. Q. Morse, T. Mendelson, and C. J. Robins, "Dialectical Behavior Therapy for Depressed Older Adults: A Randomized Pilot Study," *The American Journal of Geriatric Psychiatry* 11, no. 1 (2003): 33–45.
11 S. Dymond, "Overcoming Avoidance in Anxiety Disorders: The Contributions of Pavlovian and Operant Avoidance Extinction Methods," *Neuroscience*

and Biobehavioral Reviews 98 (2019): 61–70, https://doi.org/10.1016/
J.NEUBIOREV.2019.01.007.

12　P. Ekman, R. J. Davidson, and W. V. Friesen, "The Duchenne Smile: Emotional
Expression and Brain Physiology: II," *Journal of Personality and Social
Psychology* 58, no. 2 (1990): 342.

13　Ekman, Davidson, and Friesen, "The Duchenne Smile."

14　F. L. Gardner and Z. E. Moore, "Understanding Clinical Anger and Violence:
The Anger Avoidance Model," *Behavior Modification* 32, no. 6 (2008): 897–912.

15　M. Jungmann, S. Vencatachellum, D. Van Ryckeghem, and C. Vögele, "Effects
of Cold Stimulation on Cardiac–Vagal Activation in Healthy Participants:
Randomized Controlled Trial," *JMIR Formative Research* 2, no. 2 (2018):
e10257, https://doi.org/10.2196/10257.

9장 | 불안을 회피하기 위해 선택한 머무르기

1　Hayes, Strosahl, and Wilson, *Acceptance and Commitment Therapy.*

2　E. D. Reilly, T. R. Ritzert, A. A. Scoglio, J. Mote, S. D. Fukuda, M. E. Ahern,
and M. M. Kelly, "A Systematic Review of Values Measures in Acceptance
and Commitment Therapy Research," *Journal of Contextual Behavioral Science*
12 (2019): 290–304; and K. G. Wilson and A. R. Murrell, "Values Work in
Acceptance and Commitment Therapy," *Mindfulness and Acceptance: Expanding
the Cognitive- Behavioral Tradition* (2004): 120–51.

3　S. H. Schwartz, J. Cieciuch, M. Vecchione, E. Davidov, R. Fischer, C. Beierlein,
A. Ramos, M. Verkasalo, J.- E. Lönnqvist, K. Demirutku, O. Dirilen–Gumus,
and M. Konty, "Refining the Theory of Basic Individual Values," *Journal of
Personality and Social Psychology* 103, no. 4 (2012): 663–88.

4　A. T. Gloster, N. Walder, M. E. Levin, M. P. Twohig, and M. Karekla, "The
Empirical Status of Acceptance and Commitment Therapy: A Review of Meta-
analyses," *Journal of Contextual Behavioral Science* 18 (2020): 181–92.

5　"Stress Effects on the Body," American Psychological Association, November 1,
2018, https://www.apa.org/topics/stress/body.

6　T. C. Russ, E. Stamatakis, M. Hamer, J. M. Starr, M. Kivimäki, and G. D.
Batty, "Association Between Psychological Distress and Mortality: Individual
Participant Pooled Analysis of 10 Prospective Cohort Studies," *BMJ* 345 (2012).

7　I. Guseva Canu, S. C. Marca, F. Dell'Oro, Á. Balázs, E. Bergamaschi, C.
Besse, R. Bianchi, J. Bislimovska, A. Koscec Bjelajac, M. Bugge, C. I. Busneag,

Ç. Çağlayan, M. Cernițanu, C. Costa Pereira, N. Dernovšček Hafner, N. Droz, M. Eglite, L. Godderis, H. Gündel, J. J. Hakanen, and A. Wahlen, "Harmonized Definition of Occupational Burnout: A Systematic Review, Semantic Analysis, and Delphi Consensus in 29 Countries," *Scandinavian Journal of Work, Environment & Health* 47, no. 2 (2021): 95–107, https://doi.org/10.5271/sjweh.3935.

8   "Burn-out an 'Occupational Phenomenon': International Classification of Diseases," World Health Organization, May 28, 2019, https://www.who.int/news/item/28-05-2019-burn-out-an-occupational-phenomenon-international-classification-of-diseases; and C. Maslach, S. E. Jackson, and M. P. Leiter, "Maslach Burnout Inventory: 3rd ed.," in *Evaluating Stress: A Book of Resources*, ed. C. P. Zalaquett and R. J. Wood (Lanham, MD: Scarecrow Education, 1997), 191–218.

9   "Employee Burnout Is Ubiquitous, Alarming—and Still Underreported," McKinsey & Company, April 16, 2021, https://www.mckinsey.com/featured-insights/coronavirus-leading-through-the-crisis/charting-the-path-to-the-next-normal/employee-burnout-is-ubiquitous-alarming-and-still-underreported.

10   "Workplace Burnout Survey," Deloitte, accessed October 19, 2022, https://www2.deloitte.com/us/en/pages/about-deloitte/articles/burnout-survey.html.

10장 | 스스로 만든 생각의 감옥에서 탈출하라

1   M. M. Linehan, *Skills Training Manual for Treating Borderline Personality Disorder* (New York: Guilford Press, 1993).

2   S. M. Brown, S. B. Manuck, J. D. Flory, and A. R. Hariri, "Neural Basis of Individual Differences in Impulsivity: Contributions of Corticolimbic Circuits for Behavioral Arousal and Control," *Emotion* (Washington, DC) 6, no. 2 (2006): 239–45, https://doi.org/10.1037/1528-3542.6.2.239.

3   S. Dawe and N. J. Loxton, "The Role of Impulsivity in the Development of Substance Use and Eating Disorders," *Neuroscience & Biobehavioral Reviews* 28, no. 3 (2004): 343–51; and T. M. Pronk, J. C. Karremans, and D. H. J. Wigboldus, "How Can You Resist? Executive Control Helps Romantically Involved Individuals to Stay Faithful," *Journal of Personality and Social Psychology* 100, no. 5 (2011): 827–37, https://doi.org/10.1037/a0021993.

4   A. Wigfield and J. S. Eccles, "The Development of Competence Beliefs,

Expectancies for Success, and Achievement Values from Childhood Through Adolescence," *Development of Achievement Motivation* (2022): 91–120.

5   J. M. Dickson, S. Johnson, C. D. Huntley, A. Peckham, and P. J. Taylor, "An Integrative Study of Motivation and Goal Regulation Processes in Subclinical Anxiety, Depression and Hypomania," *Psychiatry Research* 256 (2017): 6–12.

6   A. Winch, N. J. Moberly, and J. M. Dickson, "Unique Associations Between Anxiety, Depression and Motives for Approach and Avoidance Goal Pursuit," *Cognition and Emotion* 29, no. 7 (2015): 1295–305.

7   H. C. Triandis, *Individualism and Collectivism* (New York: Routledge, 2018).

8   J. W. Berry, "Acculturative Stress," in *Handbook of Multicultural Perspectives on Stress and Coping*, ed. P. T. P. Wong and L. C. J. Wong (Boston: Springer, 2006), 287–98.

9   L. G. Castillo, M. P. Zahn, and M. A. Cano, "Predictors of Familial Acculturative Stress in Asian American College Students," *Journal of College Counseling* 15, no. 1 (2012): 52–64.

10   Gloster et al., "The Empirical Status."

11장 | 내면의 가치관을 실현하는 삶

1   Beck, *Cognitive Behavior Therapy*; and S. Carvalho, C. P. Martins, H. S. Almeida, and F. Silva, "The Evolution of Cognitive Behavioural Therapy: The Third Generation and Its Effectiveness," *European Psychiatry* 41, no. S1 (2017): s773–74.

2   Hofmann et al., "The Efficacy of Cognitive Behavioral Therapy."

3   A. O'Neil, S. E. Quirk, S. Housden, S. L. Brennan, L. J. Williams, J. A. Pasco, and F. N. Jacka, "Relationship Between Diet and Mental Health in Children and Adolescents: A Systematic Review," *American Journal of Public Health* 104, no. 10 (2014): e31–42; A. J. Scott, T. L. Webb, M. Martyn St. James, G. Rowse, and S. Weich, "Improving Sleep Quality Leads to Better Mental Health: A Meta-analysis of Randomised Controlled Trials," *Sleep Medicine Reviews* 60 (2021): 101556; and A. L. Rebar, R. Stanton, D. Geard, C. Short, M. J. Duncan, and C. Vandelanotte, "A Meta-meta-analysis of the Effect of Physical Activity on Depression and Anxiety in Non-clinical Adult Populations," *Health Psychology Review* 9, no. 3 (2015): 366–78.

4   S. R. Chekroud, R. Gueorguieva, A. B. Zheutlin, M. Paulus, H. M. Krumholz, J. H. Krystal, and A. M. Chekroud, "Association Between Physical Exercise and

Mental Health in 1.2 Million Individuals in the USA Between 2011 and 2015: A Cross-sectional Study," *The Lancet Psychiatry* 5, no. 9 (2018): 739–46.

5   J. Kabat-Zinn, "Mindfulness," *Mindfulness* 6, no. 6 (2015): 1481–83.

6   S. B. Goldberg, R. P. Tucker, P. A. Greene, R. J. Davidson, B. E. Wampold, D. J. Kearney, and T. L. Simpson, "Mindfulness-Based Interventions for Psychiatric Disorders: A Systematic Review and Meta-analysis," Clinical *Psychology Review* 59 (2018): 52–60.

7   R. F. Adler and R. Benbunan-Fich, "Juggling on a High Wire: Multitasking Effects on Performance," *International Journal of Human-Computer Studies* 70, no. 2 (2012): 156–68.

8   K. E. May and A. D. Elder, "Efficient, Helpful, or Distracting? A Literature Review of Media Multitasking in Relation to Academic Performance," *International Journal of Educational Technology in Higher Education* 15, no. 1 (2018): 1–17.

9   Hayes, Strosahl, and Wilson, *Acceptance and Commitment Therapy.*

10   Gloster et al., "The Empirical Status."

11   Hayes, Strosahl, and Wilson, *Acceptance and Commitment Therapy.*

12   Hayes, Strosahl, and Wilson, *Acceptance and Commitment Therapy.*

13   S. C. Hayes, A Liberated Mind: How to Pivot Toward What Matters (New York: Penguin, 2020); and J. A. Stoddard and N. Afari, *The Big Book of ACT Metaphors: A Practitioner's Guide to Experiential Exercises and Metaphors in Acceptance and Commitment Therapy* (Oakland, CA: New Harbinger Publications, 2014).

14   S. Grégoire, M. Doucerain, L. Morin, and L. Finkelstein-Fox, "The Relationship Between Value-Based Actions, Psychological Distress and Well-Being: A Multilevel Diary Study," *Journal of Contextual Behavioral Science* 20 (2021): 79–88.

15   C. L. Caldwell-Harris, "Emotionality Differences Between a Native and Foreign Language: Implications for Everyday Life," *Current Directions in Psychological Science* 24, no. 3 (2015): 214–19.

16   D. W. Sue, C. M. Capodilupo, G. C. Torino, J. M. Bucceri, A. Holder, K. L. Nadal, and M. Esquilin, "Racial Microaggressions in Everyday Life: Implications for Clinical Practice," *American Psychologist* 62, no. 4 (2007): 271.

17   P. P. Lui and L. Quezada, "Associations Between Microaggression and Adjustment Outcomes: A Meta-analytic and Narrative Review," *Psychological Bulletin* 145, no. 1 (2019): 45.

18   R. L. Gobin and J. J. Freyd, "The Impact of Betrayal Trauma on the Tendency to Trust," *Psychological Trauma: Theory, Research, Practice, and Policy* 6, no. 5 (2014): 505.

19   M. E. Levin, M. J. Hildebrandt, J. Lillis, and S. C. Hayes, "The Impact of Treatment Components Suggested by the Psychological Flexibility Model: A Meta-analysis of Laboratory-Based Component Studies," *Behavior Therapy* 43, no. 4 (2012): 741–56.

20   J. D. Doorley, F. R. Goodman, K. C. Kelso, and T. B. Kashdan, "Psychological Flexibility: What We Know, What We Do Not Know, and What We Think We Know," *Social and Personality Psychology Compass* 14, no. 12 (2020): 1–11.

21   Simon Sinek's bio, https://simonsinek.com/simons-bio.

22   S. Sinek, *Start with Why: How Great Leaders Inspire Everyone to Take Action* (New York: Penguin, 2009).

12장 | 바위가 아닌 물로서 용감하게 살아가기

1   Harmon-Jones and Mills, "An Introduction to Cognitive Dissonance Theory"; and Oswald and Grosjean, "Confirmation Bias": 83.

2   M. Costandi, *Neuroplasticity* (Cambridge, MA: MIT Press, 2016); and J. Shaffer, "Neuroplasticity and Clinical Practice: Building Brain Power for Health," *Frontiers in Psychology* 7 (2016): 1118. https://doi.org/10.3389/fpsyg.2016.01118.

3   Genet and Siemer, "Flexible Control in Processing."

4   Friston, "The Free-Energy Principle"; and Friston et al., "Active Inference."

5   Dymond, "Overcoming Avoidance in Anxiety Disorders."

불안을 용기로 바꾸는 하버드 심리학 수업

모든 인생은 불안하다

제1판 1쇄 인쇄 | 2025년 4월 11일
제1판 1쇄 발행 | 2025년 4월 16일

지은이 | 루아나 마르케스
옮긴이 | 박세연
펴낸이 | 하영춘
펴낸곳 | 한국경제신문 한경BP
출판본부장 | 이선정
편집주간 | 김동욱
책임편집 | 남궁훈
교정교열 | 공순례
저작권 | 박정현
홍 보 | 서은실·이여진
마케팅 | 김규형·박도현
디자인 | 이승욱·권석중

주 소 | 서울특별시 중구 청파로 463
기획출판팀 | 02-3604-556, 584
영업마케팅팀 | 02-3604-595, 562 FAX | 02-3604-599
H | http://bp.hankyung.com E | bp@hankyung.com
F | www.facebook.com/hankyungbp
등 록 | 제 2-315(1967. 5. 15)

ISBN 978-89-475-0153-8 03180